特殊学校教育·康复·职业训练丛书

信息技术在特殊教育中的应用

主　　编	黄建行	雷江华		
副 主 编	黄建中	魏雪寒		
编写人员	康小英	顾　斌	张　春	何小玲
	秦　涛	周　媛	陆　瑾	张天晓
	涂春蕾	苏毅钧	王宇航	李毅海
	张和平	王文坚	王　迪	陈建杰
	刘　恒	刘花雨	李凤英	魏雪寒
	杜　林	柯　琲	熊文娟	

图书在版编目(CIP)数据

信息技术在特殊教育中的应用 / 黄建行,雷江华主编. —北京:北京大学出版社,2015.5
(特殊学校教育·康复·职业训练丛书)
ISBN 978-7-301-25754-8

Ⅰ.①信… Ⅱ.①黄… ②雷… Ⅲ.①计算机辅助教学–应用–特殊教育 Ⅳ.①G76-39

中国版本图书馆CIP数据核字(2015)第089542号

书　　名	信息技术在特殊教育中的应用
著作责任者	黄建行　雷江华　主编
丛书策划	李淑方
责任编辑	泮颖雯
标准书号	ISBN 978-7-301-25754-8
出版发行	北京大学出版社
地　　址	北京市海淀区成府路205号　100871
网　　址	http://www.pup.cn　新浪微博:@北京大学出版社
电子信箱	zpup@ pup.cn
电　　话	邮购部 62752015　发行部 62750672　编辑部 62767857
印　刷　者	北京京华虎彩印刷有限公司
经　销　者	新华书店
	730毫米×980毫米　16开本　18印张　284千字
	2015年5月第1版　2016年10月第2次印刷
定　　价	55.00元

未经许可,不得以任何方式复制或抄袭本书之部分或全部内容。
版权所有,侵权必究
举报电话:010-62752024　电子信箱:fd@pup.pku.edu.cn
图书如有印装质量问题,请与出版部联系,电话:010-62756370

前　言

21世纪是一个知识化与信息化的时代,《教育——财富蕴藏其中》提出教育的四大支柱:学会认知、学会做事、学会共同生活以及学会生存。在论述"学会做事"时特别强调"信息和交流活动",将教育应该培养人的信息素质放在一个突出位置。2009年《关于进一步加快特殊教育事业发展的意见》中明确指出要"加快特殊教育信息化进程""特教学校要根据残疾学生的特点积极开展信息技术教育,大力推进信息技术在教学过程中的应用,提高残疾学生信息素养和运用信息技术的能力"。2010年《国家中长期教育改革和发展规划纲要(2010—2020年)》中明确指出:"信息技术对教育发展具有革命性影响,必须给予高度重视。把教育信息化纳入国家信息化发展整体战略,超前部署教育信息网络。"深圳元平特殊教育学校作为中国特殊教育的窗口学校,积极响应国家号召,信息技术应用处于全国特殊教育学校的领先水平。在以各种理论为支撑的前提下,坚持"一切为了残疾孩子"的办学宗旨,不断开创信息技术与特殊教育结合的新篇章。1991年建校伊始,率先在听障教育部小学2年级开设电脑课(后改名为信息技术课),开创了特殊教育领域信息技术教育的先河。经过二十多年的发展,学校将信息技术与管理、教学与服务相结合,对教师教学、科研进行信息化服务,并实现对视障、听障、智障、自闭症、脑瘫等学生的信息化管理、教学和服务,积极创建全面化的信息化校园,旨在建立具有本校特色的信息化管理和办学模式,为学生和教师发展提供了一个完善的信息化环境。

为了较全面地介绍深圳元平特殊教育学校信息技术应用的概况,编者从六个部分概括了信息技术在特殊教育中的应用内容,构成了本书的六章。其中第一章是信息技术在特殊教育中的应用概述;第二章介绍了信息技术在特殊教育中的应用系统;第三章介绍了信息技术在特殊教育中的应用策略;第四章介绍了信息技术在特殊教育中的应用领域;第五章介绍了信息技术在特殊教育教学中的应用案例;第六章介绍了信息技术在特殊教育中的应用成效。本书是深圳元平特殊教育学校和华中师范大学教育学院特殊教育系两个单位合作研究的成果,由深圳元平特殊教育学校校长黄建行先生和华中师范大学教育学院特殊教育系主任、教育信息技术协同创新中心兼职研究员雷江华教授组织策划并拟订提纲;参与本书编写的人员包括深圳元平特殊教育学校黄建中副校长、康小英、顾斌、张春、何小玲、秦涛、周媛、陆瑾、张天晓、涂春蕾、苏毅钧、王宇航、李毅海、张和平、王文坚、王迪、陈建杰、刘恒、刘花雨、李凤英老师;华中师范大学特殊教育系的硕士研究生魏雪寒、杜林、柯琲、熊文娟。本书是教育部人文社科规划项目"信息技术辅助的孤独症儿童早期干预方法研究"(项目号14YJAZH005)研究成果之一。本书编写工作得到了深圳元平特殊教育学校的大力支持和北京大学出版社的友情协助,得到了中国残疾人联合会2014—2015年度课题"信息化背景下残疾人交流与沟通方式的变革研究"(2014&ZZ001)、湖北省教育厅哲学社会科学重大攻关项目"听障儿童语言障碍的认知机制及干预研究"(14zd005)、湖北省高等学校省级教学研究项目"免费师范生特殊教育专业能力的培养研究"(2013084)与教师教育国家级精品课程"特殊儿童发展与学习"等课题资助,在此表示由衷的感谢!

编　者

2015 年 4 月

目 录

第一章 信息技术在特殊教育中的应用概述 …………………………… (1)
 第一节 信息技术在特殊教育中的应用简介 …………………………… (1)
  一、信息技术的简介 …………………………………………………… (1)
  二、信息技术在教育中的应用 ………………………………………… (4)
  三、信息技术在特殊教育中的应用 …………………………………… (6)
 第二节 信息技术在特殊教育中的应用历程 ………………………… (10)
  一、国际发展 …………………………………………………………… (10)
  二、国内发展 …………………………………………………………… (16)
  三、深圳元平特殊教育学校信息技术的发展 ………………………… (21)
 第三节 信息技术在特殊教育中的应用理念 ………………………… (24)
  一、理论基础 …………………………………………………………… (24)
  二、基本理念 …………………………………………………………… (30)

第二章 信息技术在特殊教育中的应用系统 …………………………… (34)
 第一节 硬件系统 ………………………………………………………… (34)
  一、设施设备 …………………………………………………………… (34)
  二、场地空间 …………………………………………………………… (42)
 第二节 软件系统 ………………………………………………………… (44)
  一、人员体系 …………………………………………………………… (44)
  二、技术体系 …………………………………………………………… (46)
  三、资源体系 …………………………………………………………… (53)
 第三节 支持系统 ………………………………………………………… (57)
  一、政策支持 …………………………………………………………… (58)
  二、经费支持 …………………………………………………………… (61)
  三、家庭支持 …………………………………………………………… (63)
  四、社会支持 …………………………………………………………… (64)

第三章　信息技术在特殊教育中的应用策略…………………………(66)
第一节　内容呈现策略………………………………………………(66)
一、视觉型呈现策略……………………………………………(67)
二、听觉型呈现策略……………………………………………(71)
三、视听综合型呈现策略………………………………………(72)
四、内容呈现策略注意事项……………………………………(78)
第二节　合作互动策略………………………………………………(80)
一、同伴互动策略………………………………………………(80)
二、师生互动策略………………………………………………(84)
三、亲子互动策略………………………………………………(89)
四、家校互动策略………………………………………………(92)
第三节　资源管理策略………………………………………………(96)
一、资源收集策略………………………………………………(97)
二、资源分析策略………………………………………………(101)
三、资源整理策略………………………………………………(103)
四、资源应用策略………………………………………………(105)
第四节　教育评价策略………………………………………………(107)
一、课程评价策略………………………………………………(107)
二、教学评价策略………………………………………………(109)
三、学生发展评价策略…………………………………………(113)

第四章　信息技术在特殊教育中的应用领域…………………………(118)
第一节　教学应用……………………………………………………(118)
一、视障学生……………………………………………………(118)
二、听障学生……………………………………………………(121)
三、智障、脑瘫、自闭症学生…………………………………(124)
第二节　管理应用……………………………………………………(132)
一、行政管理中的应用…………………………………………(132)
二、教师管理中的应用…………………………………………(135)
三、学生管理中的应用…………………………………………(136)
第三节　服务应用……………………………………………………(139)
一、学生服务中的应用…………………………………………(139)
二、教师服务中的应用…………………………………………(142)

三、家长服务中的应用 …………………………………………（147）
　　四、社会服务中的应用 …………………………………………（148）
第五章　信息技术在特殊教育教学中的应用案例 ……………………（150）
　第一节　信息技术在视障学生教育教学中的应用 ………………（150）
　　一、教学设计 ……………………………………………………（150）
　　二、教学实施 ……………………………………………………（156）
　　三、案例分析 ……………………………………………………（161）
　第二节　信息技术在听障学生教育教学中的应用 ………………（169）
　　一、教学设计 ……………………………………………………（169）
　　二、教学实施 ……………………………………………………（175）
　　三、案例分析 ……………………………………………………（178）
　第三节　信息技术在智障学生教育教学中的应用 ………………（184）
　　一、教学设计 ……………………………………………………（184）
　　二、教学实施 ……………………………………………………（191）
　　三、案例分析 ……………………………………………………（195）
　第四节　信息技术在脑瘫学生教育教学中的应用 ………………（202）
　　一、教学设计 ……………………………………………………（203）
　　二、教学实施 ……………………………………………………（209）
　　三、案例分析 ……………………………………………………（213）
　第五节　信息技术在自闭症学生教育教学中的应用 ……………（218）
　　一、教学设计 ……………………………………………………（218）
　　二、教学实施 ……………………………………………………（223）
　　三、案例分析 ……………………………………………………（226）
第六章　信息技术在特殊教育中的应用成效 …………………………（232）
　第一节　学生的进步 ………………………………………………（232）
　　一、学生信息素养的增强 ………………………………………（232）
　　二、学生学习能力的提高 ………………………………………（234）
　　三、学生生活技能的进步 ………………………………………（235）
　　四、学生社会适应的发展 ………………………………………（237）
　第二节　教师的成就 ………………………………………………（239）
　　一、教师信息运用能力的提高 …………………………………（239）
　　二、教师教育教学效能的优化 …………………………………（245）

三、教师评价反馈意识的提升 …………………………………（247）
　第三节　深圳元平特殊教育学校的成绩 ………………………（252）
　　一、学校信息管理系统的完善 …………………………………（253）
　　二、学校信息交流机制的健全 …………………………………（253）
　　三、学校教育教学模式的创新 …………………………………（255）
　第四节　社会的认可 ………………………………………………（259）
　　一、政府的认可 …………………………………………………（259）
　　二、家长的认可 …………………………………………………（260）
　　三、专业机构的认可 ……………………………………………（261）
参考文献 ……………………………………………………………（266）

第一章　信息技术在特殊教育中的应用概述

信息技术教育是素质教育的一个重要组成部分,同时反过来又能促进素质教育的发展,而特殊教育信息化作为教育信息化的一个重要方面也应该大力发展。信息技术支撑平台的出现使特殊人士的生活更为便利,为特殊教育的发展提供了契机。特殊教育学校应抓住时代赋予的机会,将信息技术应用到特殊教育中,以教育理论、康复理论及传播学理论等理论为基础,在补偿缺陷和开发潜能等理念的指导下揭开特殊教育信息化的新篇章。

第一节　信息技术在特殊教育中的应用简介

一、信息技术的简介

自从有了人类就有了信息的传递和交流。随着社会的发展变化,人们信息交流的方式也在发生着变化,但人们任何时候都离不开信息,并且在生产生活中无意识地获取信息、处理信息和利用信息。由于信息涉及的领域非常广泛,人们以各自的学科领域为出发点对其作出不同的定义,尽管频繁地使用了"信息"这个词,但是至今也不能给它下一个统一的定义。而"技术"一词包含两个方面的含义:一方面技术是人们在生产实践中获取的生产经验和依照自然科学原理而发展起来的智能手段;另一方面,技术是有形的客观物质,是人类利用和改造自然的物质手段、工具和技术装备。

（一）信息技术的概念

人类的生活离不开信息的收集、传送和分析。信息是人的生活中很重要的一部分,它可以通过语言、文字、声音、图像等方式表现出来,如人们从电视或电脑上收看新闻和天气预报,教师通过电脑软件来向学生展示课程信息等,都是信息的收集、传送和分析过程。因此信息技术可以定义为:凡是能够提高或者扩展人类获取信息能力的方法和手段的总称,这些方法和手段主要是指完成信息产生、获取、存储、检索、识别、交换、处理、控制、分析、显示及利用的技术。①

（二）信息技术的内涵

一提到信息技术，人们首先想到的就是计算机。人们在生活中使用计算机收集信息、传递信息以及分析解释信息，提高了生活和工作效率。但是信息技术不完全等同于计算机，计算机只是信息技术的一部分，它是扩展人们信息能力的一种方式。现代信息技术的核心是电子计算机和现代通信技术。

信息技术的内涵包括两个方面：一方面是各种信息媒体，如CD、数码播放器、DVD、数码相机、数码摄像机、实物展示台、交互式电子白板等；另一方面是手段，即运用信息媒体对各种信息进行采集、加工、应用的方法，是一种智能形态的技术，例如应用多媒体进行教学。信息技术就是由信息媒体及其应用手段两方面组成的。

（三）信息技术的特点

信息技术具有数字化、网络化、高速化、智能化、个人化的特点。②（1）数字化是指信息技术采用二进制编码的方法处理和传输信息，二进制数字信号是最容易被表达、电子线路最容易实现、物理状态最稳定的信号。（2）网络化是指信息网络发展迅速，我国覆盖全国的信息网络主要有中国公用计算机互联网（CHINANET，70622M）、中国网络通信集团（宽带中国 CHINA169 网，38941M）、中国科技网（CSTNET，15120M）、中国教育和科研计算机网（CERNET，4064M）、中国移动互联网（CMNET，3705M）、中国联通互联网（UNINET，3652M）等。（3）高速化是指追求高速度和大容量的计算机和通信的发展，使上网的速度加快，从而进一步提高人们获取信息的效率。（4）智能化是指利用计算机模拟人的智能，如机器人、智能化的计算机辅助教学软件、自动考核与评价系统、视听教学媒体等。（5）个人化是指以个人为目标的通信方式，大力实现信息的可移动性和全球性。

（四）信息技术的发展过程

历史上有过五次信息技术革命：③第一次信息技术革命是语言和文字的出现，语言是人类交换信息最基本的载体，文字的出现使语言的存储和传递突破了时间与空间的限制。第二次信息技术革命是造纸术和印刷术的发明，将信息的记录、存储、传递和使用扩大到了更为广阔的时间和空间。第三次信息技术

---

① 郭兴吉，刘毅.信息技术教育基础[M].成都：西南交通大学出版社，2006：8.
② 郭兴吉，刘毅.信息技术教育基础[M].成都：西南交通大学出版社，2006：10—11.
③ 郭兴吉，刘毅.信息技术教育基础[M].成都：西南交通大学出版社，2006：9.

革命起源于19世纪中期电磁学的兴起。英国科学家法拉第发现了电磁感应定律；麦克斯韦建立了电磁理论；德国科学家赫兹证实了电磁波的存在。因此，出现了后续的电报、电话、雷达、广播、电视等，人们开始利用电磁波运载信息、传递信息。第四次信息技术革命发生在1946年，人类发明了第一台电子计算机，开辟了信息技术的新天地。第五次信息技术革命是通信技术在发展到光纤数字通信和卫星通信之后，与计算机技术相结合形成了计算机网络技术。人类收集信息、传递信息和分享信息的技术达到了前所未有的水平。由此可以看出每一次信息技术的革命都促进了信息交流方式的改变。

（五）信息技术对社会的影响

自信息技术产生以来，信息技术就对人类的发展起着不可磨灭的积极作用。信息技术对社会的影响大体体现在以下几个方面。

1. 对经济的影响

信息技术对经济的影响非常广泛。信息技术促进信息的快速流通，人们在自己的国家能知晓世界上其他国家所发生的事情，能够透过一些全球性事件的信息把握经济发展的趋势和方向，避免了经济发展的盲目性，大大地提高了人们的工作效率。在信息技术的辅助之下，全球经济实现高速发展、统一协调发展和可持续发展。

2. 对文化的影响

信息技术自发展之始，目的之一就是传播文化信息，如人类的文字、语言等。因此，信息技术发展至今对文化的影响深远。由于国际互联网的发展，人们不出门也能知天下事，了解世界各地不同民族、地域的文化、风俗习惯，从而促进了全球的文化交流和文化理解，有利于不同文化相互学习和借鉴，促进文化发展，不但使全世界优秀的文化资源得以保存和流传，还使文化变得更加开放化和大众化。

3. 对生活的影响

信息技术给我们的生活带来了翻天覆地的变化，电脑、因特网、信息高速公路、纳米技术等在生活中被广泛应用，使人类社会向着个性化、休闲化的方向发展。在信息社会里，人们的行为方式、思维方式甚至社会形态都发生了变化，如"虚拟社交""虚拟网络"等对人们提出了新的挑战。不同的社会现象在网络上聚集，不同的思想观念进行了激烈的碰撞，人们看问题的角度发生着变化，观念不再是一成不变、因循守旧的，而是有着不同的思维出发点，这进一步影响着人们的行为方式。

4. 对教育的影响

随着教育信息化的全面推进,信息技术对教育也产生了越来越大的作用。信息技术有利于教育教学的管理,丰富了教师的课堂教学手段(如电化教学),扩充了学生的学习渠道和手段,能够打破时空的限制(如远程教育),增强了学生学习的主动性、积极性和创造性。它作为教育教学的辅助手段有力地促进了教育效率和质量的提高。科研方面应用信息技术,如在网络上查找资料,能快速地找到前人研究的成果,有利于科研工作的早期开展,提高科研工作的效率。同时利用信息技术可以使科研成果及时有效地发表在网络上,以便其他人共享研究成果。

5. 对社会的影响

信息技术作为一种技术手段,在管理领域应用非常广泛,改变了传统的管理运作模式,更新管理理念,进一步完善了管理方法。例如,政府通过建立自己的门户网站对下级部门和社会进行管理,下达通知、公布政策快速并且透明,大大提高了政府的办公效率;学校或者其他机构也通过建立自己的信息门户网站,让相关人员尽快地了解信息、利用信息,提高了全社会的行动效率。进入21世纪以来,各个国家都非常重视信息基础设施建设,投入大量资金实施信息高速公路计划。总之,信息技术的发展有利于国家更有效地管理社会,有利于企业或其他机构更有效率地进行生产生活。

信息技术在对社会各方面产生积极影响的同时,也存在着一些消极影响。例如,计算机网络犯罪、不法分子利用计算机在网络上发布不良信息,尤其对接触计算机比较频繁的青少年人群产生了不良影响。再如社会上黑网吧的数量极多,而大部分去黑网吧的都是未成年学生,这些黑网吧不但空气混浊、卫生条件差,严重影响着学生的身体健康,更重要的是,在黑网吧中部分学生会有逃学、连续几十个小时"奋战"等行为,甚至还会染上抽烟、服兴奋药等不良嗜好,这些都会对学生身心的健康发展造成不好的影响。再或者有学生沉溺于网络世界不能自拔,作为教师、家长需要避免网络应用的负面作用,让他们意识到不能沉溺于网络世界中,向他们推荐比较健康有益的网络信息,让他们合理安排上网时间,并鼓励他们抵制不健康的网络信息。

二、信息技术在教育中的应用

(一)信息技术在教育中的发展

我国中小学信息技术教育应用经历了三个阶段。第一阶段是计算机的教育应用,即在中小学进行计算机技术的教育,提高学生应用计算机的能力。第二阶段是计算机辅助教学和计算机辅助管理,即利用计算机辅助教学活动和管理活动,开发教育教学和管理的软件,转变了传统的粉笔加黑板的教学过程。第三阶段是进行网络教育。建设校园网,使中小学校师生能够实现在校园内上网,共享网络资源。经过这三个阶段的发展,我国中小学信息技术教育发展迅速,发展势头良好,奠定了中小学信息技术发展根基,有利于信息技术在校园的进一步发展。

(二) 信息技术在教育中的应用

信息技术在各个领域应用广泛,渗透到生活中的各个方面,其中,教育领域是信息技术应用较多的领域。信息技术在教育领域的应用有三方面,即管理方面的运用、教学方面的应用、信息技术教育方面的应用。它针对的是三类人群——学校管理者、教师以及学生。在管理方面,学校的管理者利用信息技术管理学校的大小事务,如利用信息技术管理校内外行政事务,利用校园网站发布学校管理规定,向下级下达政策命令或发布其他校园新闻等;利用信息技术管理教师的教学,如利用校园网站或电子通信以及教师信息化管理等管理或监督教师的日常生活以及教学工作;利用信息技术管理学生的生活和学习,如学生的学籍管理系统以及校园一卡通等。在教学方面,教师利用多媒体技术或网络技术进行教学活动;在信息技术教育方面,学校通过开设电子计算机课程,对学生进行信息技术教育,让学生学会使用电脑,掌握获取信息的能力,从而提高学生的信息素质。

目前,信息技术与课程整合是教育界的热点议题。信息技术与课程整合,是指将信息技术与课程整合到一起,把信息技术、信息资源、信息方法与课程有机结合,改变传统的教学方法,利用新型的计算机和网络教学方式提高教学的质量和效率。信息技术与课程整合是未来教育发展的一个趋势,有利于提高学生的信息素养,增强学生获取信息的能力,但是在发展过程中也有一些缺点,如有的教师片面理解信息技术与课程整合,认为好的课堂就必须利用信息技术,盲目使用或制作课件,忽略了教材的主体地位,或者在教学评价中,对利用了信息技术的学生评分会高一些。在利用信息技术进行教学时,只是单方面使用了它的演示功能,而在学生利用信息技术进行研究性学习方面涉及较少。

信息技术对现代教育产生了深刻的影响,使教学形式公开化。信息技术将计算机、网络、多媒体与人联系起来,所有网络上的教育资源都是公开共享的,人们可以利用电脑实现在学校、家庭或宿舍获取这些资源,淡化了班级概念。

学生能够进行个别化学习,根据自己的特点和能力有选择性地进行学习,自己安排学习的进度,选择自己感兴趣的内容进行学习,这样能够提高学生的自学能力和创新精神。教师的角色也发生了变化,教师处于主导地位,学生处于主体地位。教师只是学生学习的引导者、监督者、评价者,二者关系不再是传统的教师的教和学生的学。总之,信息技术在教育领域的应用给现代教育提出了新的挑战,教育界应该以良好的姿态来迎接教育方式的变革。

三、信息技术在特殊教育中的应用

(一)特殊教育信息技术发展的必要性

随着信息化社会的到来,信息技术对社会产生了重大的影响。知识大爆炸、信息资源剧增,多媒体技术和网络技术广泛应用并迅速地改变着人们的生活。教育需要针对信息社会的特点做出反应,以迎接信息时代的挑战。一场全球性的教育信息化革命已在教育的各个领域和不同层面迅猛展开。

从20世纪末开始,我国的多个政策文件提到教育信息化发展的相关战略问题,《国家中长期教育改革和发展规划纲要(2010—2020年)》将教育信息化进程纳入国家信息化发展的整体战略中,以此促进教育现代化的进程。教育信息化是国家信息化的重要组成部分,对于转变教育思想和观念,深化教育改革,提高教育质量和效益,培养创新人才具有深远意义,是实现教育现代化的必由之路。教育信息化既是教育现代化的具体内容,又是促进教育现代化的重要手段和途径。

"我们生活在信息的海洋中,却忍受着知识的饥渴"是指由于信息素养或信息能力的缺失,使得我们处于"坐在金山上挨饿"般的尴尬和痛苦中。同时,在信息的浩瀚海洋中,教育信息化的参与者——教师和学生——需要具有高度敏感、自觉的信息观念、信息主体意识和信息主动精神;需要良好的信息心理素质和道德行为;需要了解相关法律所制止的网络犯罪和不文明行为;需要进行网络道德宣传,规范青少年的网络行为等。为此,特殊教育师生应当了解信息技术给社会各个领域带来的变化及问题,知道信息技术能做什么,不能做什么。

特殊教育的进步反映了社会的文明进步,一个国家特殊教育的发展实力能够体现一个国家的文明程度。没有特殊教育现代化的教育现代化是不完整的,目前各种先进的技术手段被越来越多地运用到特殊教育领域。现代信息技术和先进康复设备的运用,既为特殊学生拓宽了发展空间,也改变了其学习行为,还提高了他们的康复水平,加快了他们融入主流社会的步伐,最终将实现特殊教育现代化。特殊教育信息化是改变特殊教育落后局面、促进特殊教育均衡发展和跨越式发展的重要途径。近年来,特殊教育领域教育信息化的快速发展,对特殊学生而言,既是机遇,也是挑战。信息技术为特殊学生开发潜能、弥补缺陷、发挥优势和立足社会提供了非常好的手段和平台,但如果不能把握机会,不具备信息素养,则其生存和发展将面临前所未有的困难。

与普通教育不同的是,信息技术在特殊教育领域的应用不仅包括了在教学方面的应用,而且包括了在生活技能以及职业训练方面的应用。这是由特殊学生的身体缺陷所决定的,他们不仅需要正常的信息技术的辅助,还需要一些额外的特殊的信息技术的辅助。因此,信息技术对于特殊人士来说在某种程度上有着更为重要的作用,应该大力推广信息技术在特殊人群中的应用。

(二) 特殊教育信息技术的内涵

教育信息化是指在教育与教学领域的各个方面,在先进的、科学合理的教育思想和教育观念指导下,积极应用信息技术,深入开发、广泛利用信息资源,探索新的有效教育教学模式,培养适应信息社会要求的创新人才,加速实现教育现代化的系统工程。教育信息化本质是教育,是将信息作为教育系统的一种基本构成要素,而不是单纯追求技术本身。技术对于信息化十分重要,但是技术并不是信息化的一切,它不是信息化的所有内涵。教育信息化是以信息技术的发展、信息素养的培养以及人的全面和谐发展为基础的。

特殊教育信息化是一个庞大的系统工程。从建设任务看,主要包括:普及信息技术硬件设施、网络条件和软件系统;普及信息的互联互通,不断完善信息化环境;普及信息技术的学习,使师生的信息技术应用能力不断增强,信息素养不断提高;普及优质教育教学资源的建设,促进流动与共享;普及网络安全与网络道德教育,化解负面信息的影响;普及信息技术在学校教育教学和管理中的应用,提高教育质量与效益;努力加强信息化的法律法规和政策制度建设,完善工作机制与运行机制等。

从教育教学过程看,特殊教育信息化是信息技术融入特殊教育学校教育过程的结果,应当包括:多媒体教学的广泛应用,结合特殊学生的特点建立教学内容的结构化、动态化、形象化表示体系,推进教育教学方式的变革;共享优质教育资源,加强交流与沟通,使优质教育资源连成一个信息的海洋,共建共享;教育环境不断改善,使教学活动在很大程度上脱离物理时空的限制,通过虚拟环境为随时随地接受教育提供条件;个性化教学逐步普及,使教学系统能够根据学生的不同个性特点和需求进行教学;合作化学习持续推进,使学生通过合作去学习和在学习中学会合作;教育管理自动化和现代化水平的提高等。

可见,特殊教育信息化一是加强特殊教育信息化支持服务体系的建设;二是积极开展信息技术教育,大力推进信息技术在教学过程中的应用,提高特殊学生信息素养和运用信息技术的能力;三是完善特殊教育优秀教育资源的共建和共享;四是加强管理,制定完善特殊教育信息化发展规划与纲要,进一步推进特殊教育信息化的进程。

特殊教育信息化的着眼点应放在最大化地开发特殊学生的潜能上,尤其是能促进自我终身学习以及自我创新发展的潜能,以此来保障特殊学生享有满足其特殊需要的教育;充分发挥信息技术的优势,为特殊学生学习提供优化的学习环境;使信息技术成为有力的学习工具,进一步提高特殊学生的学习能力和综合素养,为更好地融入主流社会打下坚实的基础。

(三) 特殊教育信息技术的特点

特殊教育信息化的过程中,信息技术作为学习对象,对广大特殊学生来说是一个新鲜事物,他们对此有着天生的好奇心,所以信息技术对他们有不小的吸引力,可以激发他们的学习兴趣。特殊教育信息技术具有个别性、多样性、直观性、合作性、辅助性、无障碍性、特殊性等特点。

1. 个别性

信息技术作为展示、演示、交流、个别辅导等活动的工具,可以弥补粉笔、黑板等传统教学媒介功能方面的不足,加强师生之间情感和信息的及时有效互动,能更有针对性地解决特殊学生个体之间学习特质的差异,根据特殊学生的不同特点和需求进行教学和提供帮助,实现个别化教学,充分发展特殊学生的潜能,培养其个性特色。

2. 多样性

信息技术提供资源环境,拓宽了过去知识来源于书本这一渠道,为特殊学生提供多种学习路径。一方面特殊学生可根据个人兴趣与个性差异对所学的知识和学习进程在一定程度上进行自主选择;另一方面,他们可对某一专题的相关内容通过信息检索、收集和处理,实现问题解决学习和发现学习,在对大量信息进行筛选的过程中,实现对事物的多层面了解,丰富其知识面,培养其独立思考能力和创新能力。

3. 直观性

信息技术作为情境探究和发现学习的工具,特别是网络拓展了特殊学生的认识空间,不同于传统的纸本印刷教学材料,它能提供许多图文声像并茂的资源,将抽象的道理形象化,通过鲜明的形象感化和对比,对特殊学生产生视觉和听觉等感官方面的有效冲击,激发其学习兴趣,帮助他们识别假、恶、丑,树立真、善、美的情感,使其将高尚的理想内化为自己的言行,直至形成良好的思想品德。并在这过程中,提高特殊学生观察和思考能力,培养发现问题、解决问题的能力,以及进行知识意义构建的能力。

4. 合作性

信息技术作为合作工具,在基于网络的合作学习过程中,其友好的交互环境有利于调动特殊学生积极参与,包括竞争、协同、伙伴和角色扮演的基本模式,通过计算机互动合作的网上合作学习,在计算机面前合作的小组作业和计算机扮演同伴角色等形式提高学习效果。

5. 辅助性

信息技术作为评价、教学管理工具,具有计算机化测试与评分、学习问题诊断、学习任务分配等功能。最新发展趋向是在网络上建立特殊学生成长电子档案,利用成长电子档案可以支持对其教学评价的改革,实现面向特殊学生学习过程的评价,使之具有实时、动态、全方位的特点。

6. 无障碍性

纵观特殊教育信息化的过程,其特征是无障碍的网络化。特殊教育教学信息资源可以高度共享,教学活动不受或较少受时空限制,便于进行远程异地的协同合作,实现互联相通,多向互动。

7. 特殊性

值得注意的是,信息技术的应用不会自然而然地创造特殊教育奇迹。任何技术的社会作用都取决于它的使用者。特殊教育技术变了,教学方法也得相应变革。教师要掌握现代特殊教育技术应用理论和技能,创建多媒体和网络化的特殊教育信息化教学环境,建设多媒体与网络特殊教育教学信息资源库使之能高度共享,制定对多媒体与网络特殊教育教学资源和教育教学应用过程的策略,把多媒体与网络技术应用于课程教学过程,通过实践探索构建新的有效教育教学模式,促进特殊教育信息化。由于特殊教育对象的特殊性,原有的信息技术及其设备应该具有特殊性,以适应特殊学生的需要,即特殊的设备仪器、特殊的教育资源以及特殊的教学模式等。

(四)特殊教育中信息技术的应用表现

1. 鼓励基础理论研究

特殊教育信息化的实践离不开理论的指导。当前,我国在特殊教育信息技术方面的研究还很缺乏，书籍更少，在此情况之下，特殊教育信息技术只能简单参照普通教育信息技术，但是这种信息技术并不能完全满足特殊学校的需要。应该从专家学者和基层教师两方面着手，将理论与实践结合，二者相互合作，优势互补，编写特殊教育信息技术教材，用理论指导实践，再从实践中提炼出理论，如此形成良性循环，让特殊教育信息技术的理论基础更加扎实，更好地指导特殊教育学校信息技术的发展。

2. 提升教师信息素养

应该对教师进行信息技术培训，培训内容应该包括信息技术工具的运用，例如对投影仪、数码相机、数码摄像机、扫描仪、打印机、多媒体教室等基本工具的掌握；多媒体写作工具的应用，例如对 AUTHORWARE、多媒体课件等的掌握；文字处理软件的使用，如对 WORD、WPS、POWERPOINT 等软件的掌握；此外，还有统计软件以及其他程序设计技术的使用。对于管理者而言，还应该掌握网页制作和网站建设技术，对特殊教育学校进行管理。

3. 整合现有教育教学资源

整合现有的特殊教育教学资源，从大的方面来讲，从全国范围内整合教育教学资源，建立覆盖全国的资源库，实现教育教学资源共享；从小的方面来讲，落实到学校，应该建立好学校内部的教育教学资源库；从技术方面来讲，应该建立好学校内部的信息管理和信息门户系统，保障校内信息安全，使教师、家长、学生能够随时随地共享网络资源。

第二节　信息技术在特殊教育中的应用历程

21世纪，现代信息技术带来了教育方式、学习方式的重大变化。特殊教育要想做到"以生为本、育残成才"，就需要充分利用信息技术优势，提高学校教育教学效果。特殊教育信息化就是针对具有特殊需求的学生，在教育的各方面应用信息技术，提高康复水平，加快特殊学生融入主流社会的步伐，最终实现特殊教育现代化的过程。[①]

一、国际发展

（一）国际组织

1999年，欧盟启动了"特殊教育中的信息通信技术项目"，这个项目的主要

---

① 周惠颖，陈琳. 应用促进公平：特殊教育中的信息技术研究进展[J]. 中国电化教育，2009(4)：13—16.

目的在于:①总结目前各国特殊教育中涉及的信息通信技术的相关信息;②确定特殊教育中的信息通信技术的关键主题;③确定一些对其他国家的教师和专业人士有用的特殊教育中的信息技术实践的参考资料。

联合国教科文组织(UNESCO)一直积极推动特殊教育信息化的研究和实践。设在俄罗斯莫斯科的联合国教科文组织信息技术教育研究所(IITE)通过开展研究、组织会议与进行培训等方式积极推进特殊教育信息化。IITE 在各国专家参加的国际会议的基础上,于 2001 年详细制定并出版了分析调查报告——《特殊教育中的信息通信技术》。该报告展示了这一领域的当前状态、主要趋势和信息通信技术在特殊教育中的应用前景。在组织多次国际专家会议和国际培训研讨会之后,IITE 又于 2006 年出版了培训教材《针对有特殊教育需要的人们的信息通信技术教育》,介绍了该领域最好的国际经验,有助于特殊教育工作者在信息通信技术应用与面授教育和远程教育方面获得知识和发展实用技能。①

美国、欧盟和其他国家的一些组织都开发了本国关于辅助技术的信息数据库,并于 2003 年 9 月 2 日在都柏林联合签署了一项谅解备忘录,成立了"辅助技术信息服务国际联盟"(International Alliance of Assistive Technology Information Providers),旨在促进经验交流、改进和协调信息的访问、协调信息基础设施建设、提供全球化的信息访问以及提升服务标准。目前该国际联盟有 11 个成员,其中包括著名的美国国家康复信息中心的 ABLEDATA 残疾人辅助技术信息库。

国际电信联盟将 2008 年 5 月 17 日"世界电信和信息社会日"的主题确定为"让信息通信技术惠及残疾人"。由此可见,信息技术能够惠及并且应该惠及所有人已经成为全社会的目标与愿景。

(二)美国

教育信息化主要是以计算机和网络技术在教育中的运用为核心的。如果说信息技术在教育中的应用是教育领域的革命的话,那么这场革命发端于 20 世纪 40 年代中后期的美国,以 1946 年第一台电子计算机的问世为标志。1969 年美国因特网创建成功。这项技术不久便为科研和教育部门所用。1977 年微型计算机的问世又使得计算机在各部门和千家万户的广泛使用成为可能,大大

---

① 周惠颖,陈琳.国外特殊教育信息化现状与启示[J].中小学信息技术教育,2008(7):130-132.

加快了人类迈入信息化时代的步伐。①

教育信息化的概念是在20世纪90年代伴随着信息高速公路的兴建而提出的。1993年美国克林顿政府正式提出"国家信息基础设施",俗称"信息高速公路"的建设计划,其核心是发展以网络为核心的综合化信息服务体系和推进信息技术在社会各领域的广泛应用,特别是把信息技术在教育领域中应用作为实施面向21世纪教育改革的重要途径。美国的这一举动引起世界各国的积极反应,许多国家的政府相继制订了推进本国信息化的计划。②

1996年,克林顿总统提出了雄心勃勃的教育信息技术发展规划:要在2000年前把每间教室和每个图书馆(包括特殊教育学校教室和图书馆)都连接到因特网上。同年,美国教育部发表了美国历史上第一份有关信息技术教育的正式报告——《让美国学生为21世纪做好准备:面向技术素养的挑战》,提出了信息技术教育的国家目标:①全国所有的教师(包括特殊教育学校教师)都要接受信息技术培训;②所有的教师和学生(包括特殊教育学校教师和特殊学生)都能够在课堂中运用现代多媒体计算机;③每间教室(包括特殊教育学校教室)都要被连接上信息高速公路;④将有效的软件和在线学习资源作为每一门学校课程(包括特殊教育学校课程)的内在组成部分。

1998年8月7日,由时任美国总统克林顿正式签署并付诸实施的《美国残疾人康复法案》第508节(Section 508)开创了全球信息无障碍立法的先河。Section 508相关条款的立法主要源于对1973年颁布实施的《劳工复健法案》的修订。Section 508要求所有联邦政府所开发或者购买的电子和信息技术产品必须保证对残疾人群的无障碍,必须保证残疾的联邦雇员与正常的联邦雇员所接触的产品基本相同。③ Section 508的整体目标是解决信息科技所带来的障碍问题,促进残疾人群获得平等的机会,并鼓励无障碍信息技术(计算机设备无障碍技术和网络资源无障碍技术)的发展。④

2000年美国发表一份重要报告——《电子化学习:将世界级的教育置于儿童的指尖》,提出了信息技术教育方面新的目标:①包括特殊学生和特殊教育教

---

① 陈俊珂,孔凡士.中外教育信息化比较研究[M].北京:科学出版社,2007:110.
② 贾君.吉林省特殊教育信息化现状调查与发展策略[D].长春:东北师范大学硕士学位论文,2004:27.
③ 钱小龙,邹霞.美国信息无障碍事业发展概况;Section 508解读[J].电化教育研究,2007(12):86—91.
④ 赵英,赵媛.信息无障碍支持体系研究[M].成都:四川大学出版社,2012:42.

师在内的所有学生和教师都能够在课堂、学校、社会和家里运用信息技术;②所有的教师(包括特殊教育教师)都应当能有效地运用技术帮助学生达到学业高标准;③所有的学生(包括特殊学生)都必须具备技术和信息素养方面的技能;④以数字化内容和网络的应用来改造教学和学习。

美国教育部2002年3月正式颁布的《2002—2007战略计划》中,其战略目标中又明确提出"鼓励在联邦教育中广泛运用科技手段更新教育方法",表明国家对实行教育信息化的重视。[①] 截止到2008年秋季,美国所有公立学校(包括特殊教育学校)都已经接入宽带。[②]

2012年,由于缺乏专业的语言病理学专家,美国偏远地区需要特殊教育语言治疗的学生无法得到所需服务,部分学区开始通过在线语言治疗服务为这些学生提供方便。在线学习(Presence Learning)创办人之一怀特海德(Clay whitehead)在一份声明中称:该公司将为学生提供更有趣、更具互动性的工具。该公司目前每月为全美各个学区提供约5000门远程训练课程,不仅降低了学区的投入,而且改善了学生的学习成果。[③]

(三) 英国

英国在特殊教育信息化的过程中首先注重基础设施的建设。到2003年,英国中小学计算机与学生的比例,在小学已经达到7.9%,在中学达到5.04%,在特殊教育学校达到3.0%。同时大部分普通小学和特殊教育学校可以连入因特网。在经费投入方面,1998—2002年,英国平均投入每所学校的信息技术经费一直在增长,其中特殊教育学校平均每位学生的信息技术经费高于普通中小学。到2010年英国的小学生机比为6.9:1,中学生机比为3.4:1,而特殊教育学校生机比为3:1。同时,家庭计算机接入因特网的比例也不断增加,2009年有94%的中学生和91%的小学生家庭接入,到2010年则上升为97%的中学生、94%的小学生和97%的特殊教育学校学生家庭接入因特网。[④]

2004年,英国教育部颁布了《关于孩子和学习者的五年战略规划》,指出信息技术是教育改革的核心,信息技术改革涵盖了早期教育、中小学教育、特殊教

---

① 陈俊珂,孔凡士.中外教育信息化比较研究[M].北京:科学出版社,2007:93—97.
② 程佳铭,金莺莲.美国教育信息化概览[J].世界教育信息,2012(6):12—18.
③ 《世界教育信息》编辑部.美国通过信息化手段服务边远地区特殊教育学生[J].世界教育信息,2012(11):79—80.
④ 李凡,陈琳,蒋艳红.英国信息化策略"下一代学习运动"的发展及启示[J].中国电化教育,2011,6(10):39—47.

育、高等教育、成人教育等多个层面。同时英国政府主要致力于将信息技术用于所有学科、所有学龄段、课程内和课程外,用于提高学生的学习能力,实现个性化教育,尤其对那些需要特殊帮助的学生和特殊学生。①

2005年3月,英国教育与技能部颁布了《利用技术:改变学习及儿童服务》信息化策略,针对特殊教育信息化提出了通过特殊需要支持、更多学习激励方式、更多关于如何以及在哪里学习的选择,来帮助学习有困难者。同时提出了为特殊需要学习者及儿童提供全面的技术支持帮助行动策略。②

英国利用信息技术解决特殊儿童教育需求的主要出发点和落脚点,就是"为了满足每一位具有特殊需求儿童全面发展的需要"。即使只有极少数特殊儿童,家庭、学校、社会也应该完善最适合其学习、生活和个体发展的特殊便利条件系统。在英国,信息技术通常从以下两方面支持特殊儿童,帮助其解决学习困难。

1. 利用信息技术的工具性克服特殊儿童的障碍

特殊儿童由于残障的器官不同,学习困难也是纷繁复杂。体现人文关怀的重点在于满足每一位特殊儿童的学习需要。例如:对于阅读和拼写有困难的学习者,可以采用生动的形象和可以感知的图形文字;对于身体和记忆有障碍的学习者,通过录音笔做笔记,还可利用发音打字机和文字处理机来阅读和写作;而便携式发音电子词典能够更方便地辅助学习;利用日程计划软件来筹划和安排每天的工作;利用认知地图软件来组织思想和准备测验——大多数学习者习惯于形象思维,如果能在头脑中形成认知地图,可以简化学习的过程,这无疑是一种行之有效的学习方式。

2. 创设信息化学习环境

信息化的教学环境能够使得学习者处于良好的学习情境当中,提高学习质量。使用个别化学习模拟情境软件,能够使学习者自定学习步调、内容、时间、地点,这为不方便出门的特殊儿童提供了极大的方便。而利用网络获取知识和信息,开发界面化、窗口化和用户化的学习工作表格和其他学习工具能够使得特殊学习者消除日常学习中的焦虑,按照自身意愿享受高质量、高效率的学习服务。③

---

① 何亚力.漫步英国基础教育信息化[J].教育信息化,2006,7(10):5-7.
② 费龙,马元丽.英国基础教育信息化发展研究[J].中国电化教育,2008(8):24-29.
③ 查晶晶,王清.中英特殊教育信息化人文关怀特色比较及启示[J].中小学电教,2010(4):35-37.

（四）日本

日本是当今世界教育水平较高的国家，第二次世界大战后随着信息和传播技术的革新，日本不断改革自身教育，逐步强化信息技术在教育领域的应用。日本的特殊教育已历时百年，随着教育信息化的发展，日本特殊教育也加快了信息化进程。

1990年，日本文部省提出了一项九年行动计划，拟为包括特殊教育学校在内的全部学校配备多媒体和软件，培训教师在教学中使用多媒体，支持先进技术的教育应用。1991年，文部省制定了公立学校因特网连接计划规定，到2001年所有的中小学（包括特殊教育学校）都连接上因特网。在学校因特网连接服务中，通信业者和专业商家积极参与，比较有代表性的是大商社伊塔斯通信机构。该机构从2004年4月开始，为东京都的11个市区町村的小学、中学和特殊教育学校无偿提供1年高速因特网服务。[①]

文部省于1994年又出台了为期五年的"教育用计算机新整备计划"，将计算机的设置目标重新设定为公立小学校平均设置台数为22台（学生2人/台），初中和高中平均设置台数为42台（学生1人/台），特殊教育学校平均设置台数为8台（学生1人/台）。

特殊教育的信息化发展在日本教育信息化发展规划中一直占有一席之地，并在政策和投入上有一定的倾斜，因此日本特殊教育信息化建设领先于其他类型学校的发展。截至2005年9月30日，日本中小学平均每台教育用计算机对应的学生人数（生机比）为7.6人/台，其中小学为9.6人/台，初中为6.9人/台，高中为5.5人/台，特殊教育学校（含盲人、聋哑人学校，养护学校等）为3.4人/台。普通教室局域网的接续率平均达到48.8%，其中小学为41.9%、初中为45.8%、高中为74.3%，特殊教育学校（含盲人、聋哑人学校，养护学校等）为59.8%。[②]

2000年，日本实施了《信息技术基本法》（114号文件），同时成立了信息技术战略设置本部，由内阁总理大臣亲自任本部部长。《信息技术基本法》制定了国家教育信息化第二阶段战略规划，在第二阶段里，于2006年1月制定了《信

---

① 陈俊珂，孔凡士.中外教育信息化比较研究[M].北京:科学出版社,2007:82—86.
② 黄松爱，唐文和，董玉琦.日本基础教育信息化最新进展述评[J].中国电化教育,2006(8):89—93.

息技术改革新战略》,明确了教育信息化的发展方向和具体目标:①在 2010 年度达到公立小中高(包括特殊教育学校)学校教师每人一台计算机;②学校教室全部配备与校园网连通的计算机,进而实现宽带网的接入。①

2003 年 3 月,日本 21 世纪特殊教育调查研究协会发表了《关于今后特别支援教育》的会议报告。在该报告的方针指导下,日本的特殊教育开始全面转向特别支援教育。其改革目的在于准确把握特殊儿童的教育要求,以给予他们适当的指导,为他们的自立和社会参与能力的养成提供特别教育支援。在该形势之下,教育技术也须进一步完善以适应特殊教育的发展需要。对此,日本特殊教育采取以下措施促进特殊教育信息化:首先,开发尖端技术,创造无障碍学习环境。由于日本经济高度发达,因此在特殊教育中传统的教学媒体、计算机以及其他专用设备等普及程度较高。因而开发尖端技术并研究新技术在特殊教育教学中的应用,为特殊需要者创造一个无障碍的学习环境即成为其教育技术今后的研究方向。其次,大力开发软件资源。在日本特殊教育中,除了直接应用普通教育中可以应用的软件之外,还开发出许多适合各种特殊儿童需要的不同专用软件。而该类软件资源的外延是极其丰富的,既包括支持学习的工具性软件,又包括媒体化的学习材料。②

二、国内发展

自 2001 年我国发布《教育信息化十五年发展纲要》以及全面实施"校校通"工程以来,全国上下掀起了教育信息化建设浪潮,在经费投入、建设规模、软硬件平台、应用推进等各个方面,都取得了实质性的进步,特殊教育信息化也不例外。特殊教育信息化在我国的发展起源于计算机教育,其进程经历了以下三个阶段。

(一)起步阶段

从 20 世纪 90 年代开始,我国特殊教育领域开始进行运用互联网的尝试,各级各类特殊教育管理、研究与康复机构,相继在互联网上建立了自己的主页、网站,发布有关特殊教育信息与数据,以宣传特殊教育、推动特殊教育事业的发

---

① 衷克定.中日韩三国教育信息化状况比较[J].中国电化教育,2007(12):34—40.
② 吴晓蓉,王培.论日本特殊教育视域中的教育技术[J].电化教育研究,2009,4(1):114—120.

展,在联合国教科文组织和中国教育科学研究院的委托和支持下,时任中央教科所心理与特殊教育研究室主任的陈云英博士创办了中国特殊教育在线网站。以"中国特殊需要在线"创办为标志,我国特殊教育相关网站建设进入快速发展时期,网络资源也随信息技术的发展百花齐放,异彩纷呈。[①]特殊教育学校网站建设步伐加快。

(二) 发展阶段

进入21世纪,我国特殊教育信息技术开始真正发展起来,一方面全国都在大力开展信息技术建设,许多先进的教学设备、教学理念引入课堂;另一方面,关于特殊教育信息技术的会议多次举办,为特殊教育教师交流、学习信息技术提供了很好的平台。

2003年12月23日至25日,教育部在吉林长春召开"全国特殊教育学校信息技术教育工作会议",这是第一次全国性的特殊教育学校信息技术教育工作方面的专题会议,是推动我国特殊教育信息化建设进程的一次重要会议。本次会议后,教育部从2004年起用五年左右的时间在全国特殊教育学校普及信息技术教育,力争在较短的时间内缩小特殊教育学校和普通学校在信息技术教育方面的差距,利用信息技术等现代化手段最大限度地弥补特殊学生的生理缺陷,全面实现"校校通"工程,努力实现特殊教育跨越式发展。[②] 会议提出特殊教育信息化应分为四个层面:特殊教育学校普及信息技术教育;网络的普及和运用;大力发展现代远程教育;开发研制各类残疾学生专用的电脑等各种硬件和软件以及科技含量高的康复设施和设备。[③] 此外,面向残疾人的远程教育事业也得到我国教育界的广泛关注和高度重视,2004年2月16日,中央广播电视大学残疾人教育学院正式挂牌成立,学院本部设在深圳。学院通过现代远程教育手段和开放教育方式,使残疾人通过互联网接受更高层次、更高质量的高等学历教育、实用技术培训等。[④]

与此同时,政府也高度重视特殊教育信息化工作,并且把信息化作为特殊教育工作的一个重要组成部分。在教育部公布的《全国特殊教育"十一五"发展

---

① 郑权.特殊教育网络资源建设的现状、问题与发展策略[J].中国远程教育,2010,5(6):28—31.
② 陶建华.特殊教育学校信息技术课程边缘化成因探析及对策研究[J].中国教育信息化,2010,10(20):40—41.
③ 杨宁春,李凤琴.特殊教育信息化构架分析与实施措施[J].中小学电教,2011(5):58—59.
④ 严冰,胡新生,于靖熙,等.面向残疾人的远程教育实践探索与思考[J].中国远程教育,2007(10):5—12.

规划》中明确提出"要全面普及信息技术教育、加快信息化进程,实现特殊教育跨越式发展,以信息技术推进特殊教育的现代化"[①]。《中国残疾人事业"十一五"发展纲要(2006—2010年)》指出:积极推进信息和交流无障碍,公共机构提供语言、文字提示、盲文、手语等无障碍服务,影视作品和节目要加配字幕,网络、电子信息和通信产品要方便残疾人事业。通过信息科技与无障碍资源来满足残障学习者"使用机会"和"对能力的扩展"是特殊教育工作者需要解决的问题。[②]

2006年10月,由中国教育学会特殊教育分会主办,河北省秦皇岛市特殊教育中心、山东省淄博市盲校和青岛市中心聋校承办的首届全国特殊教育学校教师信息技术综合应用能力大赛在山东省青岛市中心聋校举行。此次大赛设智障教育、视障教育、听障教育三个竞赛组,分预赛、决赛两阶段进行,来自全国各地特殊学校的500多名教师参加了比赛。

2007年,国家科技部启动了为期10年的"科技助残行动计划",帮助解决残疾人在康复、教育、文化、辅助器具等领域的迫切需求。

2008年,科技部又与中国残联共同启动"中国残疾人信息无障碍建设联合行动计划";同年,信息产业部颁布实施有关技术标准——《信息无障碍——身体机能差异人群网站设计无障碍技术要求》,规定无障碍上网的网页设计技术要求,主要包括内容的可感知性、内容接口组件的可操作性、内容与控制的可理解性、兼容性要求等;适用于无障碍上网的网页设计和无障碍环境的构建。该标准对规范信息无障碍服务和推动信息无障碍标准研制及相关产品研发产生重要影响,该系列标准的完成将为我国的信息无障碍产业发展提供有力技术支持。

2009年,国务院办公厅发布《关于进一步加快特殊教育事业发展的意见》(国办发〔2009〕41号)提出:加快特殊教育信息化进程。建好国家特殊教育资源库和特教信息资源管理系统,促进优质特殊教育资源共享。地方各级人民政府要加强特殊教育信息化软硬件建设。特殊教育学校要根据特殊学生的特点积极开展信息技术教育,大力推进信息技术在教学过程中的应用,提高特殊学生信息素养和运用信息技术的能力。

(三)深化阶段

此阶段国家进一步加大对特殊教育学校信息技术的支持力度,同时特殊教

---

① 周惠颖,陈琳.国外特殊教育信息化现状与启示[J].中小学信息技术教育,2008(7):130-132.
② 郑权.特殊教育网络资源建设的现状、问题与发展策略[J].中国远程教育,2010,5(6):28-31.

育学校也充分利用自身资源不断开发、创新信息技术的利用。此外,随着信息技术的普遍使用,特殊教育学校通过信息技术共享教育、教学成果,这对于促进我国特殊教育的整体发展起到了非常重要的作用。

为落实《关于进一步加快特殊教育事业发展的意见》(国办发〔2009〕41号)中提出的加快特殊教育信息化进程的精神,同时也为了克服各地或一些部门教育信息资源五花八门,避免资源重复建设,使特殊教育领域的师生共享优质资源,教育部基础教育司委托部分特殊教育学校联合开发了全国特殊教育资源库,分为视障版、听障版和智障版。2004年年初,特殊教育资源库开发建设工作正式启动,按照教育部教育资源要"走进教室、面向学生、应用教学"的原则,依据新课标理念,立足于信息技术与学科整合,历时两年半的开发制作,[1]现在特殊教育资源库形成容量多达500G的资源,分为DVD光盘、VCD光盘和教学资源网站(中国特殊教育资源网 http://www.tjzy.net.cn/)三种呈现形式,以适应不同地区特殊教育学校的实际教学需要。[2]该资源库经90所特殊教育学校试用,已通过教育部审核,并免费向全国发放。特殊教育资源库的建成对特殊学校的教育教学具有重要意义,大家可以共享数字化的优质资源,为实施信息化教学,提高课堂教学质量提供了有力的资源支持。

2008年,第二届全国特殊教育学校教师信息技术综合应用能力大赛在哈尔滨、上海、重庆举行,本次大赛旨在"促进信息技术在特殊教育学校教育教学中的应用与发展,提高全国特殊教育学校教师信息技术应用能力,完善特殊教育资源库建设",本次大赛转战全国多个赛区,集结了全国上千名盲、聋、培智三类特教学校和部分设立特殊教育辅读班的普通学校的教师,成功展示了特教教师信息技术综合应用能力及其与课堂教学整合的水平。大赛不仅促进了信息技术在特殊教育学校教育教学中的应用与发展,同时影响已经超出大赛本身的意义,标志着中国的特殊教育开始走上提高教育教学质量的发展道路。[3]

2010年6月,《国家中长期教育改革和发展规划纲要(2010—2020年)》(以下简称《纲要》)为未来10年我国教育改革和发展描绘了宏伟蓝图。为顺利实现未来10年教育改革和发展目标,《纲要》提出了六项保障措施,其中加快教育信息化进程被纳入其中,要求到2020年我国基本实现教育的现代化,基本形

---

[1] 张胜伟.特殊教育资源库建设的探析[J].科技风,2008,5(15):186.
[2] 崔玲玲,张天云.中国特殊教育资源网听障资源建设探析[J].中国教育信息化,2011(14):75-78.
[3] 达理.吹响集结号——来自第二届全国特殊教育学校教师信息技术综合应用能力大赛的报道[J].现代特殊教育,2009(1):4.

成学习型社会,迈入人力资源强国的行列。在国民教育序列中,特殊教育是一个重要的组成部分,通过教育信息化帮助特殊人群开发潜能、弥补缺陷、发挥优势、立足社会,促进教育和谐和社会的公平正义。①

2011年10月下旬,第三届全国特殊教育学校教师信息技术综合应用能力大赛盲、聋、培智教育组在南京、济南、桂林举行决赛,全国30个省、市、自治区的766位教师参加本次大赛。对我国整个特教界教育教学质量的提高、教师专业化水平和综合素质的提高,起到明显的促进作用。②

2011年11月,由联合国教科文组织、工信部、中国残联共同指导,中国残疾人福利基金会、中国通信标准化协会、中国互联网协会联合主办的联合国教科文组织资助项目——"网站设计无障碍标准"签约仪式在北京举行,项目旨在更加便捷有效地为残疾人提供信息技术服务,从而进一步帮助残疾人融入信息社会,推进中国信息无障碍工作发展。③

2012年9月5日,教育部召开全国教育信息化工作电视电话会议,本次会议是我国第一次教育信息化工作会议。会议召开后,各地教育部门对本地教育信息化工作进行了部署,或提出了新的发展要求。本次会议不仅积极推动了我国普通教育的信息化进程,同时对特殊教育信息化的发展发挥了重要影响,会后各地依据会议精神积极增加特殊教育学校信息化建设所需硬件、软件设备,不断加强信息化教师配备,促进特殊教育学校信息化发展。

2013年1月,为确保医教结合工作的有效推进,上海市教委、市卫生局、市残联联合利用现代信息技术,整合原本分属于教育、卫生、残联等不同部门里的特殊儿童发生、干预、教育、康复等信息,形成较为完整、准确、可靠、全市统一的特殊儿童、青少年信息档案数据管理系统。特殊儿童一旦进入信息通报系统,即为其建立个人档案,记录特殊儿童接受各种服务的过程,教育、卫生、残联系统可全面掌握特殊儿童的发展情况和服务需求,根据部门的工作职责,为其提供随访、康复、教育等跟踪服务,还可以为政府部门决策提供依据。④

---

① 黄翔,史文津.特殊教育学校信息化建设的影响因素分析——以江西省为例[J].职教论坛,2012,9(25):34—37.
② 达理,云海.风劲正是扬帆时——来自第三届全国特殊教育学校教师信息技术综合应用能力大赛的报道[J].现代特殊教育,2011(11):4.
③ 刘惠苑,廖慧.信息无障碍技术在残疾人教育中的应用及前景研究[J].社会福利(理论刊),2012(2):21—23.
④ 苏军.上海开通"特殊教育信息通报系统"为每个残疾儿童建个人档案[EB/OL].2013—01—17.新华网,http://news.xinhuanet.com/yzyd/health/20130117/c_114403435.htm.

2013年10月28日至29日，由中国教育学会特殊教育分会主办、北京市第三聋人学校承办的第二届全国特殊教育信息化年会在北京召开，本次会议的主题是特殊教育数字化学校建设的现状与未来，来自全国120多所特殊教育学校的240多名校长、教师参加了会议。本次会议深化了特殊教育学校数字化学习的研究，引领全国特殊教育信息化之路。

三、深圳元平特殊教育学校信息技术的发展

深圳元平特殊教育学校位于广东省深圳市龙岗区，是为深圳市残疾儿童、青少年提供从学前教育、义务教育到高中职业教育的综合性、寄宿制特殊教育学校。学校现有65个教学班，有视障、听障、智障、自闭症、脑瘫5类特殊学生共800多人，教职工378人。多年来，学校在信息化建设方面进行了积极的探索和实践，取得了较好的成效，推进了学校特殊教育现代化的进程，促进了学校特殊教育的跨越式发展。

（一）起步阶段

在起步阶段，信息技术的应用主要体现在学校信息技术硬件设施的建设以及信息技术课程的开设上。由于此阶段信息技术还没有大规模使用，所以信息技术与教学结合不是很紧密。在硬件方面，学校购入电脑，建立网络教室，开通学校网站。在硬件建设的同时，学校逐步在视障、听障、智障、脑瘫教育中开设信息技术课程，逐步开展全校教师的信息技术能力培养。在信息技术的使用方面，各科教师也进行了信息技术与教学整合的初步探索，将有限的信息技术设备应用到教学中。

1992年9月，学校购买了4台80286电脑，是全国较早开设听障学生信息技术课程的学校之一，标志着学校信息技术起步。1994年9月，学校建成第一个计算机网络教室，在除一年级外的所有听障班开设电脑课程；1995年2月，在智障学生班级开展信息技术兴趣小组活动，提高智障学生信息技术能力；同年11月，学校建成第二个计算机网络教室，为师生信息技术能力的发展提供便利条件；1996年9月，学校为智障学生开设信息技术课程；1999年，又在刚开办的视障教育部开设信息技术课程，至此学校信息技术教育覆盖到全校各类特殊学生；1999年9月学校网站正式开通，为学校与学生、家长、兄弟学校及社会的沟通、交流提供桥梁。学校成为当时国内最早拥有自己网站的特殊教育学校之一，扩大了学校的知名度，也服务了更多的特殊学生。

（二）发展阶段

在硬件、软件设施设备进一步完善的同时，此阶段信息技术的应用主要体

现在信息技术与学科教学开始大规模结合,教师在教学中逐渐使用信息化设备,如多媒体设备、计算机网络教室,丰富课堂教学,提高学生学习的积极性和教学效果。

首先,学校进一步完善硬件建设,2002年9月,学校校园网一期建设工程完工,遍布全校的500多个信息点通过光纤或双绞线与网管中心连接后,直接连入因特网。2004年9月,学校建成学生电子阅览室,方便学生上网学习。随后于2006年8月,学校建成第三个计算机网络教室,为学生、教师更好地提供网络服务。

其次,学校信息技术走出学校积极与其他单位合作,同时积极承担国家特殊教育信息化课题,取得了很好的效果。2002年12月,学校承担了"十五"国家级课题"现代信息技术在特殊教育中的应用"的研究工作,并于2006年12月完成结题工作;2004年5月,与中央电大残疾人教育学院展开合作,共同开发聋教育大专学历教育网上课程,同年9月,受教育部委托,学校承担全国智障教育资源库的开发建设工作。2005年10月31日,由教育部基础教育司、中国教育学会特殊教育分会主办的"全国特殊教育资源库建设与运用培训会议"在江苏省铜山聋校召开,学校作为智障资源库的开发单位向参会的特殊教育学校骨干教师介绍了资源库建设的经验,并发放了40套《全国特殊教育资源库(智障版)》第二版(每套资源库由10张DVD光盘组成)。

(三)一体化阶段

在一体化阶段,信息技术设备进一步进行整合,不再仅仅满足于某个设备在单一环境中的使用,而是将信息设备进行整合,形成统一的、综合的系统,服务于学校的教学和管理。学校在这一阶段信息技术的应用主要体现在以下几个方面。

首先,此阶段学校在完善软硬件设施的过程中更加强调将全校资源整合起来,实现全校资源的网络化、一体化。2006年9月,学校基于校园网络环境建设了一套结合教学过程质量监控和校园安全信息监控的综合监控系统(一期工程)。这一系统在加强学校安全管理和教学质量方面发挥了积极的作用,相关管理部门和校领导可以通过校园网内的电脑终端使用这套综合监控系统,方便、实时地对学校教学活动场所进行查看和监控,提高了管理效率和管理质量,促进安全管理和教学质量的稳步提高。2007年11月,该系统二期工程全面完成。至此,学校在校长室、教导处、总务处、安全办等部门安装视频监控系统视频信息查询点,可查询全校一期、二期建设工程共159个监控点的实时监控信息及最近20天左右的视频监控录像信息。同时为了提高教师的信息化应用水平,学校建设了一间技术先进的微格教室,配置先进的多媒体教学设备及可以全面立体地反映动态教学过程的课堂教学实录系统,供教师们反复观摩、评价、反馈教学过程,在相互评点和共同研讨中促进教师业务水平的提高。为丰富校园文化,学校于2007年12月成立校园电视台,目前校园电视台制作完成并在学校有线电视中播出了多期节目及校歌MTV。为进一步方便学校管理,2011年9月,校园一卡通系统一期工程正式建成使用。2013年11月,学校正式接入深圳教育城域网,实现学校与深圳教育城域网1000M光纤高速互联,彻底解决了学校高速访问市教育局相关网络资源的问题,同时为接入学校提供免费互联网宽带访问服务,为视频会议、IPv6等新技术的应用提供网络带宽支持。2013年,全面推进智慧校园建设,校园网络环境下的信息化综合管理系统平台的建设开发进程取得阶段性成果,结合学校的教学和管理的实际情况,整合了系统管理、信息发布系统、办公自动化系统、教育教学资源库平台、数字化图书馆、视频点播直播、校园监控系统、校园一卡通等应用功能,对提高学校的教育信息化水平、推进学校教育现代化的进程起到了很大的促进作用。

其次,学校进一步承担国家重大课题,对其他学校教师进行信息技术培训,推动我国特殊教育信息化进程。2006年12月,教育部基础教育司副司长李天顺、特教处处长谢敬仁等领导和专家向各省教育厅发放了由学校研制开发的《全国特殊教育资源库(智障版)》(第三版),正式在全国的1600多所特殊教育学校中推广使用。这次完成的部分学科的智障版的资源库总容量为131G(其中公共资源容量为8.38G),资源记录总数为64377条左右。在此基础之上学校于2008年6月底完成了最新版的《全国特殊教育资源库(智障版)》(第四版),每套共45张DVD光盘,总容量为147G,资源记录总数为72000条。2008年6月23日至29日,为促进《全国特殊教育资源库》在全国特殊教育学校中的进一步推广使用,教育部基础教育司在长春举办了全国特殊教育资源库应用培训班。来自全国31个省、市、自治区的200多名特殊教育学校信息技术教师、特殊教育学校教学负责人、省级特教教研员参加了培训。在这次培训班上,学校信息中心教师顾斌、王文坚两人负责全国特殊教育资源库(智障版)的培训和辅导工作,顺利完成了教育部交给学校的培训任务。由教育部基础教育司向各省教育厅再一次发放最新版的《全国特殊教育资源库(智障版)》(第四版),并要求各省教育厅在省内广泛开展最新版的《全国特殊教育资源库》的二级、三级培训和推广使用工作。2011年9月,纵横信息数字化学习研究教学实验总课题组到学校参观指导，专家们观摩学校教师的纵横码教学公开课，并与教师进行相关研讨，还和学校听障学生进行现场交流和互动。

再次，学校不再仅仅满足于购进软硬件设备，还充分利用自身丰富的教师资源，根据学校自身情况以及我国特殊教育信息化特点开发信息技术平台，从而使学校信息技术走在国家前列。同时，学校积极申报各级课题，希望通过这些课题作为共同研究和学习的平台，以点带面，由骨干教师带动全校的教师，使信息技术设备发挥更大的作用。学校分批引入交互式电子白板，到目前基本实现了每个教室全覆盖。教师在教学设计、教学实施和教学评价等教学实践中，探索教学方式的变革，创新课堂教学模式和方法，提高课堂教学效益，努力改善师生、教材、媒体的交互关系，取得了较好的成绩。

第三节　信息技术在特殊教育中的应用理念

信息技术在特殊教育中的应用是一个复杂的、多层次的系统工程，与政治、心理、科学等都有着信息交换。信息技术为特殊学生的发展、特殊教育教师的教学、管理者的管理等提供了便利的条件和网络化支持。信息技术在特殊教育中的应用有着较为坚实的理论根基，同时由于特殊教育的独特性和特殊学生的差异及需要，也秉持一系列独特的基本应用理念。

一、理论基础

教育技术学是教育科学领域中技术学层次上方法论性质的学科，在其形成和发展过程中，广泛吸收和应用了信息技术、系统科学等多门相关学科的理论，如人权理论、学习理论等，这些理论共同构成了教育技术学的理论基础。信息技术在特殊教育中的应用既需要结合教育技术学的理论基础，也需要考虑特殊学生的康复需要和发展特点，人权理论保障特殊学生享受信息技术的权利，学习理论和教学理论为特殊学生学习和特殊教育教师教学提供理论视角，康复理论有助于教师合理运用信息技术手段对特殊学生进行康复训练，传播理论是信息技术应用于教育的重要理论支撑，其中教育传播学的动态阶段过程为教学设计提供探索的新模式。

（一）人权理论

人权是指在一定的社会历史条件下每个人按其本质和尊严享有或应该享

有的基本权利。"整个人类的历史不过是一部人要成其为人本身的历史。"[①]人权理论认为,人人生而平等,人人都有自己神圣的、不可剥夺的、不被侵犯的权利,如生存权、人身自由权等。人权是为实现人类的尊严与价值,承认人权、尊重人权、保护人权,已成为人类的共同信念。[②]

自 20 世纪 70 年代以来,争取教育权利的平等和使每个儿童的特殊教育需要获得满足已成为特殊教育发展的主流。在此潮流中,信息技术在特殊教育中的应用给人们带来了新的希望。人们把它当做实现特殊教育目的和使特殊学生获得受教育权的重要手段。信息技术作为当今科技中发展最迅速、对社会生活影响最大的一极,不仅带来了日新月异的技术和便捷的生活方式,也将社会公平的理念植入人心。国际电信联盟将 2008 年 5 月 17 日"世界电信和信息社会日"的主题确定为"让信息通信技术惠及残疾人"。可见,信息技术惠及所有人已成为全社会的目标与愿景,正如 2003 年在日内瓦和 2005 年在突尼斯召开的信息社会世界高峰会议的宣言指出,峰会的目标是"建设一个以人为本、具有包容性和面向发展的信息社会。在这样的一个社会中,人人可以创造、获取、使用和分享信息、知识,个人、社区和各国人民均能充分发挥自身的潜力,促进实现可持续发展,提高生活质量"[③]。

(二)学习理论

学习理论是心理学的一个分支学科,是对学习规律和学习条件的系统阐述,它主要研究人类与动物的行为特征和认知心理过程。[④] 学习理论注重把心理学的规律和方法与学习实践相结合,是一门研究人类学习的本质特征以及形成机制的应用性学科。心理学家从不同的角度对学习进行研究,从而形成各种不同的流派,如行为主义学习、认知学习理论、人本学习理论、建构学习理论等。[⑤] 自从 1959 年美国 IBM 公司研制成功第一个(Computer Aided Instruction,计算机辅助教学)系统,信息技术在教育中的应用理论基础也随着学习理论的发展发生着演变。[⑥] 这里介绍与特殊学生紧密相关的建构主义学习理论和人本主义学习理论。

---

① 齐延平.人权与法治[M].济南:山东人民出版社,2003:2.
② 黄建行,雷江华.智障学生职业教育模式[M].北京:北京大学出版社,2011:30.
③ 周惠颖,陈琳.国外特殊教育信息化现状与启示[J].中小学信息技术教育,2008(7—8):130.
④ 施良方.学习论[M].北京:人民教育出版社,1994:5.
⑤ 李葆萍,王迎,鞠慧敏.信息技术教育应用[M].北京:人民邮电出版社,2004:71.
⑥ 刘悦.聋校校园网语言训练资源库的构建[D].长春:东北师范大学硕士学位论文,2005:6.

1. 建构主义学习理论

建构主义是 20 世纪 80 年代末 90 年代初兴起于西方的一种全新的学习哲学,核心理念正如冯·格拉塞斯费尔德(Von Glasersfeld)所说:"知识不是被动接受的,而是由认知主体建构的。"① 其基本观点为:知识并非是主体对客体现实的、被动的镜面式的反映,而是一个主动的建构过程。知识不是通过教师传授得到,而是学习者在一定的情境即社会文化背景下,借助其他人(包括教师和学习伙伴)的帮助,利用必要的学习资料,通过意义建构的方式而获得。这个过程中,教师在教学中的角色也要发生变化,要由知识的传授者、灌输者转变为学生主动建构知识的帮助者、引导者和促进者。教学过程也相应地发生了变化,教师在教学过程中要运用全新的教育理念与教学模式、灵活多变的教学方法和新颖的教学设计。②

特殊学生在身体或者心理上存在发展障碍,因此,他们的思维方式与普通学生有所区别,在知识建构上有其独特之处。特殊教育教师基本上都是普通人,在对特殊学生授课的过程中或多或少是以正常思维进行的,比较不利于学生的知识建构。建构主义以"学生为中心"的教学学习理论,在很大程度上化解了这个弱势。③ 建构主义强调"情境"。利用信息技术可视化、交互性的特点可以为特殊学生创设生动直观形象的学习"情景"。教师可以在教学过程中加强特殊学生的"协作"学习和"会话"学习,提高他们协作意识和团队合作能力,增加他们之间的交流和彼此之间的了解,有利于培养特殊学生合作精神及独立性。④

2. 人本主义学习理论

人本主义学习理论强调学习应以"人"为核心,关注人的整体性,要让学生自由发展。这里的"自由"不是把现成的知识直接传递给学生,而是把学习的主动权还给学生,让学生成为学习的主人;在教学原则上主张教师以真诚的态度坦诚对待学生,尊重和理解学生的内心世界;在师生关系上,主张不应该是不平等的权威与依赖者之间的关系,而应该是师生双方参与、双向沟通和平等互助

---

① 高琳琳.信息技术应用于聋校语文教学的研究与实践[D].曲阜:曲阜师范大学硕士学位论文,2010:15.
② 许蕾.信息技术与语文课程整合的研究[D].上海:上海师范大学硕士学位论文,2008:12.
③ 肖伟.建构主义在特殊教育学校信息技术课程中的应用研究[J].商业文化科教纵横,2011(12):231.
④ 段琼.信息技术应用于聋校语文课程的研究——以邯郸市聋哑学校为例[D].南宁:广西师范学院硕士学位论文,2012:4.

的关系;在教学方面,主张以学生为中心,教师的全部责任就是帮助学生理解经常变化着的环境和自己,最大限度地发展学生的潜能。可见,人本主义学习理论特别强调学习过程中的情感因素、动机因素、人际关系和沟通的作用。①

特殊学生由于障碍类型和程度不同,个体间的认知存在显著差异,教师在教育教学过程中应注意"以人为本",照顾学生的个体差异,利用各种信息技术,为学生创造充分发展的空间,帮助实现个性发展。同时教师应以真诚的态度面对学生和家长,在教学过程中利用多媒体技术和网络实现互动和双向沟通,积极为特殊学生的学习和康复献出真心、耐心和细心。人本主义强调以人为中心,提倡学生进行自主学习,这些观点与信息化社会所建构的新的学习方式相一致,特殊学生作为社会边缘群体,要想回归主流社会,更应该紧跟社会发展的步伐,享受信息技术带给人们的紧密联系的纽带关系和人本主义情怀。

(三) 教学理论

教学理论研究教学的基本规律,研究对象和学科特点决定了它在教育技术领域中的重要地位及其对教育技术的理论指导作用。教学中师生的主客体关系问题、教学组织形式问题、教学方法、教学模式和教学环境等的研究都是教学理论研究的重要内容。② 教学理论建立在学习理论之上,而且在很大程度上关注教学的程序和技术问题。信息技术的飞速发展,已经使传统的教学模式发生了质的变化,多媒体教室、电子图书馆、网络教室等赋予了传统教学环境和方式新的内涵。教学理论非常丰富,主要包括斯金纳程序的教学理论、布鲁纳的认知发现教学理论、奥苏泊尔的有意义接受学习理论等,而巴班斯基的教学最优化学习理论的核心思想是在现有条件下以最小代价取得相对最好的教学效果,使教学最优化,比较符合特殊教育的需求。巴班斯基的教学最优化理论认为:在全面考虑教学原则、个体身心发展规律、教学方法手段等教学系统的特征及其内外部条件的基础上,对教学过程进行调节控制,从而保证教学过程发挥相对最有效的作用,以达到最好的教学效果。巴班斯基还强调教师在教学过程中合理设计教学任务并选择最合理的教学方案。

教学过程最优化理论主要立足于如何提高教育教学过程的效率,努力做到付出最小代价取得相对最好的教育教学效果。特殊学生直观思维和形象思维占主导地位的特点要求教师采用色彩丰富、内容形象的教学方法进行教学,充

---

① 冯学斌,孟祥增.现代教育技术[M].济南:山东人民出版社,2002:12.
② 冯学斌,孟祥增.现代教育技术[M].济南:山东人民出版社,2002:13.

分利用多媒体声形并茂、生动形象的特点为学生创造适合其需要和特点的教学形式,最大限度地利用课堂时间,达到康复和教育双重目的。信息技术与特殊教育的结合可以使信息技术的优势发挥到极致,也可以使特殊教育的效果最大化,在教学过程中追求最优化势必激励学生和教师的积极性,激发出教师创造创新的火花。

(四) 康复理论

康复是特殊教育学校在运用信息技术方面有别于普通学校的重要特点。康复理论比较广泛,包括传统康复理论(如反射控制理论、阶段控制理论、系统控制理论)、现代医学理论和整体康复理论等。缺陷补偿理论是特殊教育中非常重要的一个理论,该理论认为"任何人在一个方面出现缺欠,将会在另外一个或几个方面得到补偿。"[1]

我国有着 5000 年的文明历史,中华民族有着尊老、慈幼、扶弱、助残的传统美德。我国人民很早就能科学地解释残疾发生的原因及现象,东汉许慎的《说文解字》中解释道:"聋,无闻也。"中华人民共和国成立后,我国特殊教育飞速发展,在吸收借鉴古今中外的科研成果的基础上,建立了缺陷补偿理论。补偿是指"在机体失去某种器官或某种机能受到损害时的一种适应,是一种与正常发展过程不完全相同的有特殊性的发展过程"[2]。比如:视障学生由于丧失了视觉功能,因此要加强他们在听觉和触觉上的能力;听障学生,由于先天或后天原因部分或全部丧失语言和听力,为了补偿他们在听觉上的障碍,就需要加强他们的视觉观察力和头脑分析能力。因此,利用信息技术手段进行教学时应该特别注意体现补偿性原则。在视障学生教学中利用他们发达的听觉,对于难于理解的景物描写可以通过播放表现这种情景的音乐来刺激学生的想象能力。在听障学生教学中较多地运用表现实景的影音文件以及生动、略带夸张的动画和丰富多彩的图片,形象、真实地突出教学的重点和难点;在教学过程中对于那些不能用语言(手语)表达清楚,而又非常重要的知识点,利用教学软件等手段来完成,既回避了烦琐教学语言重复无效的使用,又使学生利用视觉直观地获得所学内容的信息,从感性上对新知识有了认识,从此攻克语言障碍这一难点。[3]

---

[1] 张家年,朱晓菊,程君青.教育技术应用和研究的盲区——残疾人群的教育[J].现代教育技术,2006(4):13—15.

[2] 崔明强.运用缺陷补偿理论调整听残学生心理[EB/OL].http://old.bjellzhx.org/jxzy_lw13.htm,2002.

[3] 张卓星.信息技术手段在特殊教育中的运用[J].现代教育技术,2009,19(11):37.

(五)传播理论

人类对传播理论的研究始于 20 世纪 40 年代末,研究内容从原来新闻学研究的"新闻传播"转移到"信息传播",主要探讨自然界一切信息传播活动的共同规律。传播一词译自英语 communication,也译为交流、沟通、传通等。现在一般把传播看做是特定的个体或群体,即传播者或受传者借助一定的媒体形式实现信息的传递和交流,目的是实现有效的沟通。[①]

传播是由传播者运用适当的媒体,采用一定的形式向接受者进行信息传递和交流的一种社会活动。按照传播的内容不同,传播可分为新闻传播、教育传播、经济传播、娱乐传播、科技传播和服务传播等。[②] 教育传播是教育者按照一定的目的要求,选择合适的信息内容,通过有效的媒体通道,把知识、技能、思想、观念等传送给特定对象的一种活动,是教育者和受教育者之间的信息交流活动,[③]包括六个阶段的连续动态过程(见图 1-1)。[④]

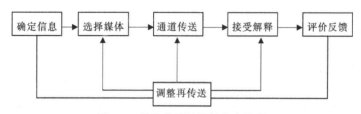

图 1-1 教育传播过程的六个阶段

在当今教育传播活动中,信息技术起着重要作用,随着信息技术的快速发展,以多媒体、网络为代表的现代信息技术已成为教学传播活动中重要的中介。就目前特殊教育学校来说,需要注意到信息是一个双向的传播,既有教师传递给学生的知识,也有学生传递给教师的需要及反馈。教师在信息传播的过程中应注意学生的需要和特点,在传播技能方面考虑学生的接受能力,在态度方面给予学生温和鼓励,同时需要注意学生家庭背景的差异,保证师生间、同伴间、家校间沟通顺畅,促进特殊学生的康复发展。同时,也需要从学习内容出发,分析其适合通过哪种感觉通道传递给学习者,以便选择合适的教学媒体。

---

① 冯学斌,孟祥增.现代教育技术[M].济南:山东人民出版社,2002:17.
② 李葆萍,王迎,鞠慧敏.信息技术教育应用[M].北京:人民邮电出版社,2004:25.
③ 南国农,李运林.教育传播学[M].北京:高等教育出版社,1995:7.
④ 南国农,李运林.教育传播学[M].北京:高等教育出版社,1995:50.

二、基本理念

国家教育部在《以教育科研为动力全面推进"十五"特殊教育事业的发展——教育部基教司"十五科研课题评审"后记》中提出:从 2001 年起用 5 年至 10 年时间在全国中小学基本普及信息技术教育,全面实施"校校通"工程,以信息化带动教育的现代化。而特殊教育的一个最重要的作用就是利用特殊的教材和教法来弥补特殊学生的各种身心缺陷,最大限度地发挥他们的潜能。信息技术教育具有直观性、生动性、互动性的特点,符合特殊学生的身心特点和认知规律,能够调动他们的积极性,甚至改善他们将来的生活质量。特殊教育学校应在明晰特殊教育信息化的理论基础上,结合办校理念指导信息技术在特殊教育中的应用,不断提高特殊学校的信息素养。

(一) 开发潜能,发挥优势

特殊教育学校应注重以生为本,促进潜能开发。建立在"以生为本"理念和多元智能理论基础上的潜能发展观强调人的发展是不断发掘自身内在的未开发出来的综合能量的过程,世界上不存在没有潜能的人,只有潜能没有被充分发展和发挥的人。[①] 特殊学生也是具有潜能的人,只不过是由于其生理或心理缺陷,潜能未被充分开发出来,而有时过度重视缺陷补偿,会忽视特殊学生的优势发挥。信息技术具有互动性、直观性的特点,为学生充分发挥潜能和优势提供空间。学校为视障、听障、智障、脑瘫学生开设信息技术课程,在教学过程中发挥学生的主体作用,为特殊学生提供集图形、文字、图像、声音、动画等多种媒体于一体的综合刺激,调动多种感官参与,使视障学生的听觉优势、听障学生的视觉优势、智障学生的动手能力等充分发挥出来,同时促进特殊学生的潜在能力得到发挥。

(二) 补偿缺陷,促进发展

根据康复理论及特殊学生的需要,利用信息技术补偿或代偿学生缺陷的基本方式有以下两种。

1. 着眼于改进特殊学生信息的传输与处理通道

特殊学生,特别是有感官缺陷的学生如视障、听障等,其发展的最大障碍在于他们在信息的输入、处理、输出的某一个环节或几个环节出现了问题。由于信息技术的进步,计算机强大的信息处理功能及其输入与输出装置的多样性和

[①] 黄建行,雷江华.智障学生职业教育模式[M].北京:北京大学出版社,2011:40.

环境适应性都得到了飞速的发展与进步,使其更能适合特殊学生的需要,再加上大量适合特殊学生的软件的开发与利用,所有这些恰好能够或至少部分能够弥补特殊学生信息传输与处理方面的障碍。

2. 着手提高特殊学生的环境控制力

特殊教育的最终目的是要特殊学生回到主流社会,平等参与社会生活。然而特殊学生或多或少都存在着缺陷,这使其控制环境的能力受到局限。特殊学生无法控制环境,也就无法独立生活,不能独立生活,回归主流社会就是空想。幸运的是,如今信息技术的发展使环境处于特殊学生的控制中这一理想正在成为现实。现代信息技术的智能化可以驱使一些小机械、小工具,从而使有严重生理缺陷的人、没有足够力量和精力的人得以利用机器人来满足个人需要、控制环境,如人工智能、适时计算、环境定向、谈话的输入与输出、辅助日常生活等。在机能训练方面,如为听障、语言障碍学生配备的发声、说话装置与多媒体计算机联结,使学生进行语言训练的同时及时得到经过处理后的反馈信息(如口型、舌的位置、发音的波谱及其与正常语音波谱的比较),进而提高言语与语言矫治的质量。[1]

信息技术为特殊学生康复训练、生活学习、沟通交流提供了便利的条件,学校为脑瘫学生设置模拟运动教室、为自闭症学生配置语言矫正训练软件等设备,为全体师生构建校园网,让他们可以在网络上进行联系,及时反馈问题,解决问题,使其生活发展处于信息无障碍的环境中,方便学生与教师间的沟通,促进学生的康复。

(三) 个别化教学,整体进步

个别化已成为特殊教育的基本理念,信息技术模式正是基于这一理念而生,利用网络、结合现代通信技术将远距离的教学环境传递到每一个用户面前,用户可以自由地选择系统所提供的各种教育服务、课程内容及相应课件与专家教师。同时,用户可以更方便地根据自己的需要和教与学的进度选择相关内容及呈现方式。[2] 而且,需要注意到信息技术知识的浩淼与特殊学生认知水平的低下是一对不容易协调的矛盾。特殊学生学习和掌握信息技术不同于其他学科知识的学习,需要遵循其身心发展规律、符合其接受能力,循序渐进,逐步提高,切不可操之过急。很多特殊学生(如脑瘫学生)在肢体方面存在着种种障

---

[1] 申仁洪.计算机技术:特殊儿童康复的重要手段[J].现代特殊教育,2000(5):3—4.
[2] 申仁洪,许家成.基于信息技术的特殊教育服务传递系统[J].中国特殊教育,2006(1):75.

碍,因此这些多重身心障碍的学生在运用信息设备的时候需要注意提供辅助的特殊器材或软件(如佩戴于头部的点击键盘工具、特别的鼠标追踪球等),降低信息设备的使用难度,增强特殊学生的自信心。①

针对不同类型学生的差异及不同学生的需要使用信息技术:视障学生和听障学生智力水平高于智障学生,所以学校视障学生和听障学生信息技术课程开设的年级低于智障学生,难度高于智障学生;而脑瘫学生和自闭症学生在信息技术的使用上,比其他三类学生更注重康复训练功能;职业教育部的学生则是从职业技能培养的角度运用信息技术。但是,不论哪一类型学生,其所在教室的信息技术硬件和软件设施设备基本相同,都十分注重学生的整体发展。教师在教学的过程中注重层次性,针对不同学生制定不同目标和要求,由于信息技术的交互性和便捷性,省去板书、摆教具等程序,更便于教师进行个别化教学,提高个别化教学的效率。

(四) 提升信息素养和进行终身学习

信息素养是一种基本能力,一种对信息社会的适应能力,也是一种综合能力,它不仅包括利用信息工具和信息资源的能力,还包括选择获取识别信息、加工、处理、传递信息并创造信息的能力。具体来说,它包括信息意识、信息知识、信息能力、信息道德四个要素,这四要素共同构成一个不可分割的整体,意识是先导,知识是基础,能力是核心,道德是保证。

提升信息素养和进行终身学习是针对教师和学生而言的,既有对特殊教育学校教师的要求,也有对特殊学生的要求。学校应通过各种途径提升教师素养,如强化信息技术专业教师的专业培训,每年选送部分信息技术专业教师参加信息技术专业、网络管理员、机房管理员等相关的业务培训;对全体教学和行政管理人员进行系统、有效、实用的培训,制定教师信息技术校本培训的规划,打造教师提高信息素养的平台;同时以课题研究为抓手,促进教师信息技术综合应用能力的提高,开展各种信息技术相关的活动,积极参加各种比赛,在教育实践中加强对教师的信息技术应用指导,②树立其终身学习的意识。未来的社会是终身学习的社会,网络将是一个巨大的容器,特殊学生在其中汲取所需要的各种信息,在他们离开学校之后,仍是其终身之师。所以,学校应为学生开设信息技术课程、督促教师在教学和康复过程中积极合理地使用信息技术,在学

---

① 宁丽静,贾君,王丽.吉林省特殊教育信息化现状与对策[J].中国电化教育,2010(9):42.
② 黄建行.立足校本培训,促进教师发展[J].现代特殊教育,2007(7-8):16-17.

校学生管理和服务中应用各种先进的信息技术,组织学生参加各种信息技术的比赛活动,建立校园网和资源库方便师生使用信息技术进行沟通交流等,是为了让学生时刻处于信息化的氛围中,提升其信息化社会意识,使之能够初步适应新技术,为终身学习打造平台。

（五）注重交流合作,营造良好的信息环境

信息技术教育中的交流包含两层含义:其一是教学活动本身所进行的交流;其二是基于信息社会所涉及的交流的模式、内容、方法、途径、效率等多方面内容。信息技术教育中的合作是一种教育意义上的合作,教学过程中鼓励更多的伙伴关系、合作学习与研究,而不是单纯的竞争关系、孤立学习与研究。信息技术教育要实现交流与合作,其前提条件是要鼓励学生积极表达,使得每位学生都成为信息活动的主体。[1]

特殊教育学校教师应积极探索信息技术应用于课堂教学、生活指导、康复训练的方法,注重教学过程中的师生互动、合作学习;关注课下的同伴互动、家校联系,指导亲子互动。通过信息技术,实现学校、教师、学生、家长、社会等方面的信息互通,在充分的交流与合作中思想得到分享,学生的社会化得到促进,营造出良好的信息环境。

---

[1] 黄旭明.中小学信息技术教学法[M].长春:东北师范大学出版社,2007:61.

第二章　信息技术在特殊教育中的应用系统

随着信息技术的快速发展,特殊教育领域逐渐提高了信息技术的普及程度,从信息化的管理到信息化的教学,特殊教育也逐步走向信息化。信息技术在特殊教育中的应用拥有一个完整的系统,包括硬件系统、软件系统和支持系统。其中,硬件系统是开展信息技术的"土壤",为特殊教育的信息化提供了基本保证;软件系统是信息技术在特殊教育中得以应用的载体,包括人员体系、技术体系和资源体系;支持系统包括政策支持、经费支持、家庭支持和社会支持,为特殊教育信息化的发展提供了充足的人力、物力支撑,是强大的后备支持力量。

第一节　硬件系统

硬件系统是开展信息技术的前提条件,硬件系统是否完善是衡量信息技术能力的一个重要标准。特殊教育学校只有配备完善的信息技术硬件系统,才能充分发挥信息技术在特殊教育中的作用。一方面,特殊教育学校需要配备基本的信息技术,这是学校整体运作的重要保障,便于学校实现信息化的组织和管理。同时,特殊教育学校还应为各类特殊学生配备符合其需求的信息化设施设备。另一方面,特殊教育学校要为信息化的设施设备提供相应的安置场所,也就是提供适宜的场地空间。学校的教学、管理、行政等都离不开信息技术,也需要相应的场地空间来安置和使用信息技术设备。

一、设施设备

信息化设施设备是一所学校创设信息化校园环境的必要条件,是特殊学校信息化建设的物质基础。教育信息化若要发挥其作用,首先要有一定的信息化技术设备,因此需要加强教育的物质技术建设,提高学校的信息化硬件水平。针对特殊学生,除了要有与普通教育相同的信息化设备外,还要有适应其需要的特殊设备,在这方面应该加大投入。①

(一)普通教育中常用的信息技术设施设备

特殊教育学校应配备所有普通教育中常用的信息技术设备,如电脑、打印机、数码相机、数码摄像机、液晶投影机、视频演示仪、电视机、DVD、音箱等。而为了进一步加强对信息技术设备的管理,提高设备的使用效率,更好地为教育教学和教育管理服务,特殊教育学校应制定相关设备配置标准,规定信息技术设备的配置标准,其中每间教室和功能训练室都应配有电脑、交互式电子白板(含投影仪)、视频展示台,教室最好配有电视机。下面从教学的角度出发,重点阐述视频展示台和交互式电子白板这两种设备。

1. 视频展示台

视频展示台(Visual Presenter)又被称为实物展示台、实物演示仪、实物投影机、实物投影仪等,在国外市场还被称作文本摄像机(Document Camera)。从功能上来说,视频展示台是指通过CCD摄像机以光电转换技术为基础,将实物、文稿、图片、过程等信息转换为图像信号输出在投影机、监视器等设备上展示出来的一种演示设备。它常用于教育教学培训、电视会议、讨论会等场合,可演示文件、幻灯片、课本、笔记、透明普通胶片、商品实物、零部件、三维物体、实验动作等,还有远距离摄像、现场书写等高级功能。②

视频展示台根据不同的划分标准有不同的类型。根据输出的信号划分,视频展示台通常分为模拟展示台和数字展示台两种:模拟展示台视频输出信号包括复合视频、S-VIDEO两种;一般清晰度在400~470水平电视线,隔行扫描方式;数字展示台视频输出信号除了复合视频、S-VIDEO外,最主要的是具备VGA输出接口。VGA接口是计算机主机传送给显示器图像的一种标准RGB分量视频接口,采用逐行扫描方式,因而图像不存在模拟展示台难以消除的闪烁现象,并且图像分辨率较高。而从结构上可以将视频展示台分为单灯照明视频展示台、双侧灯式视频展示台等:单灯照明视频展示台采用常见的照明方式——单灯照明,不存在双灯照明的光干涉现象,光线均匀,便于被演示物体的最佳演示,不同展台单灯的位置不同,但不影响效果;双侧灯式视频展示台采用最为常见的照明方式,设计良好的双侧灯可以灵活转动,覆盖展台上的全部位置,并实现对微小物体的充分照明。③

---

① 张卓星.信息技术手段在特殊教育中的运用[J].现代教育技术,2009,19(11):39.
② 视频展示台[EB/OL]. http://baike.baidu.com/view/1916343.htm.
③ Creston.视频展示台[EB/OL]. http://baike.baidu.com/view/1916343.htm. 2008-10-17.

2. 交互式电子白板

交互式电子白板是汇集了尖端电子技术、软件技术等多种高科技手段研发的高新技术产品,它通过应用电磁感应原理,结合计算机和投影机,可以实现无纸化办公及教学。交互式电子白板是目前使用最普遍的电子白板,其诞生标志着现代教育技术媒体的发展迈上了一个新的台阶。它可以与电脑进行信息通信,将电子白板连接到计算机,并利用投影机将计算机上的内容投影到电子白板屏幕上,在专门的应用程序的支持下,可以构造一个大屏幕、交互式的协作会议或教学环境。利用特定的定位笔代替鼠标在白板上进行操作,可以运行任何应用程序,可以对文件进行编辑、注释、保存等任何在计算机上利用键盘及鼠标可以实现的操作。①

交互式电子白板是实现互动式教学的重要设备。互动式教学,就是通过营造多边互动的教学环境,在教学双方平等交流探讨的过程中,达到不同观点的碰撞与交融,进而激发教学双方的主动性和探索性,从而提高教学效果的一种教学方式。互动式教学已经成为世界各国基础教育改革的主流方向,而交互式电子白板为互动式教学提供了更加广阔的平台,并对教学及教师的专业发展产生深远的影响,具体表现有以下几点。

(1) 交互式电子白板可以实现人与人之间的互动。交互式电子白板为课堂中的师生互动、生生互动提供了技术上的可能和便利,为建立以学生学习为中心的课堂教学奠定了技术基础。传统的多媒体课件更多的只是演示功能,学生参与度较低。而用交互式电子白板技术制作的课件,为师生在教学过程中的互动和学生的参与提供了极大的方便。在教学过程中,学生可以更改、充实教师原先的课件内容,不管是学生对知识的正确理解,还是错误的回答,只要在白板上操作,白板系统会自动储存这些宝贵的资料,从而生成每位教师每堂课的教学过程的数字化记录文件,成为教师后续教学和成长的重要资源。

(2) 交互式电子白板为资源型教学活动提供技术支撑。交互式电子白板系统为每个学科准备了大量的学科素材,教师可以根据自己特定的教学设计和目标,应用资源库中的素材形成自己的教学课件,同时由于白板系统兼容微软的各种应用软件,因此,教师还可以在白板上直接上网寻找课程资源。

(3) 交互式电子白板系统扩展并丰富了传统计算机多媒体的工具功能,提

---

① 耿海建交互式电子白板[EB/OL]. http://baike.baidu.com/view/220681.htm? fr=wordsearch. 2006-05-29.

高了视觉效果。交互式电子白板系统提供了许多独特的功能,比如拖放功能、照相功能、隐藏功能、拉幕功能、涂色功能、匹配功能、即时反馈功能等,在增强视觉效果的同时有利于激发学生的兴趣。

(4)交互式电子白板是促进教师专业发展的资源基础。交互式电子白板不仅是教师授课的好帮手,同时也是教师备课的好帮手。教师可以把整个交互式电子白板上的教学过程储存在自己的文件夹中,成为自己学科教学的电子档案和课程资源,也可以成为促进教师专业发展的资源基础。

(5)交互式电子白板有利于教师开展团队教学研究。教师可以组成专门的教学研究小组,共同探讨交互式电子白板的教学方法及策略。这样的团队教学研究方式能够促进教师之间的沟通和交流,更有利于促进教师的专业发展。

交互式电子白板不仅属于教师,也属于学生,它让学生获得更多的实践和参与的机会,让教师的教学工具变成学生学习和认知的工具,充分体现了交互、参与的新课程理念。交互式电子白板应用培训是特殊教育改革和发展的需要,也是特殊教育教师专业化发展的重要方向。

(二)特殊教育中常用的信息技术设施设备

特殊教育信息化的实现必须抓住"特殊"这一关键词,紧密结合特殊性。由教育部基础教育二司组织领导、教育部教学仪器研究所负责起草的教育行业标准《义务教育阶段盲校教学与医疗康复仪器设备配备标准》《义务教育阶段聋校教学与医疗康复仪器设备配备标准》和《义务教育阶段培智学校教学与医疗康复仪器设备配备标准》于2010年由教育部批准发布,这三个标准分别规定了义务教育阶段三类特殊教育学校的普通教室、学科教学、康复训练、资源中心和职业技术教育仪器设备的配备要求。三个标准都充分考虑了特殊学生的身心发展规律,体现了现代特殊教育理念,从而保证义务教育各项课程的顺利开展,是三类特殊教育学校配备教学与医疗康复仪器设备必备的指导性文件。[①] 特殊学校应不断向着信息化管理迈进,在信息技术设施设备的配置方面也遵从这三个标准,使其信息技术设备的"特殊性"主要体现在为各类学生配备康复设备,以及符合各类特殊学生特点的一系列辅助器具。

1. 康复设备

特殊学校应为各类学生开设多个功能教室,且各类功能教室都应配备多种

---

① 中国上杭教育信息网.教育部《义务教育阶段盲、聋、培智学校教学与医疗康复仪器设备配备标准》[EB/OL]. http://www.fjshjy.net/xxgk/zhuangbei/biaozun/201004/t20100422_44705.htm,2010-04-22.

康复设备，为学生的康复和训练提供良好的条件。例如，深圳元平特殊教育学校脑瘫组的功能教室包括物理治疗室、康复训练室、作业治疗室等，其中物理治疗室有经络导平仪，康复训练室有电动跑台、髋膝训练器等设备。下表为深圳元平特殊教育学校2010年购买的康复设备情况（见表2-1）。

表2-1 深圳元平特殊教育学校2010年仪器设备购置情况

序号	组别	项目名称	数量	单位	项目内容
1	脑瘫康复组	eyebobi四合一多媒体互动模拟运动训练室	1	套	eyebobi墙面情景体验系统、eyebobi地面情景体验系统、eyebobi运动会系列、绿屏抠像主题教学系列、训练室总体软包设计
2		智能运动训练系统MOTOmed	1	台	含上肢运动训练系统及下肢运动训练系统
3		MR CUBE运动控制魔方	1	套	含MR运动控制魔方、笔记本电脑（带蓝牙接口）、软件、电脑架
4		运动康复训练用具	1	批	WII模拟游戏设备
5	心理康复组	VS-99语音工作站	1	台	含VS-99语音训练软件、实时动态采集系统、电脑、打印设备等
6		心理健康团体辅导活动产品及量表	1	套	600件活动器件、活动指导手册、活动工具箱、活动音乐盘、活动指导手册的电子光盘、心理量表
7		心理测评系统（移动版）	1	套	笔记本电脑1台、移动硬盘（软件操作系统盘）1部、儿童适应行为评定量表、韦氏智力量表等多份心理测评量表
8		智能身心反馈训练系统GA-SXZ-BZ	1	套	智能身心反馈训练平台（1套）、放松椅（1套）、生理指标传感器及数模转换器（1套）、工作台、加密器
9	语训组	CONNEVANS有线集体语训系统	1	套	含主控器1台、桌面训练器10台、耳机连麦克风10个、教师用麦克风1个、麦克风座1个、专用桌椅11套

续表

序号	组别	项目名称	数量	单位	项目内容
10	自闭症康复组	智能儿童沟通训练仪	10	台	含全触摸式 PC 操作平台、图文精灵软件、标准配件、特殊开关；支持多媒体教学，并提供打印、摄制音频机、投影等功能
11		启智博士早期语言评估与干预仪（增强版 L4E）	1	台	含专用仪器车、专用主机、DSP-MA 信号处理工作站

2. 辅助器具

2006 年第二次全国残疾人抽样调查主要数据公报显示：我国各类残疾人的总数为 8296 万人，[①]其中 60% 以上需要辅助器具。[②] 特殊教育学校特殊学生的类型多样，他们需要相应的辅助器具来补偿他们的生理缺陷，以便利他们的生活和学习。下面以视障学生和听障学生所用到的一些信息化辅助器具为例，介绍特殊教育学校为特殊学生配备的辅助器具。

（1）视障学生的辅助器具

① 盲文打字机。盲文打字机（即点字机）将盲文的 6 个盲点，排列在一字排开的 6 个按键上，便于双手同时操作。用它书写盲文，上纸简便，且书写速度明显快于盲字板和盲字笔。盲文打字机的价格较高，从一千余元至三千余元不等，主要有美国帕金斯和德制两种（我国已有和德国的合资产品），目前其普及率还不是很高，但随着人民生活水平的不断提高和国家对特殊教育事业投入的不断加大，视障学生家长、特殊教育学校、普校特教班及视障学生随班就读的学校均会积极购置盲文打字机，从而使视障学生获得较理想的书写工具。

② 视触觉转换阅读机。这是一种高级的袖珍式盲人阅读设备，它将印刷文字或其他符号通过电子扫描和微电脑处理，在触觉感知盘上转换成视障学生可以通过手指感觉出来的触觉信号——振动的针。由于视触觉转换阅读机不翻译普通文字，而是将普通文字精确地按照该文字原来的形状让视障学生通过手指以触觉的形式加以感知，因此，视障学生可以用它去直接阅读不同种类的文字、数字符号甚至图表，不存在语言文字不通的问题，是国际通用的。这为视

---

① 第二次全国残疾人抽样调查办公室.第二次全国残疾人抽样调查主要数据手册[M].北京：华夏出版社，2007：2.

② 中国残疾人辅助器具网.服务机构[EB/OL]. http://www.cjfj.org/templates/productserver/.

障学生阅读印刷体明眼文字书籍开辟了新的途径,大大拓展了他们接受信息的渠道,使他们可以获得更及时、更丰富的知识信息,而且是以触觉感知文字原来的面貌。

③ 立体凸出影像复印机。立体凸出影像复印机也称触觉图像生成器或触觉想象增强机(Tactile Image Enhancer),它通过使用一种称为 Flexi-Paper 的专用塑纸,能够快捷地制作出素描、地图、图表、动植物图案等各种凸形的触觉图像,为视障学生学习美术、地理、数学、常识、语文等课程提供了形象直观的教具,同时还会激发他们丰富的想象力。

④ 电子触摸显示器。电子触摸显示器不仅具有与盲文打字机或盲字笔、盲字板同样的功能,还具有言语合成和单词处理的功能。使用者可以通过盲文键盘输入信息,并将信息转入一台更大的电脑,然后使用言语合成器或盲文显示器检查所输入的信息,或者将之打印成盲文或文字。①

⑤ 定向行走辅具。针对定向行走的辅助器具,研究人员正在研制大量精密的电子设备以帮助盲人在环境中感知物体,这些电子设备包括激光盲杖和迷你导航仪。这些设备的工作原理是像蝙蝠一样通过回声进行定位。激光盲杖既可以作为普通盲杖使用,也可以作为感应设备使用,它所发出的红外线光束在碰到行进途中的物体时会转换成声音。而迷你导航仪是一种小巧的手持式设备,研究证明,迷你导航仪可用于躲避障碍物、定位门口以及侦测悬垂的障碍物。②

(2) 听障学生的辅助器具

① 助听器。助听器是指一切有助于听障人士改善听觉障碍,进而提高与他人会话交际能力的工具、设备、装置和仪器,分为盒式助听器、眼镜式助听器、耳背式助听器和定制式助听器(包括"耳内式助听器""耳道式助听器"及"深耳道式助听器")等种类。

② 无线调频式个别语训器。此设备分为两个部分:一部分是教师操作用的"超短波无线电发射器",和麦克风相连接;另一部分是听障学生用的"超短波无线电接收器",和助听器相连接。它的工作原理是教师通过麦克风和"发射器"将声音转换为电波并发射出去,"接收器"和助听器将接收到的电波放大并转换为声音,传入耳内。发射器还可接录音机、录像机、电视机等设备的音频

---

① [美]丹尼尔・P.哈拉汗,詹姆士・M.考夫曼,佩吉・C.普伦.特殊教育导论[M].肖非,等译.北京:中国人民大学出版社,2010:369.

② 同上,2010:370.

输出。

③ IBM可视言语训练仪。该设备是一套专用的多媒体电脑系统,主要用来对听障学生进行个别语言训练,也可用于为有语言障碍的智障学生进行个别语言训练。它可以根据特殊学生的具体情况选择不同的发音进行训练,由于声形并茂,包含了一些发音训练的趣味游戏在其中,大大提高了特殊学生的学习兴趣,增强了训练的效果。

④ 启音博士。该设备是应用范围极为广泛的言语矫治设备,主要是为听障学生服务的。它提供数十个声控动画游戏,帮助听障学生进行多方面的实时训练。训练内容包括:音调、响度、清浊度、起音、最长声时、有声无声和构音训练等。在听障学生玩游戏的同时,教师立刻就获得特征曲线图和统计报告,而且这套设备具有实时录放的功能,可以使治疗更具效果。

此外,在计算机辅助教学方面,微型电子计算机及相关技术(例如DVD、CD光盘)的迅猛发展大大拓展了听障人士的学习能力。例如,在计算机屏幕上直观呈现的言语模式图能够帮助一部分听障人士学习语言。另一个关于计算机技术的例子是计算机打字,即健听人使用一套简化了按键的缩写系统将听到的全部内容(如某人的演讲)录入到计算机中,听障人士可以在自己的计算机上实时读到文本,并稍后拿到打印出来的文本。[1] 而在互联网方面,信息高速公路为听障人士提供了一系列沟通的可能性。例如,电子邮件使得他们能够像健听人一样与其他人进行沟通。听障人士还可以订阅电子邮件列表、链接到新闻组或网络留言板或者参与专门为他们开设的聊天室等。[2]

除了上述所提及的辅助器具外,特殊教育学校还有言语治疗的专用仪器设备、听觉干预的专用仪器设备、语言康复的专用仪器设备等。深圳元平特殊教育学校受到深圳市残联的大力支持,拥有完备的康复设备,各类学生的辅助器具也基本齐全,为学生的发展创设了良好的设备环境。

(三)信息化设施设备的利用情况

信息化设施设备主要应用于教育行政管理、教师教育教学和学生康复发展中。教育行政管理方面多用于学籍管理、课程设置、教学安排、成绩统计、学校信息发布、人事管理、财务管理和后勤资产管理等。近年来特殊学校实施新课程计划,教育与康复训练相结合带来的一系列学生评估数据都需要信息化管

---

[1] [美]丹尼尔·P.哈拉汗,詹姆士·M.考夫曼,佩吉·C.普伦.特殊教育导论[M].肖非,等译.北京:中国人民大学出版社,2010:328.

[2] 同上.

理。教师教育教学方面的应用多体现在学生的主要学习场所,如多媒体教室、计算机房等。① 教师在这些场所利用信息化设备进行教学,能够激发学生的兴趣,调动他们的积极性,且教师可以利用信息化设备进行备课、教学反思等,提高自己的教学效果。学生康复发展方面的应用主要体现在各种功能教室(如作业治疗室、模拟运动训练室等)中,这些教室都配备有相应的信息化设备,为学生的康复和发展提供了良好的硬件环境。总体来说,学校的信息化设施设备都得到充分的运用,给管理和教学都带来了极大的便利之处。而信息化设施设备的利用与后期的维修密切相关,这一工作是由信息技术组的教师负责,他们在教学的同时,兼任电教设备的管理员,如果设备出现问题,则需到信息技术组进行登记,再根据实际情况进行处理。

二、场地空间

特殊教育学校要创设信息化的校园,必须有充分的场地空间放置信息技术设备,同时也要为信息技术的服务人员包括教师和管理人员提供一个良好的工作和学习的场地。因此,场地空间是实现信息化的重要前提,是特殊教育信息化的基本条件。举例来说,学校现有 65 个教学班,共有办公室、教务处、学生处、科研处、安全办、总务处深圳元平特殊教育 6 个部门,这些场所都是创设信息化校园的重要场所依托。而要实现信息的可移动性和全球性,必须将整个学校作为信息技术开展的空间。因此占地 7.2 万平方米、建筑面积 3.5 万多平方米的学校都是应用信息技术的场所和空间,既包括功能分区明显的场所,如学生教室、功能教室、电子阅览室等,也包括其他的活动空间,如操场等。下面以深圳元平特殊教育学校的网络中心、计算机网络教室和校园电视台为例介绍信息化设备场地空间的基本情况。

(一)网络中心

网络中心是整个校园网的主干,由服务器、路由器、交换机、防火墙等网络设备构成,实现与外界广域网的连接和为内部提供网络信息服务的功能。深圳元平特殊教育学校网络中心占地 40 平方米,其配置的设备主要包括三类:网络交换设备、应用服务器和网络安全管理设备。

---

① 黄翔,史文津.特殊教育学校信息化建设的影响因素分析——以江西省为例[J].职教论坛,2012(27):35.

1. 网络交换设备

深圳元平特殊教育学校现有 Cisco、Quidway、H3C 等品牌的交换机 30 台，网络中心的核心交换机是 Quidway 9306，带双主控板双电源模块，背板容量 2.4Tbps，交换容量 2Tbps，整机转发率 1080Million pulses per second 百万脉冲每秒，配置 24 端口千兆以太网光接口板 1 块，48 端口千兆以太网电接口板 1 块。学校还在部分公共办公和活动区域建设了无线网络系统，包括 1 台 H3C-WX3024E 无线控制器和 6 台 EWP-WA2612-AGN 无线 AP。目前，全校有 1104 个有源信息网络接口。

2. 应用服务器

深圳元平特殊教育学校共有 DELL 和 IBM 品牌服务器 11 台，分别是：趋势网络防病毒软件服务器管理平台服务器；K12 资源库和超星电子阅览室服务器；教育教学文件共享服务器；数据安全备份服务器；视频资源服务器；全国特殊教育资源库智障版(提供对外访问和下载服务)服务器；数字化校园管理平台服务器；全国特殊教育资源库听障版、视障版和智障版(提供校内访问服务)；数字化课堂教学录播系统服务器；统一数据中心系统基础数据库服务器；一卡通管理系统服务器。

3. 网络安全管理设备

网络安全管理设备包括：①Quidway 5320 网络防火墙 1 台；②Array TMX3000 校园网网络链路及服务器负载均衡设备；③深信服 AF-1820 应用防火墙(主要用于流控)1 台；④深信服 AC-1800 上网行为安全审计系统。

此外，网络中心邻近信息技术组教师的办公室。信息技术组教师既负责信息技术教学，也负责信息技术的管理工作，整体掌控学校信息技术的发展。

(二) 计算机网络教室

深圳元平特殊教育学校所有类型学生的信息技术课程都是在计算机网络教室中进行，因此，计算机网络教室的情况可以间接反映出学校对于信息技术教育的重视程度。目前，学校共有 7 间计算机网络教室，总面积约 500 平方米。具体来说，听障教育拥有 1 间计算机网络教室，康复教育有 1 间，智障教育有 2 间，职业教育有 3 间。每间教室配有 1 台教师机和 18～20 台学生机，通过 1 台 24 口交换机接入学校校园网。

(三) 校园电视台

校园电视台就是学校自己建立的电视台。深圳元平特殊教育学校校园电视台成立于2007年,至今,校园电视台的设备基本齐全,包括1个演播厅(约200平方米)、2部大摄像机、3部小摄像机和1部非编机,以及专业话筒和摇臂等。校园电视台的作用主要体现在三个方面:首先,校园电视台会播报最新的社会新闻,可以开阔学生的视野,使他们对社会有一定的了解;其次,校园电视台具有浓厚的校园特色,它会实时播放学校的最新情况,对学校的重大事件进行介绍,将学校动态以广播的形式传递给学生和教师,使他们能够及时知晓学校的事务;最后,校园电视台会邀请学生参与,他们通过这一平台表达自己的想法,参与到学校的事务中,体现了校园电视台尊重学生权益、引导学生健康快乐成长的理念。此外,校园电视台在智障儿童班级管理方面扮演着重要角色,它拓展了班会课的形式和内容,且为班集体展示提供了新的平台。校园电视台对学校校本教材的建设也发挥了重要作用。

第二节 软件系统

软件系统是信息技术的支撑,在特殊教育学校的信息化过程中具有举足轻重的作用。信息技术在特殊教育中应用的软件系统主要包括人员体系、技术体系和资源体系;人员体系是信息技术顺利开展的重要前提条件,特殊教育学校信息化环境的创设需要一系列人员(包括学校的管理人员、教师、学校其他工作人员、家长及学生自身和社会人士等)的参与与支持;技术体系主要是为信息技术的应用(如各种信息化软件和管理技术)提供技术支持;而资源体系是为信息技术在特殊教育中的应用提供充足的资源,包括各种信息化和非信息化资源。深圳元平特殊教育学校较早开设信息技术课程,在信息技术的应用方面具有前瞻性,且学校在人员体系、技术体系和资源体系方面具备充足的力量,为信息技术在学校的应用提供了广阔的平台。

一、人员体系

信息化校园的创建一方面是为了顺应信息化时代的要求,另一方面也是为了便于学校的运作和学生的管理。学校的运作离不开相关人员的大力支持,而信息化校园的创设更加需要相关人员的鼎力协助,相关人员包括学校管理人员、教师、学校的其他工作人员、家长、学生自身和社会人士的参与,尤其重要的是学校管理人员和教师的大力支持。

(一)管理人员

学校各部门的管理人员是学校建设和运作的指导者,是学校运作的核心力量,他们对信息化校园的创建出谋划策,整体规划学校的发展,在信息技术应用到特殊教育过程中具有重要作用。而校长作为整个学校的领导者,是特殊教育学校实现信息化的重要支持者和领导者,在信息技术教育应用的实施过程中起着至关重要的作用,正如北京市电化教育馆潘克明馆长在访谈中指出的那样,"只有领导意识到信息技术的重要性,才会在这方面投入资金,才会要求教师使用信息技术"[①]。而"改革能否走进学校、走进课堂,很大程度上取决于校长对改革的理解、认同,以及对实施改革的积极领导"[②],因此,校长对学校的决策起到了决定性的作用,而特殊教育信息化过程也离不开校长。

首先,校长对信息技术的态度和认识是信息化校园创建的重要前提条件。一般而言,学校教师都非常关注校长对信息技术的态度,如果校长极力赞成某项措施,则会在无形中激发教师的积极性,他们会更积极地投入到信息化的运用当中,也利于信息化校园的创建。校长对于信息技术在特殊教育中应用的认识是学校实现信息化校园的重要条件。

其次,校长自身的学识和领导能力是信息技术应用于特殊教育学校的决定性因素之一。作为一校之长,校长只有在拥有丰富学识并具有极佳领导能力的基础上,才能让学校的其他工作人员信服,才能最大限度地形成合力来共同促进信息化校园的创建。

除了校长外,学校的其他管理人员也是信息技术应用于学校的重要力量。他们是信息技术应用于整个校园的践行者,通过信息技术实现对学校的管理,促进信息化管理模式的形成,使学校真正成为一个信息化的校园。

(二) 教学人员

教学人员主要包括信息技术组的教师和其他各类课程的教师。信息技术组的教师是信息技术应用于学校的中坚力量。信息技术组教师,除担任各部门(即智障部、听障部、视障部、康复部、职教部)的教学任务外,还肩负着电教设备管理的职责。其他各类课程的教师是信息技术与课程整合的重要实践者。

教师信息技术的专业化能力将极大地影响学校信息技术在教学方面的利用情况。教师是教学过程中信息技术有效应用的关键性因素,也是信息化真正落实到学生身上的桥梁,一方面教师通过运用信息技术进行教学,可以提高学生的学习质量和效率;另一方面,教师通过教授信息技术课使学生掌握一定的

---

① 王春蕾,刘美凤.影响信息技术在中小学教育中应用的有效性的关键因素的调查研究[J].中国电化教育,2005(6):15.

② 钱民辉.校长与教育变革关系的研究述评[J].高等教育研究,1997(5):98−102.

信息技术,这也是提高学生信息技术素养的重要举措,有利于他们将来更好地融入主流社会。因此,教师专业化发展对于信息技术在特殊教育中的应用具有重要的意义。

教师的专业化发展主要体现在教师的教学能力方面,具体来说,特殊教育信息化教学能力是指特殊教育教师在信息化环境下顺利完成学习过程与学习资源的设计、开发、利用、管理与评价所需的个体心理特征,是在不断地信息化教学实践中形成的一种新的教学能力。教师可以通过在职培训、信息化校本教研、教学反思、教师实践共同体、参与比赛等方式提升自己的专业化水平。如在首届"全国特殊教育学校教师信息技术综合应用能力大赛"中,深圳元平特殊教育学校三位教师从全国420名参赛选手中脱颖而出,并在现场决赛中分别荣获听障、智障、视障组3个一等奖,占全部一等奖的三分之一;在第二届和第三届"全国特殊教育学校教师信息技术综合应用能力大赛"中,学校多名教师荣获最高奖项,且在全国特殊教育同行中引起广泛关注。此外,在近几届中央电化教育馆主办的"新媒体新技术教学应用研讨会暨全国中小学互动课堂教学实践观摩活动"和"全国教育教学信息化大奖赛"中,学校教师连续多次获得一等奖;在第十七届"全国教育教学信息化大奖赛"中,学校参赛教师荣获一等奖的数量占深圳市的二分之一。

(三)其他相关人员

除了管理人员和教学人员外,学校其他工作人员也是信息化的实践者,他们在信息化校园的建设过程中也起到了一定的作用,如保卫室的安全监控人员,他们通过监控设备关注学校的情况,能够第一时间了解突发情况,并能及时通知相关人员进行调解。而学生和学生家长的大力配合是特殊教育信息化的重要保障,一方面学生是特殊教育信息化的主要受益人群,他们对信息技术的接纳和利用就是对学校信息化建设的支持。另一方面家长面对信息技术的迅猛发展势头,也会想通过信息技术这一中介作用,在获取相关信息的同时,也可以与学校保持密切联系,且可以寻求相关的信息技术支持,使学生得到某种程度的提高。此外,社会人士的资助和社工的积极参与,都为信息化校园的创建提供了广泛的支持。

二、技术体系

信息技术要真正发挥其作用,需要一定的技术体系作为支撑,而特殊教育学校信息技术的实现离不开三种技术体系,即各种计算机软件、康复技术系统和管理技术。其中,计算机软件是信息技术发挥其作用的重要支撑力量,康复技术系统与特殊学生的康复发展密切相关,而管理技术是整个学校顺利运作必不可少的条件。

(一) 各种计算机软件

计算机技术软件包括 Microsoft Office 系列软件、Adobe 系列软件、音视频编辑软件、交互式电子白板配套软件等一般应用软件和根据特殊学生的生理缺陷开发的各种计算机软件,如视障学生的盲用计算机系统和听障学生的慧聪 99 系统,下文主要介绍这两种软件,以及在教学过程中使用频繁的音视频编辑软件、交互式电子白板配套软件和学生在信息技术课中要掌握的 Microsoft Office 系列软件。

1. 盲用计算机系统

盲用计算机系统是指盲人使用的计算机,可通过在一般电脑上安装屏幕阅读软件(Screen Reader),将电脑显示的文字透过语音合成系统(Text to Speech Engine)将之阅读出来,或配合点字显示器(Refreshable Braille Display)即时显示相应的点字。除此之外,亦可使用点字打印机(Braille Embosser)将电脑文件机器化地打印在纸上。而在输入方面,有专门的盲用中文输入法,它的原理主要是通过使用词语的输入来解决大部分一字多音的问题,可以加快输入的速度,对于单字则加入简单的说明以协助使用者选择正确的同音异字。

2. 慧聪 99 系统

慧聪 99 系统是一套对听障学生进行语言启蒙教育的可视语言恢复训练系统,适用于 3~15 岁的听障学生。它融合了多媒体计算机技术、频谱分析技术和语音识别技术,从感知声音、呼吸训练等基础训练开始,过渡到音长、音量、发音时机及音调训练,使听障学生掌握基本的发音技巧,最后通过汉语拼音练习、常用字词练习,循序渐进地使听障学生学会说话。

3. 音视频编辑软件

在特殊教育的课堂中,要更加注重给予特殊学生在听觉、视觉、触觉等各种感官上的刺激,以便更加生动、直观地掌握课堂内容。因此,特殊教育教师应该掌握一些音视频编辑软件,以下分别介绍一款常用的音频、视频编辑软件。

(1) Adobe Audition。Adobe Audition(前 Cool Edit Pro)是美国 Adobe 公司开发的一款功能强大、效果出色的多轨录音和音频处理软件。它是一个非常出色的数字音乐编辑器和 MP3 制作软件,可以用声音来"绘"制音调、歌曲的一部分、声音、弦乐、颤音、噪音或是调整静音。而且它还提供有多种特效为作品增色:放大、降低噪音、压缩、扩展、回声、失真、延迟等,还可以同时处理多个文件,轻松地在几个文件中进行剪切、粘贴、合并、重叠声音操作。它可以生成的声音包括噪音、低音、静音、电话信号等。该软件还包含有 CD 播放器,其他功能包括支持可选的插件、崩溃恢复、支持多文件、自动静音检测和删除、自动节拍查找、录制等。另外,它还可以在 AIF、AU、MP3、Raw PCM、SAM、VOC、VOX、WAV 等文件格式之间进行转换,并且能够保存为 Real Audio 格式。

(2)会声会影。它是美国 Ulead 公司开发的一个功能强大的视频编辑软件,会声会影不仅完全具有家庭或个人所需的影片剪辑功能,甚至可以挑战专业级的影片剪辑软件。它具有最完整的影音规格支持,令人目不暇接的剪辑特效和 HD 高画质新体验。会声会影中的影片制作向导模式,只要三个步骤就可快速做出 DV 影片。会声会影的编辑模式操作简单、功能强大,提供捕获、剪接、转场、特效、覆叠、字幕、配乐,以及制作刻录成 DVD、VCD 光盘等功能。

4. 交互式电子白板配套软件

交互式电子白板配套软件是交互式电子白板系统的重要组成部分,是实现互动式教学的基础。使用交互式电子白板配套软件,教师可以根据学生的不同需要设计教学环节,使教学内容具有生动性和互动性,且可以通过游戏和实践活动激励学生,使学生能够形象地理解关键概念,增加学生学习过程的趣味性。以英国生产的针对课堂教学而开发的 Activboard 交互式电子白板产品为例,在它的配套软件 Activstudio 支持下,该白板可以在三种能方便地相互切换的模式下工作:计算机界面工作模式、计算机界面注释模式和活动挂图模式。

(1)计算机界面工作模式。在该模式下,可以实现一切通常需要在计算机前才能进行的操作,如点击网络浏览器上网。此时,教师可以用手中的感应笔(在笔杆上没有鼠标左右键)直接对投射在交互式电子白板上的计算机界面中的对象进行如单击、双击、拖曳等操作。远离计算机的教师依然可以通过点击交互式电子白板上的虚拟键盘向计算机中输入字符、文字。

(2)计算机界面注释模式。在该模式下,操作者可以使用感应笔对计算机界面中的任何对象,如窗体、图标等,自由进行书写标注或在其上绘制图形。此外,白板软件还提供有许多工具,如抓图工具,能将计算机模式下的界面抓取到活动挂图或图像库中。

(3)活动挂图模式。该模式环境提供了一个可板书的空白区域,最类似于黑板,在此区域内不仅能如黑板般书写,还能插入、编辑多媒体元素,建立超链接等。教师可以用感应笔在工作区自由地书写和绘图,可以通过点击工具箱中的按钮改变画笔的粗细和颜色,可以从白板软件自带的资源库(图片库、挂图库、页面库、链接库、注释库等)中调入色彩缤纷的图形、照片等,与文字进行图文混排,也可以通过超链接访问原始的图片、视频、音频文件或制作好的计算机课件等。

5. Microsoft Office 系列软件

Microsoft Office(简称:Office),是微软公司基于 Windows 操作系统和 Apple Macintosh 操作系统而开发的一套办公软件,也是现在使用最为普遍的办公系列软件。Office 软件包含了 Word、Excel、PowerPoint、FrontPage、Access 等几个工具,其中 Word、Excel、PowerPoint、FrontPage 的应用较为广泛。

(1) Microsoft Word。Microsoft Word 主要是用于各种文档的编辑制作,包括本书的编写都是采用 Microsoft Word 来进行的,而应用 Word 来处理文字、编写文章已经成为办公自动化的一个重要手段。

(2) Microsoft Excel。Microsoft Excel 是 Microsoft Office 系列软件中的一款电子表格软件。它可以进行各种数据的处理、统计分析和辅助决策操作,广泛地应用于管理、统计财经、金融等众多领域。而在学校中,它可以用于人事管理、工资管理、课程表管理和学生成绩统计等方面。

(3) Microsoft PowerPoint。Microsoft PowerPoint 主要用于演示文稿的创建,即幻灯片的制作,对演讲、教学、产品演示等活动起到很好的辅助作用。PowerPoint 是用于设计制作专家学术报告、教师授课课件、公司产品演示、企业广告宣传的电子版幻灯片。它能够制作出集文字、图形、图像、声音以及视频剪辑等多媒体元素于一体的演示文稿,然后通过计算机屏幕或投影机播放,把自己所要表达的信息组织在一组图文并茂的画面中,用于介绍公司的产品、展示自己的学术成果。而在教学应用方面,PowerPoint 是目前最为普遍使用的课件制作工具。与其他的课件制作工具相比,PowerPoint 制作的方法直观简单,不需要经过复杂的编程过程就可以制作出非常精美的课件,而且制作的课件容量小、携带方便、兼容性也非常好。

(4) Microsoft FrontPage。网页是现代教育中不可缺少的一个因素,各种学习专题网站、教学专题网站、教育资源网站层出不穷,因此,制作网页也应该是教师专业化发展的一个要求。Microsoft FrontPage 是 Microsoft Office 系列软件中的一款网页设计、制作、发布和管理的软件。FrontPage 的操作界面非常简单,与 Word 有很多相似之处,而且能够和 Office 系列的其他软件很好地兼容,因此,它被认为是优秀的网页初学者的工具。

(二)康复技术系统

深圳元平特殊教育学校拥有适合各类儿童的康复技术系统如智能训练系统、心理测评系统,在此主要介绍的是OT-SOFT认知评估训练系统。这一系统的使用对象包括智障、唐氏综合征、自闭征、脑瘫、脑外伤、失语征、语言发育障碍、注意力缺失等各种认知语言学习障碍者。认知评估系统是利用多媒体电脑提供声音和影像,通过生动有趣的游戏和练习,引发学生的兴趣,提高其注意力、参与能力,增进学习效率,从而达到训练言语认知功能的目的,让特殊学生重新获得生活能力的康复系统。这一系统克服了国内同类系统中训练内容单一无变化和与患者生活环境无关的特点,为特殊学生创造一个新鲜、形象和多样化的训练环境。通过采用4-Multi技术,让认知训练达到最优的效果。

OT-SOFT认知评估训练系统包含以下特点:①制作精美生动的动画,能很好地吸引学生的注意力和兴趣,在很大程度上能够弥补特殊学生的注意力缺陷。②采用多媒体的方式进行语言教育,在音、形、意、颜色出现多通道的同时介入和刺激,能够提高学习的效果。③整个学习认知的过程从学生的感、知觉、注意力、记忆力、思维能力的训练入手,具有科学性。④训练的内容很丰富,含有大量的图片和动画,为教学提供了丰富、生动的素材。⑤在学习的过程中,要求学生触摸或移动鼠标,锻炼了学生的手眼协调及手指的精细活动功能。而这一系统的参数包括:①采用多屏幕多光标多触点操作模式,系统实时地分析出特殊学生的认知情况,治疗师实时监控患者,辅助提醒患者评估。②评估报告提供丰富、客观、直观、图文并茂的评估数据。③用户开机版面和评估报告题目可按使用单位设计,保证产品的唯一性和安全性。④可配合各种文字、表格、图像、声音处理软件进行导入导出操作,可通过API和其他系统进行无缝连接。

(三)管理技术

1. 协同办公系统

协同办公系统基于学校办公系统的指导精神,通过校园网/互联网这一平台,为学校教师工作提供先进、实用的信息化管理手段,为教师教辅人员及管理人员提供简便、快捷的网络化信息服务。这一系统能够适应教师工作计划、日程安排、工资管理以及学校各工作流程的需要,并能协助学校建立符合自身特殊要求的个性化管理规范,实现学校教师办公的全面信息化,能充分利用计算机技术、网络技术、数据库技术,实现教师信息的高度集中和系统化,提高学校工作效率和管理水平,增加协同办公的能力,强化决策的一致性,以期最终实现提高决策效能的目的。

2. 校园一卡通系统

校园一卡通系统又称为"校园关爱通"系统,它架构在校园网之上,利用计算机、终端等网络设备,充分发挥校园网络优势,借助于卡片载体,实现先进的信息化管理。它取代了学校管理和生活中所使用的各种个人证件和现金支付手段,实现了校园消费、学籍管理、身份认证、网上交费等多种功能。[①] 深圳元平特殊教育学校于2012年开始着手"校园一卡通"系统的建设,现已投入使用,成为深圳市第一个使用此系统的特殊教育学校。学校一卡通系统使用的是RFID(有源)卡与普通IC卡的二合一复合卡。RFID是射频识别的英文缩写,RFID技术可识别高速运动物体并可同时识别多个标签,操作便捷方便。[②] 校园一卡通系统共包括11项子系统,而学校根据自身的情况开设了如下的子系统。

(1) 卡管理子系统。卡管理子系统是"校园一卡通"系统的基础应用模块,通过校园网络连接到数据中心的服务器,负责整个"校园一卡通"所有涉及卡片管理的业务处理,包括基础数据管理、初始化、发行、收回、挂失、资料修改、黑名单处理、注销、库存管理、密钥管理等,即管理从卡片发行到卡片回收、注销的整个卡片生命周期过程。

(2) 门禁管理系统。门禁系统主要针对大门、宿舍等控制人员出入,并完成自动出入详细登记,可通过网络远程统一授权、管理,限定或允许人员通行,非授权人员不能进入,相关人员只要有一张校园卡即可方便出入任何授权工作场所,无须携带繁重的大量钥匙。为保证安全和管理方便,门禁系统由学校中心机房UPS统一供电,并且支持异常情况下自动开门,授权管理人员远程监控门禁状态、远程开门等功能。门禁数据实时上传中心数据库,学校领导和管理人员可以通过网络随时了解重要场所出入情况。所有门禁要全部实现联网控制,通过网络实现远程状态监控和授权管理,门禁授权无须校园卡到现场。

(3) 会议管理系统。会议管理系统主要是为了规范会议的相关事宜而设立的,包括会议的时间、会议通知等,且会议管理系统是与一卡通相结合的,便于管理参会人员出勤情况。

(4) 家校互联系统(家校通)。家校互联系统旨在通过"互联网""移动网"

---

① 梁裕,秦亮曦.一个校园一卡通系统的设计与实现[J].广西职业技术学院学报,2010,3(1).
② 中国移动通信.什么是RFID技术[EB/OL]. http://iot.10086.cn/2011-08-05/1312017652337.html,2011-08-05.

将教师、学生、家长有效地联系在一起,家长和教师之间可以通过邮件或手机短信的方式及时沟通。家长登录家校互联平台后,可以浏览学校通知、班级通知,还可以详细地查询到学生的选课情况、考试成绩、网上作业、在校考勤、校园消费明细记录等信息,甚至可以通过门禁考勤信息由系统显示出学生在校的活动流程。此外,每当学生周末离校和返校的时候,或者有临时重要通知的时候,家长都可以收到由学校授权的相关管理人员的一条相应的手机短信息。家校互联系统还有家长留言簿功能,并自动分类呈现到对应教师的工作流之中。这种便捷的沟通联系使家长可以随时了解学生在校的生活、学习状况,进一步拉近了学校、教师和家长之间的距离。目前,深圳元平特殊教育学校已经开发了这方面的功能系统,且即将投入使用。

(5) 考勤管理系统。可充分利用现有的门禁系统设备实现考勤数据采集功能,考勤管理软件除具有考勤数据自动统计、请假、出差、加班、人工签到及日、月报表统计、打印等基本功能以外,能实现按关键字方式(如按部门、日期等)筛选查询考勤数据并生成报表,系统可输出 EXCEL 或其他格式的报表。

(6) 图书借阅系统。图书借阅系统采用智能卡识别设备实现对本单位图书资料室的图书、资料的借阅管理,实现刷卡借还书管理,并与学校目前使用的图书馆智能管理 ILAS 系统兼容。

(7) 学校食堂消费系统。学校食堂消费系统所使用的智能卡与原先的 IC 卡是兼容的,教师可以在食堂实现充值、消费等功能。

此外,学校正在筹建访客登记系统,即对校外人员通过证件一体化登记机(可自动扫描一代身份证和二代身份证或机读二代身份证)自动读取、登记和保存访客信息,系统自动生成访问单,并发放临时卡或打印访问单。访客结束访问时,被访者需在访问单上签字确认或在访客系统(通过 WEB 方式)上确认,同时访问者离开时把临时卡或访问单交还给门卫进行确认。系统提供详细的访客信息、访问记录、访问事由等多种报表,方便单位进行查询、统计和分析。[①]

3. 校园监控系统

校园监控系统主要是网络化实时高清视频监控,它使管理人员在控制室中能观察到所有重要地点的情况,将监测区的情况以视频图像等方式实时传送到管理中心,值班人员通过主控显示器可以随时了解学校各个地方的实时情况。

---

① 道客巴巴. 中国电信校园关爱通综合业务平台解决方案[EB/OL]. http://www.doc88.com/p-992290176744.html,2011-11-03.

校园监控系统是基于校园网络环境而创设的,它在对校园安全信息进行监控的同时,也对学校的教学过程和质量进行监控。因此,校园监控系统在加强学校的安全管理和提高学校的教学质量方面均发挥着重要作用。

4. 定位管理系统

定位管理系统是对学生地理位置进行实时监控的一种技术。特殊教育学校教育对象异质性显著,需重点监护的学生自律意识差,往往"行踪不定"。因此,为防止学生走失或发生危险,也为了对流动的学生进行管理,深圳元平特殊教育学校正在研发适合自身特色的校内定位追踪技术,学校正在对定位技术进行调研和测试,争取在短时间内找到最适合学校的方式,及早投入使用。

5. 基础数据平台

基础数据平台是基于教育信息化建设的标准问题日益突出、"信息孤岛"现象日益严重、技术体系日益复杂、管理负担日益繁重等背景下而研发的。这一平台是智慧校园信息化建设的核心数据中心,具备强大的基础数据维护管理、数据交换、系统监控等功能,且集数据整合、数据服务和智能应用等价值于一体,能够实现基础信息管理的大统一。

三、资源体系

随着信息化时代的到来,人们获取资源、信息的途径得到了拓展,最初是从书籍、期刊、杂志等书面材料以及各种讲座或者报告中获取资源,而信息化的普及使人们获取资源的途径信息化。学校资源体系的构建是信息化校园建设的重要组成部分。资源体系主要限定为学校工作人员获取资源的方式,资源包括信息化资源和非信息化资源,两者对学校的工作人员和特殊学生来说都具有重要的意义。

(一)信息化资源

信息化资源是伴随着互联网的诞生而产生的,从广义上讲,信息化资源即互联网上的一切资源,如网上新闻、网上图书馆、网上商城等。[1] 学校的信息化资源主要包括校园网络系统、教育教学资源库系统、教育教学资料云共享平台、数字化图书馆、视频点播系统和教育博客等,在此需指出的是,校园网络系统的存在是获取其他各种信息化资源的前提条件。

1. 校园网络系统

校园网络系统是在学校范围内,实现资源共享,并具备教学、科研、管理和

---

[1] 百度百科.信息化资源[EB/OL].http://baike.baidu.com/view/1939914.htm.

信息服务功能的宽带多媒体网络,这里所说的校园网络系统主要强调其资源共享的功能,即为学校内部人员获取资源提供了重要途径。首先,校园网络系统为及时、准确、可靠地收集、处理、存储和传输教育信息提供了工具和网络环境。其次,校园网络系统为教师备课、制作课件、授课、学习、练习、辅导、交流等各个教学环节提供了网络平台和环境。再次,它为使用网络通信、视频点播和视频广播技术,开发符合素质教育要求的新型教育模式提供了工具和载体。最后,校园网络系统为教育科研的资料检索、收集和分析,成果的交流、研讨,模拟实验等提供环境和手段。

2. 教育教学资源库系统

教育教学资源库系统即"中国特殊教育资源网",是教育部基础教育司委托部分特殊教育学校联合开发的,分为听障版、视障版和智障版,其中智障版是由深圳元平特殊教育学校完成的。资源库的建设遵循"走进教室、面向学生、应用教学"的原则,以特殊教育信息化来推动特殊教育现代化,依据新课标理念,以信息技术与学科整合为手段,让特殊教育领域的教师和学生共享到优质资源。2004年年初,特殊教育资源库部分开发建设工作启动,经过近两年的筹备,并经领导、专家和特殊学校部分骨干教师的共同参与和审核,现已形成容量达500G之多的资源。[①] 以下重点介绍由深圳元平特殊教育学校完成的智障版资源库系统。

2004年9月,学校创建了《全国特殊教育资源库(智障版)》这一网络平台,现已通过教育部组织的专家论证、评审并在全国1600多所特殊教育学校正式推广使用,受到业内的一致好评。且于2008年6月底完成,并由教育部向各省教育厅发放的最新版的《全国特殊教育资源库(智障版)》,每套共45张DVD光盘,总容量为147G,资源记录总数为72000条。这一网络平台填补了国内特殊教育资源库建设的空白,其资源类型涵盖教材、音频、视频、图片、动画网络资源和课件等,为教师提供了丰富的教学资源和学习资源,有利于促进信息技术与各类课程的整合,为教师运用信息技术提高教学水平提供了强大的资源保障。且这一平台会及时更新资源,实现了资源动态化发展的模式,势必成为特殊教育领域重要的资源信息来源之一。

《全国特殊教育资源库(智障版)》包括公共资源库、案例库、文献库、课件/积件库和学科教学资源库五大类的智障教育资源库,其中学科教学资源库包括

---

① 中国特殊教育资源网[EB/OL]. http://www.tjzy.net.cn/.

常识(轻度)、适应(中度)、生活适应(重度)、脑瘫运动康复训练、孤独症感觉统合训练、实用语文、语沟(重度)、唱游、感知、体康、美工、信息技术、实用数学 13 个科目的内容,其他各类型资源库中都有分类更加详细的资料,如文献库中有特教论文库、政策法规文件库、超星电子图书、特教期刊索引等,且每一个主题的内容拥有丰富的支撑材料,详细情况如图 2-1 所示。

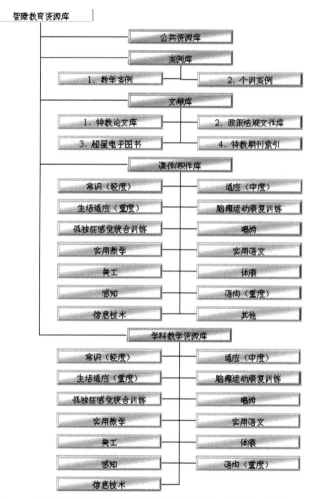

图 2-1　深圳元平特殊教育学校智障教育资源库的基本结构

3. 教育教学资料云共享平台

随着教育信息化的不断发展,人们对教育资源的需求逐渐增大,融合、共享、创新式的平台为人们所需,教育教学资料云共享平台(AnyShare)也因此应运而生。学校也积极利用这一平台,实现教育教学资料的共享,为教师、学生、行政人员、家长等提供丰富的资源,充分实现教育资源的最大化利用。教育教学资料云共享平台是由上海爱数软件有限公司设计开发,全称为 EISOO AnyShare Family 3.0 V2。它是面向教育行业定制的一款软硬件一体化的专业文档管理设备,集成了独特的 FAST 引擎、OFS 网络文件系统等多项核心技术,可提供统一文档管理、安全文档管理、无缝文档协作、便捷文档分享四个维度的文档管理解决方案,协助用户打造最适合自身发展的安全文档云。

4. 数字化图书馆

学校使用的是超星数字图书馆,它成立于 1993 年,是目前世界上最大的中文在线数字图书馆,由中国国家图书馆联合国内数十家地方图书馆和高校图书馆以及出版社共同组建。超星数字图书馆拥有 140 万种 PDG 格式电子图书、30 万种左右 PDF 格式电子图书、500 万篇论文(全文总量 10 亿余页),可销售图书有 100 多万种,涵盖中国图书分类办法 22 个大类,且收录年限是 1977 年至今。超星数字图书馆包含的产品有超星图书、SSReader 图书浏览器、读秀、学术视频、移动图书馆、百炼(Medalink)等。[1]

5. 视频点播系统

学校使用的视频点播系统是深圳市荣造科技有限公司开发的资源管理系统 RZ-RBCMS。这一系统是一个可与各类录播系统无缝结合的网络教学资源平台,可以集中管理学校各学科、课程的教学资源,与课件录制系统、课堂直播系统无缝集成,整合了资源管理、课堂录播和学生在线学习,实现了网上共享,为所有在校的教师和学生提供丰富的网络录播资源服务,解决了教学录播资源与网络应用脱节的现实问题。[2]

6. 教育博客

教育博客借助博客这一平台,将教育工作者的教育和教学经验、资源实现共享。它已经成为教育界公认的促进教师专业发展的新技术,体现出其特有的教育性特征,如个体性、专业性和共享性等。教育博客可以促使教师理念的更新以及教师能力的提升,也为学生与教师提供互动的空间。目前我国最先开启的、业内影响最大的教育博客群——中国视障教育网"教研博客",是由中国教

---

[1] 张炎,赵静超星数字图书馆的使用[EB/OL]. http://wenku.baidu.com/view/bcadfd8c8762caaedd33d435.html. 2013—03—16.

[2] 深圳市荣造科技有限公司.容造录播资源管理系统 RZ-RBCMS 简介[EB/OL]. http://www.rongzao.com/Detail.aspx?pid=6&nid=27. 2010 年.

育学会特殊教育分会视障教育专业委员会主办、山东省淄博市盲人学校承办的教育博客群。它拥有语文教研、数学教研、英语教研、科学教研、信息技术、康复训练等多方面的资料。现今，广州盲校、青岛盲校、天津盲校、重庆盲校等特殊学校的许多教师都是其注册成员，他们在这一平台上积极建言，提出自己的想法，与别的教师积极交流和沟通，有利于促进教师的专业化发展。

除了上述信息化资源外，电视、广播等媒体也是人们获取信息化资源的重要途径之一。

（二）非信息化资源

非信息化资源不借助网络平台，其典型代表就是各种书面材料，书籍、期刊、杂志等书面材料是人们获取资源的传统渠道，也是重要的资源信息。图书馆是学校书面资料最齐全的地方，拥有各类图书，既包括特殊教育方面的专业书籍、学生的课外读物、教师的教学用书，也包括了各种与信息技术相关的专业书籍。

此外，特殊教育学校可以定期举办信息技术交流会，与各特殊教育学校之间进行信息交流，互相借鉴经验。特殊教育学校还可以积极鼓励教师参加各种信息技术大赛，如全国特殊教育信息技术应用能力竞赛，教师在参与的同时，既展示了自身的风采，也从其他的教师身上学到了许多知识，这对他们来说也是获取信息资源的重要方式。

资源体系的构建不仅对学校的工作人员具有重要的意义，对学生来说也是重要的信息来源途径。通过这些资源，学校工作人员可以获得一定的信息，进一步提升自己，而学生可以自主学习，了解特殊教育相关的信息，并根据自己的特点充分利用这些资源，既拓展了知识面，也可以弥补课堂教学中的不足。

第三节　支持系统

特殊教育信息化是一个长期而艰巨的过程，需要强大的后备力量做支撑，支持系统的构建对于信息化校园的建设具有重要的意义。信息技术在特殊教育中应用的支持系统包括政策支持、经费支持、家庭支持和社会支持四个方面的内容。政策支持为信息技术在特殊教育中的普及和拓展创设了一个良好的政策氛围，有利于加速特殊教育学校实现信息化校园的步伐；经费支持是特殊教育信息化的物质前提，是必不可少的条件，只有在充分物质保障的基础上才有足够的实力去创设信息化的校园；家庭在特殊学生的发展过程中扮演着举足轻重的作用,而家庭在信息化校园的创建过程中也是巨大的支持力量,家庭可以为信息化校园的构建出谋划策;社会支持是特殊教育信息化的后援支持力量,为特殊教育信息化提供了各种形式的支持。

一、政策支持

特殊教育是教育的子系统,特殊教育信息化是响应教育信息化的发展潮流,其发展壮大亟须政府的政策扶持,而政策支持是特殊教育信息化建设的重要前提条件。除了国家层面的政策支持外,特殊教育学校的发展还需要省级层面和市级层面的政策支持。

(一)国家层面

以互联网、多媒体、数字化和智能化为主要特征的信息技术发展为教育的改革和发展提供了新的方向,教育信息化已经成为衡量一国教育水平高低的重要指标,更是实现教育现代化的必由之路。[①] 而特殊教育作为教育的一个组成部分,其信息化的水平也极大地反映了我国教育信息化的程度。自20世纪80年代末,教育部先后启动和开展了一系列教育信息化建设工程,包括国家教育管理信息系统建设、中国教育和科研计算机网(CERNET)、全国中小学信息技术教育和"校校通"工程、农村中小学现代远程教育工程。这些信息化工程的建设与实施,大大推动了我国教育信息化工作的发展,取得显著成果。[②] 而涉及教育方面的信息化的政策也层出不穷,为我国特殊教育信息化的发展起到了极大的促进作用。

2001年7月,教育部发布的《全国教育事业第十个五年计划》正式把教育信息化写入了正式文件,并把其列为全国教育事业"十五"计划的战略要点。[③] 这是教育信息化第一次以正规的法律形式进入人们的视野,也标志着教育信息化已经逐步纳入教育发展的日程当中。

2004年2月,教育部《2003—2007年教育振兴行动计划》明确提出实施"农村中小学现代远程教育计划",争取用五年左右的时间,使农村小学和初中具备

[①] 黄翔,史文津.特殊教育学校信息化建设的影响因素分析——以江西省为例[J].职教论坛,2012(27):34.

[②] 郭向远.中国教育信息化——在2008中国教育信息化创新与发展论坛开幕式上的讲话[EB/OL]. http://wenku.baidu.com/view/7109d7ec856a561252d36f36.html,2008-12-08.

[③] 黄翔,史文津.特殊教育学校信息化建设的影响因素分析——以江西省为例[J].职教论坛,2012(27):36.

一定的信息化的教学设备,并初步建立远程教育系统运行管理保障机制。[①]

2007年,教育部提出的《全国特殊教育"十一五"发展规划》中明确提出:全面普及信息技术教育,加快信息化进程,实现特殊教育跨越式发展,以信息技术推进特殊教育的现代化。[②]

2009年5月,国务院办公厅转发教育部等部门制定的《关于进一步加快特殊教育事业发展的意见》(国办发[2009]41号)中提出:加快特殊教育信息化进程;建好国家特殊教育资源库和特教信息资源管理系统,促进优质特殊教育资源共享;地方各级人民政府要加强特殊教育信息化软硬件建设;特殊教育学校要根据特殊学生的特点积极开展信息技术教育,大力推进信息技术在教学过程中的应用,提高特殊学生的信息素养和运用信息技术的能力。[③]

在2010年6月通过的《国家中长期教育改革和发展规划纲要(2010—2020年)》中,加快教育信息化进程被纳入其中,要求到2020年我国基本实现教育的现代化,基本形成学习型社会,迈入人力资源强国的行列。在国民序列中,特殊教育是一个重要的组成部分,通过教育信息化帮助特殊人群开发潜能、弥补缺陷、发挥优势、立足社会,能促进教育和谐和社会的公平正义。[④]

2012年3月,教育部制定的《教育信息化十年发展规划(2011—2020年)》就我国教育信息化的发展提出了总体战略、发展任务、行动计划和保障措施四个方面的内容,指出我国教育信息化的发展目标包括:基本建成人人可享有优质教育资源的信息化学习环境;基本形成学习型社会的信息化支撑服务体系;基本实现宽带网络的全面覆盖;教育管理信息化水平显著提高;信息技术与教育融合发展的水平显著提升。

(二) 省级层面

2010年10月,《广东省中长期教育改革和发展规划纲要(2010—2020年)》的第十四章指出要提高教育信息化水平:创新省、市、县(区)、校四级信息化建设协调管理与联动机制;以农村教育信息化为重点,加快推进城乡教育信息化

[①] 中国教育和科研计算机网.2003—2007年教育振兴行动计划[EB/OL].http://www.edu.cn/20040325/3102277.shtml,2004-02-10.

[②] 教育部.全国特殊教育"十一五"发展规划[EB/OL].http://www.happyonline.com.cn/n1576c44.aspx,2007-11-22.

[③] 国务院办公厅.国务院办公厅转发教育部等部门关于进一步加快特殊教育事业发展意见的通知[EB/OL].http://www.gov.cn/zwgk/2009—05/08/content_1308951.htm,2009-05-08.

[④] 黄翔,史文津.特殊教育学校信息化建设的影响因素分析——以江西省为例[J].职教论坛,2012(27):34.

资源均衡配置,缩小城乡学校数字化差距;加快各级各类学校信息化基础设施建设,完成全省独立建设中小学信息化设施的标准化配置;加快推进教育专网"校校通"计划,完成全省独立建制中小学的省基础教育专网全覆盖,以及全省广播电视大学远程教育专网建设;全面推进高等学校、职业学校教学、科研、管理等方面的信息化。此外,要全面提高教育科研网水平,构建数字化教育公共服务体系,力争率先建成教育信息服务共同体,为建设学习型社会提供支撑。①

2011年11月,《广东省教育发展"十二五"规划》的具体目标中指出:加快农村教育信息化建设和优质教育教学资源共享,到2012年,全面实现"校校通",珠江三角洲地区实现"班班通",到2015年,全省实现多媒体教学进班级,基本建成全省一体化的教育信息化公共服务体系。②

2012年10月,广东省教育厅制定的《广东省教育信息化发展"十二五"规划》中明确提出了广东省教育信息化发展的总目标,即到2015年,全面完成《广东省教育发展"十二五"规划》所提出的教育信息化目标任务,形成与广东教育现代化发展目标相适应的"机制健全、基础均衡、服务优质、特色鲜明"的全省一体化教育信息化公共服务体系,基本形成学习型社会的信息化支撑服务体系,充分利用信息技术促进优质教育资源共享普及和带动教育创新的优势,增强教育信息化服务于教育公平、培养创新人才和教育管理现代化的效能,对教育改革和发展的支撑与带动作用充分显现,实现信息技术与教育全面深度融合,教育信息化整体水平明显提高,处在全国前列,教育信息化成为"数字广东"的示范工程。③

(三)市级层面

《深圳市教育信息化"十一五"(2006—2010)规划》(征求意见稿)就"十一五"期间全市教育信息化发展提出了总体目标和具体目标,其中具体目标包括:实现教育管理网络化、信息资源数字化、教学活动多媒体化;建立教育信息化的规范与标准,健全教育信息化管理制度与运行机制;师生应用教育信息技术的意识和能力全面提高;完善面向全市的远程教育系统,为市民提供灵活、多样、

---

① 广东省教育厅.广东省中长期教育改革和发展规划纲要(2010—2020年)[EB/OL]. http://www.gdhed.edu.cn/main/www/126/2010-10/118684.html,2010-10-26.

② 中国教育新闻网.广东省教育发展"十二五"规划[EB/OL]. http://www.jyb.cn/info/dfjyk/201111/t20111120_464551.html,2011-11-20.

③ 广东省教育厅.关于印发《广东省教育信息化发展"十二五"规划》的通知[EB/OL]. http://www.gdhed.edu.cn/main/www/170/2012-09/332233.html,2012-09-20.

开放的网络化学习环境;全市教育信息化基础设施进一步完善。[①]

《深圳市教育信息化"十二五"规划》提出要发展数字化教育:完善覆盖全社会的数字化教育公共服务体系,深化学校信息化建设,丰富数字化、智能化教学资源,促使优质教育资源普及共享,促进教育内容、教学手段和方法现代化及学习型城市的建设。[②]

为规范深圳市义务教育学校办学行为,促进教育公平,推动教育均衡发展,为率先实现教育现代化创造良好条件,深圳市于2011年制定《深圳市义务教育规范化学校设备设施配置标准(2011年修订)》详细规定深圳市各小学和初中的信息化设备设施的配置标准。[③]

深圳元平特殊教育学校是深圳市唯一一所为视障、听障、智障、脑瘫和自闭症学生提供服务的特殊教育学校,目前已发展成为全国同类学校中办学规模最大、特殊学生类型最多、办学水平先进的特教强校,被教育部誉为"中国特殊教育的一面旗帜",成为展示深圳和谐社会建设、中国特殊教育事业和中国人权事业发展水平的窗口。历届深圳市政府领导把学校视作深圳教育的名片,在教育投入、师资配备、评优评先等方面给予全方位的特别关注。深圳元平特殊教育学校于2011年9月被省教育厅、省民政厅、省残疾人联合会评为"广东省特殊教育先进单位",黄建行校长被评为"广东省特殊教育先进个人"。国家级课题"现代信息技术在特殊教育中的应用"是在信息化背景下提出来的,作为这一课题的代表性研究成果——"全国特殊教育资源库(智障版)",现已通过教育部组织的专家论证、评审,并在全国1600多所特殊教育学校正式推广使用,先后荣获深圳市首届科研成果一等奖和广东省科研成果二等奖。

二、经费支持

教育的发展离不开物质支持,而作为教育的一个子系统,特殊教育由于其教育对象的特殊性,则更需要大量的物质投入。特殊教育学校信息技术的发展得到了来自政府和社会的大力资助,同时学校应合理规划经费,通过加强校园

---

① 深圳市教育信息化"十一五"(2006—2010)规划[EB/OL]. http://www.doc88.com/p-448547635064.html,2012-02-26.

② 深圳市信息化发展"十二五"规划[EB/OL]. http://www.docin.com/p-537894676.html#documentinfo,2012-11-26.

③ 2011年深圳市义务教育规范化学校设备设施配置标准[EB/OL]. http://www.doc88.com/p-115697656156.html,2012-11-24.

信息化设施设备的建设以及对教师的信息化技能的培训等措施,大力促进校园的信息化建设。

(一)政府经费支持

特殊教育作为教育的一个分支,其受重视程度有待进一步提高。特殊教育的发展必须要有政府的大力支持,尤其是政府的经费支持。政府经费支持是特殊教育学校发展的基本保障,为特殊教育的发展提供了雄厚的资金,也对特殊教育学校信息化校园的建设给予了大力支持。特殊教育学校的教育经费是由国家财政统一划拨的,特殊教育作为教育的一种特殊形式,由于教育对象的特殊性,则更需要国家经费的大力支持。因此国家在重视特殊教育信息化发展的同时要大力加强对特殊教育学校的资金投入。而在基础教育信息化迅速推进的大背景下,特殊教育学校推进信息化教育的工作也取得了可喜的成果,国家专门安排特殊教育补助费专项支持特殊教育学校的信息化建设。[①]

(二)社会经费支持

特殊教育的发展离不开社会人士的支持,特殊教育学校信息化校园的创建也与社会大众的支持息息相关,其中经费支持占据重要地位。社会经费的支持一方面体现了社会对特殊教育学校和特殊学生的关注,另一方面也体现了人们对于特殊教育事业的认识与支持,他们用自身行动证明了他们对于特殊教育的重视,以及对于特殊教育的感悟。

特殊教育学校从建立伊始,一直受到社会各界的关注,也一直得到来自社会各界的资助,所获得的社会资助的来源多样,既包括机关、企事业单位和社会团体的资助,也包括以个人名义进行的捐助。随着我国政府对特殊教育事业重视程度的提高,人们的关注度将日益转向特殊教育学校的发展,也将进一步增加对于特殊教育信息化建设的资金投入。

(三)学校经费支持

特殊教育学校应高度重视特殊教育信息技术的发展,且逐步加大对信息技术的投入。不管是国家给予的经费还是社会各界所资助的经费,学校应逐一落实,合理分配。而学校每年的预算中用于信息化建设的费用应根据学校的现实情况合理利用,可以用于购买先进的信息技术设施设备及其维修,也可以将部分费用用于教师的信息技术培训,提升教师的信息技术能力,积极鼓励教师进修学习,或专门聘请专家进行相关的讲座,使教师得到进一步的提升。

[①] 李天顺.加快信息技术教育工作步伐,实现特殊教育跨越式发展[J].现代特殊教育,2004(1):6.

三、家庭支持

家庭是孩子的第一所学校,家长是孩子的第一任老师,这足以看出家庭对于孩子的发展具有不可估量的作用,而面对特殊学生这样一类弱势群体,家庭的支持则显得更加重要。而家庭支持对于信息技术在学校中的应用也起到了相应的作用,家庭在特殊教育信息化中扮演着重要角色。

首先,家长是特殊教育信息化的配合者。建设信息化的校园环境,家长是其中一分子。只有在家长的配合下,信息化校园的创建才会顺利开展。如在信息化要求较高的康复训练过程中,由于存在一定的安全问题,因此需要家长的积极配合。此外,学校有些信息技术是直接针对学生而设立的,如定位管理技术,仍处于研发和试验阶段,而家长对这类技术的支持与配合才有利于其推广和施行。

其次,家长是信息技术的实践者。家长是特殊教育信息化建设过程中的实践者,是指家长在信息化的过程中充分利用信息化手段拓展自身的能力,利用信息技术不断充实自己。如家长可以通过互联网搜寻多方面的资料,全面了解学生的情况,也可以通过互联网与一些业内的专家学者进行交流,及时了解最新的消息。除了利用信息技术提高自身的认识水平外,家长要密切关注教师的教学情况。而且家长可以在家中创设一定的信息化条件,对学生进行知识巩固,以实现课堂知识在家庭中的延伸。

家庭是一个孩子坚强的后盾,家长为孩子的成长提供了巨大的后备支持力量,而这种支持主要体现在物质支持和精神支持两方面。在物质支持方面,随着信息技术的大力发展,特殊学生的家庭也需要配备相应的信息技术设备(如电脑等),这就需要家长的物质投入,从而使特殊学生能够通过互联网平台巩固自己在学校习得的知识,且通过这一平台可以拓宽学生的知识面,为他们提供良好的交流共享平台,如 QQ 和电子邮件的使用等。在精神支持方面,特殊学生由于自身条件的限制,在信息技术的学习方面与普通学生之间存在着一定的差异,因此,家长的鼓励对他们而言是一种无形的支持。此外,家长还为学生的成长提供了知识和技能支持,如家长教授孩子如何使用互联网进行学习等,这些知识和技能支持对于学生来说也具有重要作用。

此外,学校为了保证家长更积极有效地参与学校事务,扩大家长参与面,实行了家长学校制度,并于 2008 年修订了该制度,为家长有效参与学校工作提供了制度保障。学校还定期召开家长会、家长教师交流会,广泛征集家长对学校建设的建议,促进家长和学校、家长和教师的联系与沟通。这些举措是家长积极参与学校事务的反映,也是家长对于学校建设的支持,也包括对信息化校园创设的支持。

四、社会支持

自从有了人类社会,人们之间的支持就一直存在,而社会支持已成为现代社会扶助残疾人的一种日益重要的方式,对残疾人的社会支持是体现社会文明程度的一个重要标志,也是社会对于残疾人的一种人文关怀。

（一）社会支持的作用

我国学者章谦、张建明指出:"在笼统的含义上,我们可以把社会支持表述为各种社会形态对社会脆弱群体即社会生活有困难者所提供的无偿救助和服务。"[①]从性质上来看,社会支持主要分为三种:即客观可见的支持,如物质支持;主观体验的支持,也就是自身对于支持的领悟能力;支持的利用度,也就是对于支持的使用程度。

首先,就客观可见的支持来说,是个体实际获得的,这种支持对于学校的信息化建设的发展来说也具有十分直接的作用,主要体现为国家、社会各界在内的资金支持。其次,就主观体验的支持来说,对特殊学生尤为重要,因为这是他们的切身体验。学校现已逐步发展成为一个信息化校园,学生可以感受到信息化教学的魅力,也可以享受信息化时代带来的各种直观体验,如针对听障学生的听觉辅助设备等,一方面便利了学生的生活和学习,另一方面也使他们感受到来自社会的巨大支持,使他们对生活充满信心,对将来充满期待,有利于他们的身心健康。最后,就支持的利用度来说,身处信息化校园的所有学生和工作人员几乎每天都在使用信息化设备,充分享受信息化带给生活的便利。因此,从社会支持的三个性质中可以明显感受到社会支持的巨大魅力。

（二）社会支持的内容

社会支持是一个宽泛的概念,其内涵也非常丰富,但从信息技术在特殊教育中的应用这个角度来说,社会支持的内容主要包括:①为特殊教育实现信息化筹措资金,得到社会各界的物质支持;②为特殊教育的信息化建设创设良好的社会氛围。首先,需要加大国家政策的扶持力度,使特殊教育信息化有据可

---

① 郑杭生.转型中的中国社会与中国社会的转型[M].北京:首都师范大学出版社,1996:319.

依;其次,加大人们对特殊教育的认识,营造一个助残扶持的社会氛围,动员社会各界认识关注并支持特殊教育事业的发展;再次,多方呼吁社会大众(如社会作者和志愿者)的积极参与。这对于特殊教育的发展具有重要的意义,他们的支持对于学校的信息化建设也具有莫大的作用。

第三章　信息技术在特殊教育中的应用策略

教育部颁布的《基础教育课程改革纲要(试行)》中明确提出："大力推进信息技术在教学过程中的普遍应用,促进信息技术与学科课程的整合,逐步实现教学内容的呈现方式、学生的学习方式、教师的教学方式和师生的互动方式的变革,充分发挥信息技术的优势,为学生的学习和发展提供丰富多彩的教育环境和有力的学习工具。"[①]这段话一方面指出了信息技术是实现教育现代化的重要途径,另一方面也指出了信息技术在教育中的应用对教学内容的呈现方式、学生的学习方式、教师的教学方式和师生互动等产生的深刻影响。最近有学者提出:信息技术是师生生命存在的一种形态,信息技术的新发展会不断在符合生命观的方向上影响教育质量的提高。[②] 信息技术在特殊教育中的应用既有普通教育的特点,又由于教育对象的特殊性有着自己的独特性,在内容呈现、合作互动、资源管理、教育评价等方面随着信息技术的发展不断改革创新,日益符合特殊学生的特点,促进特殊学生的康复发展。

第一节　内容呈现策略

现代教育媒体的最突出特点是视听并用、色彩丰富、声音悦耳、形象逼真、具体直观,使课程教学内容生动形象、有趣,呈现出可视化、动感的画面。信息技术提供的外部刺激不是简单的单一刺激,而是集文本、图形、图像、音频、动画、视频等多种形式于一体的综合刺激。[③] 其所提供外部刺激的多样性是其他任何教学手段所无法比拟的,并且利于知识的记忆和保持,由于特殊学生的大脑或其他器官受损,使其认知方式发生改变,具有特殊性,因此需要调动多种感官参与,信息技术为其提供硬件和软件支持。从视觉和听觉两种感觉通道及特

---

① 教育部关于印发《基础教育课程改革纲要(试行)》的通知[EB/OL]. http://www.gov.cn/gongbao/content/2002/content_61386.htm,2001-06-08.
② 李天顺.特殊教育信息化的机遇与挑战[J].现代特殊教育,2007(7-8):1.
③ 张卓星.信息技术手段在特殊教育中的运用[J].现代教育技术,2009,19(11):37.

殊学生的分类划分,可以将呈现形式分为三种类型:视觉型(如文本、图形、图像等)、听觉型(如音频)、视听综合型(如视频、动画、游戏等)。

一、视觉型呈现策略

视觉型呈现策略是指主要通过视觉通道传递信息的策略,呈现形式包括文本、图形、图像、无声动画等,主要适用于听障学生和视力有残留的视障学生。这类学生听力受到损伤,不易分辨听觉刺激,较难接受口头指导,但长于快速浏览,易看懂文字和图表,视觉信息接受效果较好,在学习中通常非常认真地看着老师的口型、手势、动作等肢体语言及授课内容,并善于使用图表等一切可用的图片做清晰简洁的笔记。所以,在教学中,对于内容的呈现应采用文本、图形、图表、图像等书面材料的形式,按照教学内容的宏观组织和微观组织策略,将教学内容以视觉型教学页面予以呈现。

(一) 文本呈现

文本是教学中广泛使用的一种内容呈现形式,包括文字、数字、字母、文字符号、数字符号等。在传统的课堂教学中,也主要使用文本呈现授课内容。这种方式适用于大规模教学,使用广泛,而且教学成本低。然而,如果文本抽象层次较高,需要学生有较强的思维能力和理解能力时,则具有一定的局限性。文本使用的工具包括记事本、写字板、Word、WPS、扫描仪等,深圳元平特殊教育学校教师上课一般使用交互式电子白板制作教学课件呈现教学内容,将黑板板书、电子白板书写有机结合,追求文本呈现效果的最优化,但需要注意以下几点。

1. 删繁就简,突出重点

文本呈现的目的是方便教师的教和学生的学。文本呈现的第一原则就是要将文本内容正确、规范、清楚地表现出来。因此,文本呈现一定要删繁就简,突出重点:①背景简洁,色彩素淡,凸显出所要呈现的文本;②字体恰当,要恰如其分地设置文本的字体、字号、颜色等,尽量做到规范、大方、清楚;③切入快捷,不宜过于烦琐或盲目追求标新立异。

2. 适当趣化,凸显主题

文本呈现在信息化条件中相比于动画、图片、音乐等要素,属于比较枯燥单调的内容。因此,如果对文本呈现设置富有情趣的加工装饰,可以使所呈现的文本更加生动有趣,使学生更专注于对文本的感知之中。有时,呈现内容较多时,尤其是普通高中教育阶段的听障学生需要为毕业高考作准备,学习相对比较难的文化知识。这时,就需要利用项目符号或编号,将文字拆分成多个不同的中心内容。在 PowerPoint 2007 软件中,预设的项目符号主要有小圆点、大圆点、菱形等图形,还可自定义一些小图片作为项目符号,教师在教学过程中可以使用精美的、立体的、有特定含义的图片作为项目符号或编号,与图片的结合使用不仅起到了引导的作用,而且强化了所引导的文字表达的含义,也增强了页面的表现力和吸引力。如在"指导思想"内容的前面添加一个灯塔小图片;在"总的教学目标"内容的前面添加望远镜小图片;在"实施步骤"内容的前面添加一个阶梯小图片等。这样既增加了文本呈现的效果,又不会削弱文本的主体地位。

3. 简单美化,追求实效

文本呈现应与课堂教学的整体风格相一致,所以应重视文本呈现的视觉效果,可以对文本呈现进行简单美化。如对文本设置背景,以衬托出所要呈现的文本;使用格式化文字,即对文字进行了格式化处理,如添加描边、增加阴影、增加发光、添加浮雕等特殊效果;对文本呈现设置恰当合理的切换,以增强文本呈现的表达效果。需要注意的是这种趣化要以不影响学生对文本的感知效果为前提。[①]《坐井观天》是学校听障三年级学生所学课文中的图文设计,图 3-1 中的图文设计将文字与图形相结合,较好地呈现了课文的主题思想,便于学生理解为什么小鸟和青蛙对天多大有不同的认识,将课文内容立体地呈现在学生面前,既简单大方又凸显主题。

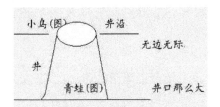

图 3-1 《坐井观天》图文设计

(二) 图片呈现

图片包括图形、图像等,是指用点、线、符号、文字和数字等描绘事物几何特征、形态、位置及大小的一种形式,既包含矢量图,也包含位图,是图形和图像的载体。图片呈现策略主要是通过扫描仪和数码相机及屏幕抓图软件、图像制作软件等来完成静止画面。制作特殊教学使用的图形/图像时,需要注意的问题

---

① 汤玉平. 语文多媒体课件中文本呈现的误区及对策[J]. 写作与阅读教学研究,2011(1):77.

是:针对特殊学生尤其是听障学生的生理、心理特点,图形/图像素材要淡化背景、突出主体;一般来说,主体与背景的反差越大,主体越容易被感知。对于重度听障学生来说,主要以看或说图片为主、听觉为辅助,需要考虑图形/图像素材的逼真度。逼真度是影响学生学习效果的一个重要因素,实验研究表明,中等程度的逼真度才是最佳的。①

1. 图形呈现

图形是一种抽象化的媒体,是指由外部轮廓线条构成的矢量图,也即由计算机绘制的直线、圆、矩形、曲线、图表等,用一组指令集合来描述图形的内容,如描述构成该图的各种图形元素位置维数、形状等,描述对象可任意缩放不会失真。使用专门软件将描述图形的指令转换成屏幕上的形状和颜色,比较适用描述轮廓不很复杂、色彩不是很丰富的对象,如几何图形、工程图纸、CAD、3D造型软件等。一般通常使用 Draw 程序编辑处理图形,产生矢量图形,可对矢量图形及图元独立进行移动、缩放、旋转和扭曲等变换。图形承载的信息量比较少,具有数据量小、不失真的特性。这种方式在教学中主要有幻灯投影、教学挂图、书本插图。它能确切地描述实物的形象或结构,但它不能描述运动和变化过程,在数学、物理等涉及形状学习的课程教学中应用比较多,适用于中高年级的听障学生教学。

使用图表,既可以对逻辑复杂、长篇大段的文字从逻辑上加以梳理,让学生通过图表了解所要表达的内容及内容之间的逻辑关系,又可把繁杂的数字或数据以形象化的图形方式展示出来,让学生通过图表了解重要的数据以及数据之间的关系。如 PowerPoint 2007 提供了多种有实用价值的逻辑图表和数据图表,统称为 Smart Art,包括列表型、流程型、循环型、层次结构型、关系型等,每一种类型都有相应的使用价值和作用。例如:列表型可表现内容间的并列关系,流程型可表现内容间的顺序关系,循环型可表现内容间的轮回关系,层次结构型可表现内容间的上下级关系等。这些关系图表使用起来非常方便,在 PowerPoint 2007 中直接插入即可创建,创建后可选择其格式,以修饰该图表,且图表格式的设置功能较为强大,其中既有平面显示的,也有立体显示的,色彩搭配非常美观,建议多运用图表来表现内容。②

听障学生听不到或者听不清,只能"以目代耳",通过眼睛的观察和其他直

---

① 刘悦.聋校校园网语言训练资源库的构建[D].长春:东北师范大学硕士学位论文,2005(10):17.
② 张朝红,吴彦良.Powerpoint 教学演示文稿呈现的有效策略[J].中国现代教育装备,2012(12):24.

觉来感知世界。他们的视知觉能力与普通学生无明显差异,而对于辨别细小物体或远处物体的技能甚至高于听觉正常的同龄学生。① 在多媒体课件的画面设计上,应尽量做到简洁、友好、生动,较好利用听障学生良好的视觉感知能力。

为了让中度智障学生较好地掌握一年四季的自然景象,教师选择Authorware软件设计课件:在一幅四季景色分区合一的圆形图上,设计热区(在网页制作时设定链接的区域)响应,当学生把鼠标(此处的鼠标可特制成稍大些的图片)指针移动到热区时,圆形图下方就会显示反馈信息。这样,不但生动地把各个季节的美景呈现给学生,还能使学生把知识记得更牢固。

2. 图像呈现

图像是对客观对象的一种相似性的、生动性的描述或写真,是人类社会活动中最常用的信息载体。② 可以用数字任意描述像素点、强度和颜色,描述信息文件存储量较大,但所描述对象在缩放过程中会损失细节或产生锯齿,将对象以一定的分辨率分辨以后再将每个点的信息以数字化方式呈现,可直接快速在屏幕上显示。适用于表现含有大量细节(如明暗变化、场景复杂、轮廓色彩丰富)的对象,如照片、绘图等,通过图像软件可进行复杂图像的处理以得到更清晰的图像或产生特殊效果,主要是对位图文件及相应的调色板文件进行常规性的加工和编辑,是实物的一种有效替代方式。恰当的图像呈现可以更好地发挥视觉效果,辅助图像更充分地发挥教育功能,表述内容形象直观,学生甚至不需要思索便能理解、接受;同时,图像具有跨地域性,正如音乐一样,是没有"国界"的,不同国家、不同地方的人都能理解。

呈现图像时,注意把握图像的选择、呈现的时机,促进图像使用效果的最优化。需要根据课型、目标、学情选择呈现方式,教师必须通过"听语言、看行动"了解学生的兴趣点、困难点和认知冲突点,从而更好地把握呈图时机。如深圳元平特殊教育学校智障部教师徐小亲用照相机等摄像设备捕捉学生活动的精彩瞬间或生活中的点滴事件,根据课程内容的需要将这些照片呈现在课堂上,智障学生对自己身边或与自己相关的事情格外关注,对于这些自己及同伴的照片更是全神贯注。然后徐小亲引导学生根据照片内容说出自己的话,这样一步步启发,学生从照片中提取的信息越来越多,综合概括能力、形象思维能力、生活适应能力、自信心等都在逐渐增强。以《特奥运动》之《胜利在望》为例(见图

---

① 朴永馨.特殊教育学[M].福州:福建出版社,2002:153.
② 贾永江.数字图像处理[M].武汉:武汉大学出版社,2003:1.

3-2),这幅照片可以用在特奥运动和生活语文等课程中,从中引出谁在哪儿,干什么,还有谁,还有什么物体,为了什么,能得到什么,要怎么做才能得到胜利,平时应该怎么样……教育学生热爱运动,锻炼身体,积极参加活动,培养学生团结合作精神和集体荣誉感。

图 3-2 《特奥运动》之《胜利在望》的图像

二、听觉型呈现策略

听觉型呈现策略主要是指音频或声音,有音乐类、音效类、语言类等,包括人的说话声、自然界的各种声音、音乐声以及动物的声音等,是语言训练资源库的重要素材。它们属于过程性信息,有利于限定和解释画面。在教学中利用音频传递教学内容,有利于集中学生学习的注意力、激发学生学习的兴趣。与视频形式相比,音频具有更小的体积,更容易做到学习内容的实时传输,[①]适用于听力有残留的听障学生及视障学生。声音的来源比较广泛,如录音带、录像带、CD、VCD 等,通过放音和放像设备,用转接线将声音信号输入到计算机中;用麦克风与计算机声音卡的 MIC 插口连接,将声音数字转化后输入到计算机中;还可以直接利用现有的声音素材文件。[②]

由于听障学生从小接受声音刺激的机会较少,对于声音的感知和辨别能力差,基本丧失了普通人听觉的掩蔽效应掩蔽效应:人的耳朵只对最明显的声音反应敏感,而对不明显的声音反应则较不为敏感/一种频率的声音阻碍听觉系统感受另一种频率声音的现象和鸡尾酒会效应鸡尾酒会效应:又叫选择性关注,人的一种听力选择能力,在这种情况下,注意力集中在某一个人的谈话之

[①] 张海兵.网络环境下智慧技能类学习的学习内容呈现策略研究[D].长春:东北师范大学硕士学位论文,2006:8.
[②] 刘悦.聋校校园网语言训练资源库的构建[D].长春:东北师范大学硕士学位论文,2005:17.

中,而忽略背景中其他的对话或噪音。因此需要利用音频处理软件对多媒体课件中音频材料进行充分降噪,以保证听障学生听到清晰、单一和纯正的声音,经过长期训练,他们可以在一定程度上恢复听力辨别功能。此外,音频要以立体声双声道的方式对双耳进行播放,并在视觉刺激的配合下使听障学生融入画面和声音所表达的特殊环境中,让听障学生最大程度地利用残余听力。[①] 如利用多媒体教学中的声音可以激发学生的想象空间,利于听障学生体会声音的意境和吸收知识;插入与教学情境相匹配的音乐,可以唤醒听障学生残留听力,刺激听障学生对事物回忆或想象,与学生思维形成共鸣,产生身临其境的效果,使其能更好地通过形象生动的配音或者背景音乐具体地认识所学知识。

视障学生属于听觉倾向型学生,借助"听"的方式进行学习,善于语音辨析,接受口头指导的效果好,在教学中应以教师讲授为主,保证声音清晰、标准、流畅,没有语音歧义,设计并使用语音提示功能,结合有关背景音乐刺激,以帮助学生学习。在教学中,利用听觉型呈现策略时,需要考虑特殊学生认知能力的特点,不但突出主题、渲染气氛、衬托背景、调节情绪,而且能够模拟再现传播信息从而弥补和丰富画面不能表达的内容。

深圳元平特殊教育学校视障部教师邓晓红在"畅游春天的树叶,溅起创新的浪花"——"春天的树叶"新体验作文活动课设计中,通过音乐分享、图片分享,创设情境,指导学生写作。六年级一共7名学生,其中3名低视力学生,4名全盲学生。他们都很喜欢写作文,习作多次在《中国盲童文学》和校刊《元平风采》上发表。课前,学生借助盲用"阳光3.0软件"浏览网页,阅读了有关树叶的优秀学生习作。课件运用FrontPage 2003制作成网页,以电子文档代替盲文,学生可借助读屏软件阅读学习,正式授课前引导学生听《苏堤春晓》音乐动画,并且齐唱《春天在哪里》,带领学生走进春天的世界,为后续教学提供意境。此外,音乐是智障学生精神生活中不可缺少的"维生素",在设计课件时,可根据教学需要添置一些柔和的背景音乐,借助音乐表达的形象唤起学生对相关视觉形象、听觉形象及相关事物的联想。在教授认识《常见动物》时,音乐(动物的叫声)对学生学习本课程的重要作用更是其他手段所不能代替的。

三、视听综合型呈现策略

视听综合型呈现策略是指利用视觉通道和听觉通道呈现教学内容的策略,

---

① 胡永斌,唐慧丽.聋校开发多媒体课件的策略[J].中国教育信息化,2008(6):50.

包括图像、声音、文本,一般是指视频、动画、游戏等动态的、有声像的呈现课程教学内容的策略,适合各类特殊学生,尤其是智障学生、脑瘫学生及自闭症学生。

(一)视频呈现

视频又称影片、视讯、视像、录像、动态影像,由文本、图形图像、声音、动画中的一种或者多种组合而成,泛指将一系列的静态图像以电信号方式加以捕捉、记录、处理、存储、传送与重现的各种技术,是对现实世界的记录,具有表现事物细节的能力,能大大提高内容的直观性和形象性,适宜呈现一些对学生来说比较陌生的事物。视频素材源于摄像机、录像机等视频设备的信号,经过数据采集、压缩后形成数据文件,具有直观、形象、生动的特点,是经常采用的一种教学信息表达方式。特殊教育学校可以利用视频点播系统实现录播、点播和直播,教师直接下载录下学生行为表现、课堂情况及与教学相关的资源作为视频素材,通过自动生成课件的点播页面进行播放,为教师视频呈现策略应用提供便利条件。

借助视频素材可以开拓学生的知识视野,发展思维能力。特殊学生由于感官或智力障碍,感知事物,尤其是对比较抽象而又未感知过的事物,单凭教师口头讲解,是很难理解的。在许多语文课文的讲授中,教师由于受时空限制,很难拿出具体的事物和看得见、摸得着的事例,教学进度也很难与教材内容所展现的时间、季节等特定的条件同步。在这种情况下,充分利用视频素材,可以打破时间和空间的限制,把各种自然现象和社会现象形象地搬到课堂上,为他们提供丰富而又合乎实际的感性材料。如在《看图学句》这一课,其中有一个句式"秋天,树叶从树上纷纷落下来",对于"纷纷"这个词,如果教师只用口头讲解,难以达到理想效果。这个时候播放一段秋天的真实录像,不用教师过多地讲解,学生也会理解;再如,《收割粮食》一课可以播放农民驾驶收割机收割粮食的实景视频,学生一目了然,印象深刻;在教授生活适应课时,准备拍摄与课程内容相关的视频,如洗脚、洗衣服、刷牙等生活录像,帮助学生学习,也可与家长联系,让家长在家中注意拍摄学生一些行为方面的视频,可以是有待改善的也可以是表现良好的,充分利用与学生生活相关的视频,其教学效果显著高于与学生生活无关的视频。对于语言障碍和听力障碍的学生,可以制作"口型"视频素材,将教师说话时的口型用摄像机录制下来,经过采集、压缩形成视频文件,将其利用在低年级的拼音、字词学习中。例如录制"a""o""e"等拼音的口型,利用口型和声音的反复刺激帮助学生掌握正确的发音口型,打下良好的语言基础。

(二) 动画呈现

动画(animation)是集合了绘画、漫画、电影、数字媒体、摄影、音乐、文学等众多艺术门类于一身的艺术表现形式。它是指一连串具有某些微小差距的静态画面或图像,利用视觉暂留的原理,以快速度连续展示,让观察者有连续动作或逐步变化的错觉,以造成动态的效果,是对事物运动、变化过程的模拟,有利于描述事物运动、变化过程。利用计算机等信息技术对事物运动、变化过程进行模拟,常用的动画格式有.gif、.flc、.fli、.swf 等。特殊学校教学中,应用最多的是 Flash 动画和各种动画片。

动画作为呈现方式应用于教学具有三项特性:一是吸引学生的注意,激发学习动机;二是具体描述具有动作或轨迹的事件;三是解释复杂的概念或现象。动画可以为学生提供一个现成的、清楚的动态表征情况,为构建一个动态的、内部的心理模型提供了一个表层的外部支持,减少了认知负荷,有利于学习的进行。[①] 经过精心设计的动画更具生动性、趣味性,有利于激发学生的兴趣和积极性。动画中的连续和静止是两个相对的概念。目前流行的 Flash 动画,每秒钟需要 8 帧以上图片,画面动感很强,是一种"连续动画"。为避免动画过快带来的负面效应,可以采用相对静止的动画形式,每 4-6 秒钟 1 帧,画面动感不太强,可称为"静止动画"。如果采取静止动画形式,一来可以解决连续动画数据量大,网上传输速度慢的问题;二来可以避免过多的动态画面干扰学习的可能。采用静止动画既有利于学生集中注意力,又能维持画面的生动性,从而提高学习效果。[②] 当然,教师也可以用截图软件截取其中几幅代表故事内容的静态图片集中固定地展示,便于学生在之后任务的执行过程中随时参考。在放映动画的过程中,教师也可以有意识地在放映到能表现情节变化的主要画面时暂停,引导学生关注有效信息,延长图片在他们头脑中的注意时间。[③] 尤其对于特殊学生,其学习是一个反复重复、反复记忆、反复训练的过程,需要动画的生动形象,更需要动画中重要信息的重复及信息输入时间的延长。

智障学生认知能力较差,接受能力偏弱,思维能力低下,对事物的认识需尽可能通过自身的感知和活动来形成,对知识的掌握还需通过不断地反复再现才

[①] 蒋珊珊.动画呈现策略对多媒体学习效果的影响[D].长沙:湖南师范大学硕士学位论文,2011:12.

[②] 陈晓艳.两种图像呈现方式下留学生看图写作任务的对比研究[D].上海:华东师范大学硕士学位论文,2007:31.

[③] 陈晓艳.两种图像呈现方式下留学生看图写作任务的对比研究[D].上海:华东师范大学硕士学位论文,2007:29.

能获得,应当多开展触觉、听觉、视觉以及肌肉感觉的活动或训练。因此,教师针对学生的这一特点,在课件中尽可能为学生创造一个生动的虚拟环境。如为了让中度智障学生较好地掌握对冬季的自然景象——下雪的认识,教师在设计课件时,选择了插播一段用 Flash 动画软件制作的下雪场景。课件克服了时空的限制,将需要的客观事物再现于课堂,使学生亲眼目睹,身临其境,印象深刻。再如在教学《4 的认识》一节时,先让学生看课件,3 只小鸟在树上跳来跳去,让大家回答是几只小鸟。接下来点击电脑,又一只小鸟飞来了。同时,配合着电脑播放的悦耳音乐提问:"小朋友,现在有几只小鸟?"此时,学生的注意力被色彩鲜艳的画面和悦耳的声音所吸引,学习的积极性大大提高了。这不仅使学生获得数学知识,也促进了他们在审美、说话以及热爱生活等方面的整合发展。紧接着,学习"4"的书写,为帮助学生较好地掌握 4 的字形,电脑中出现了一面迎风飘扬的国旗,然后利用电脑课件的闪动功能,抽象出 4 的字形,配合顺口溜"4 像国旗空中飘"来帮助记忆,这一生动有趣的教学过程,不仅使学生学习了知识,还学习了语言。[①]

(三) 游戏呈现

目前,电脑游戏发展非常迅速和火爆,从来没有一样东西能像电脑游戏那样风靡学生的世界,使这么多的学生沉迷其中而不能自拔,其最根本原因是电脑游戏体现出来的较强的自主性、探究性、交互性和激励性,[②]而这些都是学校课程内容所欠缺的。国家相关部门如文化部、新闻出版署等相继出台一些政策和措施对电脑游戏给予大力扶植,为开发适合学生的教育类电脑游戏奠定了基础[③]。教育游戏(Education games)是计算机为学生提供的具有挑战性的智力活动,强调教学性。其基本特点是寓教学于游戏之中,课件提供一种富有趣味性和竞争性的教学环境,激发特殊学生的好奇心、学习兴趣。好的教育游戏具有不同难度水平、多重教育目标、隐藏性和随机性信息、规则游戏等特点,既可用于个别化教学,又可用于小组教学。

在特殊教育中,利用游戏进行教学主要有两种模式:一是将教学内容自然地融入游戏之中,如将地理、历史、文化、生活常识、动植物等,通过场景、地图、

---

① 王颖,孙玉琴,孙海英.如何通过信息技术教学提高智障儿童的数学学习能力[J].中国现代教育装备,2012(12):73.
② 李优治.网络游戏对《历史与社会》课题教学方式的启示[J].课程教材教学研究,2005(5):67-68.
③ 张海兵.网络环境下智慧技能类学习的学习内容呈现策略研究[D].长春:东北师范大学硕士学位论文,2006:24.

任务、技能等游戏要素融入游戏,在游戏中学习,寓学于"游"。① 另一种是将游戏与教学内容的学习结果挂钩,利用学生对游戏的热情,将游戏作为学习成果的一种奖励方式,如完成识字任务、助人活动等,允许学生玩几分钟的游戏,这样也可以增强学生的时间概念。然而,在教学中使用游戏必须注意教师的引导作用,通过引导、启发、归纳等指导学生注意教育内容,达到教育目标。

深圳元平特殊教育学校教师顾斌在《浅议听障教育信息技术教学中非智力因素的培养和利用》中,提到听障学生十分喜爱电脑游戏,玩起游戏来非常投入。在信息技术教学中借鉴电脑游戏的设计思想,把一些教学任务游戏化,充分调动学生的学习兴趣。如学习五笔输入法的难点是五笔字根难以记忆,为突破这一难点,深圳元平特殊教育学校教师吴建华使用 Flash 软件开发制作一个"五笔字根打字练习游戏软件 5.0"(如图 3-3),在使用中发现听障学生在玩游戏的过程中,轻松愉快地掌握了字根。深圳元平特殊教育学校教师陈建杰撰文《听障学生信息技术课游戏化教学探析》从听障学生的信息技术课出发,对信息技术课游戏化教学进行了探讨。

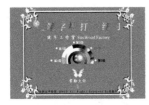  

图 3-3　五笔字根打字练习游戏软件 5.0

听障学生信息技术课游戏化教学探析②(节选)

陈建杰

一、在听障学生的信息技术课中引入游戏化教学的必要性

电脑游戏能受到如此青睐与游戏自身的特点是密不可分的。首先,电脑游戏具有很强的趣味性和娱乐性,学生在玩游戏时常有快乐的感觉;其次,电脑游戏具有很强的互动性,互动包括人机互动和玩家之间的互动;再次,电脑游戏具有很强的刺激性,学生在玩游戏时会被游戏中炫目的图像、美妙的声音所吸引;再其次,电脑游戏具有很强的挑战性,学生在玩游戏时要不断接受挑战,克服重重困难达到最后胜利;最后,电脑游戏还具有很强的虚拟性,学生在游戏虚拟世

---

① 黄小玉,王相东.从市场角度谈教育教学与网络游戏的结合[J].中小学信息技术教育,2005(4):6—8.
② 黄建行.教育·康复·职业训练相结合办学模式实践成果集(上册)[C].深圳:海天出版社,2012:387—390.

界中可以扮演不同的角色，获得现实生活中无法感受到的奇妙体验。

在实际教学中发现，听障学生玩电脑游戏时的状态与平时是截然不同的。他们会全心全意地投入到游戏情境中，聚精会神，过滤周围所有不相关信息，时常能够完成在自己看来是不可能完成的任务，并会有快乐的感觉，进入一种最佳状态，即沉浸状态。而且听障学生在游戏中的体验与最佳学习状态是相通的，即"一种全神贯注的状态，是全身心沉浸的一种奇妙感觉，即你能控制当前的状况，你在充分发挥自己的能力"。此时，是人的潜能得以喷涌的状态，是人最具有创造性的状态。当听障学生处于此种最佳状态时，他们能毫无遗漏地吸收并最大限度地理解他们所学习的东西。总而言之，在游戏时教学能达到无为而为的境界。在听障学生信息技术课中运用游戏化教学，能激发听障学生的求知欲和学习兴趣，开阔其眼界，同时使听障学生长时间把精力集中到信息技术学习上，显著提高学习效率。

二、听障学生信息技术课中游戏化教学探析

（一）通过游戏创设积极的教学情境激发听障学生的学习欲望

在听障学生的信息技术课堂教学中，如果教师能巧妙地引入游戏，出示与教学内容相关的电脑游戏，通过游戏创设一种积极的教学情境，这样就能立刻吸引听障学生的注意力，使他们处于一种兴奋和快乐的氛围中，激发听障学生强烈的求知欲望，为整堂课的教学打下良好的基础。特别是一些具有竞争性和挑战性的游戏，更能有效地刺激听障学生，使他们处于一种入神的状态，这样再引入信息技术教学内容就可以大大提高教学效率。例如在给低年级听障学生讲授键盘指法时，教师先演示打字游戏《太空大战》，听障学生被《太空大战》游戏的情景深深吸引住了，纷纷跃跃欲试。这时教师告诉听障学生要想玩好游戏，就要掌握键盘指法的操作，并立刻引入键盘指法的教学内容，听障学生便以一种积极的状态开始学习新的内容，求知欲成倍提高。

（二）通过游戏的竞赛形式提高听障学生课堂参与的主动性

教师在新授知识阶段如果能够引入具有竞赛形式的游戏，就会给听障学生一种耳目一新的感觉，大大提高听障学生的主动参与意识。听障学生一般都有很强的好胜心理，面对争夺激烈、气氛紧张、扣人心弦的竞赛类游戏时，他们往往跃跃欲试，希望在竞赛中一决雌雄，比个高下，表现出很强的参与意识。当他们在游戏中胜出时常常伴有一种胜利的喜悦感。例如在学习了一些基本操作后，教师可以采用具有竞赛性质的教学游戏，让两组实力相当的听障学生进行比赛。通过比赛让听障学生看到自己与别人的差距，并鞭策自己加紧追赶以求获得胜利。竞赛类游戏还激发了那些对信息技术不太感兴趣的听障学生，使他们更积极地参与竞赛，不断发挥潜能。游戏结束后，教师要及时给予评价和总结，表扬胜利者，鼓励失败者。这样既提高了听障学生的学习主动性，培养了他们的学习兴趣，又使课堂教学显得更加轻松活泼。

（三）通过游戏进行强化训练，提高听障学生的基本技能

在信息技术课堂教学中，低年级听障学生需要掌握一些基本的操作技能。如果让学生通过玩游戏来巩固所学知识和操作，就可以使学生在体验游戏的紧张、刺激氛围的同时轻松掌握所学的知识和技能。他们在不知不觉中就学习了知识，实现轻松学习、快乐学习。例如在学习完鼠标的基本操作后，让听障学生玩"卡通拼图"游戏，该游戏需要的主要操作是鼠标左键拖动。游戏有时间限制，需要快速操作鼠标才能顺利过关，完成游戏。低年级听障学生在学完鼠标的

基本操作后练习该游戏，不但使他们充分体验到游戏的紧张和刺激，还鞭策他们不断提高操作技能，使自己的操作达到娴熟的水平。

（四）加强游戏训练提高听障学生的汉字输入技能

在听障学生的信息技术教学中，培养听障学生的汉字输入能力是一项基本而且重要的任务。如果听障学生的汉字输入能力较强，将对以后学习其他信息技术知识带来便利。因此，汉字输入能力对于听障学生而言是一项不可忽视的重要技能。汉字输入法教学也一直是听障学生信息技术教学中的重点和难点。由于听障学生受听力损失的影响，他们不能很好地掌握拼音输入法。因此，听障学生比较适合学习像五笔字型这样的形码汉字输入法。但五笔字型又具有一定的难度，听障学生在学习时也感到相当困难。五笔字型相对听障学生而言，字根太多难于记忆，理论太强难于理解。在五笔输入法教学中如果用常规的教学方法，学生感觉太枯燥、太抽象。教师也时常感觉学生进步慢，事倍功半。

为了改变这种情况，将游戏法引入五笔输入法的教学方式取得了意想不到的效果。教师让听障学生使用我校信息技术教师自行开发的一款游戏（《五笔字根打字练习游戏软件》）来进行五笔输入训练。这个游戏属于过关竞赛类游戏，有很强的趣味性和挑战性，玩这个游戏时听障学生普遍感觉紧张刺激。该游戏共有十关，一关比一关难度大，要想顺利过关就必须熟练记忆五笔字根。通过使用该游戏不但很好地激发了听障学生学习五笔字型的热情，而且大大地提高了听障学生记忆字根的效率。在玩这款游戏时听障学生精力十分集中，在不知不觉中将平时难以记忆的字根铭记到脑海中。经过一段时间的游戏训练，听障学生的五笔输入能力得到很大提高，游戏化教学轻松地突破了听障学生信息技术教学中的难点。

（五）利用游戏加强学科整合，提高听障学生的综合素质

随着电脑游戏开发水平的不断提高，游戏的文化内涵也不断丰富，游戏的教育功能也日渐凸显。电脑游戏已经从简单地锻炼游戏者的观察、眼手反应、协调等能力的小游戏发展成为现在的蕴涵相当数量的政治历史、人文地理、宗教文化、自然常识、科技军事等多学科知识的大型游戏，如游戏《三国志》《战国时代》《红色警戒》等。这些具有综合性质的游戏也为学科整合提供了一条捷径。在听障学生信息技术教学中引入这样具有教育意义的游戏，不但有利于多学科的整合，而且还有利于提高听障学生的综合素质。在游戏中习得的多学科知识给听障学生的主观体验更生动，更形象，也更易接受。如在玩游戏《三国志》时，听障学生不但掌握了信息技术的一些基本操作，还在潜移默化中掌握了三国时期中国的历史、地理、军事等知识，如三国时期的历史人物、政治格局、地理名称等。

四、内容呈现策略注意事项

每种呈现策略各有特性，如文本的特性：一是表意的准确性，二是给人以丰富的想象空间；图片的特性是直观生动；音频的特殊有三个：一是人声可参与表意，二是音响可还原生活声音，三是音乐可抒发感情、渲染气氛；视频的特性是真实；动画的特性是生动形象。因此，在选择策略时，首先要了解页面中要表现的内容信息，然后依据素材的作用和特性、学生的水平和需求选择合适的呈现

方式。如页面内若要呈现多媒体的定义,使用文字阐述最为准确;若要展示专业技术竞赛赛况,使用图片表现更为直观生动;若要呈现发动机的工作原理,使用动画模拟最能说明问题;若要表现蛋糕的制作步骤,使用视频媒体呈现会更加真实,更有说服力。①

需要强调的是,以上呈现策略并不是截然分开的、各自独立的,而是互相联系的。所以在使用的过程中要注意结合教学内容和学生特点,选择合适的策略。另外,注意切勿喧宾夺主,不要让内容呈现的形式比内容更有吸引力,否则会妨碍学生注意力的选择,影响知识的吸纳。

(一)多媒体使用

多媒体使用一般指设计学习材料时,通过两种及以上的形式(如文本、朗读等)来表征同一知识。在多媒体环境下,文字是最基本的学习材料表征形式,同时可以辅以其他形式的呈现方式(如朗读),学习材料以多表征形式呈现比单表征形式呈现学习效果好。这并不是说多种媒体表现形式呈现的学习材料就一定对学生更有益,而是学习材料以多种表征形式呈现,学生可以使用听觉和视觉通道加工信息,并在两个通道间建立联系,这会比单表征形式下获得的信息更多,在多媒体学习中我们应该根据学生的认知加工特点选择恰当的呈现方式。

(二)相关内容邻近

邻近原则是指设计教学材料时,描述同一内容的不同媒体应在空间上(如文本和插图)或者时间上(如动画和讲解)邻近呈现。此原则包括两个子原则:空间邻近原则和时间邻近原则。空间邻近原则是指只能呈现视觉材料时,解释图片的文本和该图片在空间上相邻呈现比分离呈现更能促进学生的学习;时间邻近原则指语言和图像信息在时间上同时呈现时学生的学习效果优于二者继时呈现时的学习效果。

(三)内容呈现一致性

一致性原则是指设计教学材料时设计格式应该一致,包括字体、颜色、背景、内容分布等,呈现给学生的材料要简明清晰,言简意赅,而不应因为追求内容的有趣增加外在的无用的图片或声音。如果学习材料包含冗余信息,学生需要对学习材料进行整合、组织和加工,不必要的认知加工将占用有限的工作记

---

① 张朝红,吴彦良.Powerpoint教学演示文稿呈现的有效策略[J].中国现代教育装备,2012(12):24.

忆容量,阻碍学生学习。[①]

第二节 合作互动策略

在现实社会中,任何一个个体都不是孤立、单一地存在的,而是在与他周围的人以及环境的相互作用中存在并发展的。在教育及学生自身发展过程中,教师、父母以及同学是三个最主要的影响因素,他们之间有各种各样的交流和相互作用。其中同伴互动、师生互动、亲子互动对学生发展和教育活动有着至关重要的影响。特殊教育中特殊学生的发展是学校、教师、家庭三者合力的结果,离开任何一方,学生的康复和教育就会受到影响。在信息化社会中,信息技术逐渐渗透到特殊教育领域,以其多媒体化、智能化和全球化的特性,创设了一种全新的环境,提供了灵活交互的情境和虚拟化的学习环境。网络技术和通信技术的发展如电子邮件、聊天室、论坛、个人主页空间、追踪评价工具等,为学生、教师、家长、学校四者之间的互动提供了网络及技术方面的支持。深圳元平特殊教育学校基于网络环境,积极构建"信息技术学习共同体",学生和助学者(教师、家长、学校、专家)通过各种交互技术进行同步和异步的沟通,在成员之间形成相互影响、促进的合作互动。

一、同伴互动策略

关于同伴互动的定义,不同学者有不同看法。广义的同伴互动是指学生之间的一切相互作用和影响,而狭义的同伴互动则是指在教育情境下学生个体之间或学生个体与群体之间在教学活动中的相互作用和相互影响,是一个以符号为交流手段的信息传递、思想交流、感情沟通和相互塑造的过程。[②] 同伴互动可以是语言的,也可以是非语言的(如通过眼神、手势、表情或者姿态等进行信息传递),有利于学生社会化发展、学生教育抱负和学习成绩提高、学生主动性和创造性等思维的发展、学生人格和心理的健康成长、学生学会用他人的眼光来看问题等。由于特殊学生的特殊性,他们之间的互动不仅是同一障碍类型学生间的互动、不同障碍类型学生的互动,还包括特殊学生与普通学生之间的互动。

[①] 丁俊霞.多媒体环境中呈现方式和背景音乐对中学生认知负荷的影响[D].开封:河南大学硕士学位论文,2010:7—8.

[②] 王少君.任务型教学课堂同伴互动的研究[D].武汉:华中师范大学硕士学位论文,2005:12.

(一) 同伴互动策略的影响因素

1. 环境

影响同伴互动的环境因素主要有课堂环境和家庭环境。课堂中,合作互动的氛围、座位安排、人机安排等对学生活动的影响很大;家庭中,父母需要为孩子创造一个温馨民主的环境,鼓励孩子与同伴(不管是同龄正常孩子还是特殊孩子)利用网络、通信设备等实现现实和虚拟空间的交流沟通。(如程度较好的脑瘫学生养成帮助程度较差学生的习惯有利于同伴互动氛围的发展)家庭中父母对孩子同伴交往重视程度影响特殊学生适应社会的效果,越重视越宜于特殊学生人际交往能力的发展和社会适应能力的提高。

2. 教师

教师的教学方式是影响课堂气氛、课堂交往的主要因素。一般来说,采取民主型领导方式教学的教师较采取其他方式教学的教师更能调动学生学习的积极性,同学之间的关系更融洽,同伴之间能够达到很好的互动效果。其次,教师的非语言行为可以促进学生对学习的理解,学生如果感受到教师用眼神关注自己,会对学习内容做出更多的反映。再次,在信息化环境下,教师对信息技术使用的熟练程度影响同伴互动的效果。如视障学生需要教师语言的引导及对多媒体设备音频的使用,才能更好地进行同伴互动;听障学生需要教师手势、眼神的导向及信息技术的合理操作,以便更好地与同伴建立良好的互动关系;智障学生需要教师更多的引导方能利用信息技术与同伴实现合作交流。

3. 课程

信息技术在特殊教育中的应用,既强调信息技术课程,又有信息技术与其他课程的整合。信息化环境下,不同课程对同伴互动的影响方式不同。以深圳元平特殊教育学校为例,从信息技术的维度出发,可将课程分为信息技术课程和非信息技术课程。两类课程有自身特点,不同课程适合采用的互动组织方式是不同的。在信息技术课程中,学生之间可以通过网络、游戏等实现合作互动,其他课程中同伴互动需要考虑如何结合信息技术、如何使用交互式电子白板等,为同伴互动提供视频、动画、图像等支持。

4. 学生自身

按照阿德勒(Alfred Adler,1870—1937)对性格类型的划分,相比较而言,优越型的学生自我感觉良好、积极、主动、自信、好表现,在整个课堂交流的过程中占有更多的机会;而自卑型的学生则普遍缺乏自信与主动性,在课堂交流的过程中占有的机会明显地就少一些。障碍类型不同的学生,同伴互动也存在一定的差异:智障学生心智水平低于同龄人,他们之间的合作互动较少存在歧视问题,比较方便进行,但与视障学生、听障学生的互动难度几乎不低于与普通学生的互动难度,这就需要发挥信息技术的虚拟、广泛性的优点,让学生都有权利在同一个平台上实现资源共享、沟通交流;视障学生和听障学生在利用信息技术实现互动方面优于智障学生和自闭症学生,也更便于与普通同龄人实现互动。听障学生和视障学生注重教学层面的互动,脑瘫和自闭症学生更应注重康复训练的合作和互帮互助。

5. 信息技术

信息技术的发展促进了同伴互动途径的多元化、内容的丰富化、互动的快速化。信息技术的出现可以为特殊学生提供辅助器具,补偿特殊学生存在的缺陷,一定程度上提高适应社会的能力,缩小与同龄人及社会的差距,为同伴互动提供空间。网络聊天、电子邮件、学习博客等成为同伴互动新的领域和途径,学习、生活及心情可以通过信息技术手段表达出来,让更多的人知晓、理解特殊学生,同伴互动不再仅局限于身边的师生和家人,还扩散至全社会的同龄人群。

(二)同伴互动指导策略

同伴互动策略的方式主要有模仿学习、竞争、合作交流等。运用信息技术可以将表现好的学生的作业、作品、成绩等放到学校网站,供其他学生学习,同时也可以创造条件让他们与这些学生进行网络聊天,向这些学生获取更多有利于进步的资源;信息技术中的电脑游戏是同伴互动策略中竞争及合作交流最好的体现,一些大型游戏需要一个团队相互协调、分工合作才能完成。在利用信息技术指导学生互动时,需要注意以下几个方面。

1. 制作墙饰设计,创设合作环境

利用信息技术手段,在技能展示类墙饰中融入学生合作创作的作品,设计宣传合作的标语、图片等,还可以对原有墙饰进行再造,使其蕴涵培养学生合作意识的价值。如用拟人化的手法对介绍人体消化器官的一个知识技能类墙饰进行再造,使其成为一面会说话的墙,让学生懂得不仅每一消化器官各有其功能,而且正是各个器官的相互配合才使身体得以保持健康,互动合作无处不在。同时,让学生集体合作参与拍摄图像、墙饰制作的过程,以调动学生与墙饰发生互动的积极性,使墙饰的教育价值得到最大程度的体现。特殊学生或多或少存在生理上或者心理上的缺陷,缺陷让他们与世界有了一层隔膜,也是缺陷让他们彼此相遇,感知不同的文化和群体。所以,包容合作互动的环境和氛围对特殊学生尤为重要。

2. 通过合作性游戏,让学生体验互动乐趣

合作性游戏有利于调动班级全体学生的积极性,对于互动水平较低的学生,教师可以以游戏参与者的身份介入引导,有些学生对信息技术比较陌生,害怕动感的画面,不敢与同伴合作玩游戏,教师应主动与这些学生交流,鼓励其参与学习。学生一般会关注老师关注的人,如此一来,他们会较多地注意到经常被忽视的同伴,而后者本身也会感到自信,主动参与到与同伴互动的游戏中。在团队游戏合作中,游戏开始前团队各成员需要相互交流,制定游戏策略,根据各自特点明确分工,并分别扮演游戏中的不同角色;游戏进行时,团队成员要以团队目标为核心,相互合作,彼此协调,相互帮助,共同进步;游戏结束后,团队成员要相互交流,评价游戏策略,改进游戏方案等。

3. 组建同伴互动小组,促进学生合作交流

电子邮件(E-mail)、电子布告栏系统(Bulletin Board System,简称为BBS)、聊天工具(QQ、MSN 等)这些形式多样的网络交流工具使学生互动逐渐延伸。教师可以按照学生的智力水平、兴趣特点等利用电脑安排引导学生建立互动合作小组,如 BBS 给用户营造了一个群体交往的新空间,人们可以在网络上自由组合成为小组或者加入某个存在的小组进行讨论式的交流。特殊学生由于某些障碍,需要在教师和父母引导下建立这种互动学习小组,这种多样的互动便于特殊学生解开心结,悦纳自我。

4. 建立互动竞争机制,构建合作性奖励结构

群体之间的竞争不但可以增强群体内部的凝聚力,而且有助于提高团体工作效率,使小组成员"荣辱与共",在很大程度上激发学生参与活动的兴趣、释放潜能。教师可以采用多种方法激发学生团体竞争意识,如用星级小组评比法,给每一获胜小组颁发一颗小星星,评比星级小组,看哪个组能最快成为五星级小组。在合作性奖励结构中,一名学生的成功同时会帮助别人成功,学生之间就存在着一种正性的相互依赖关系。合作性奖励结构的具体表现是,教师表扬、奖励的对象是小组,小组是否成功取决于全体成员的努力。如果团队取得成功,则所有成员都可以玩电脑游戏;而如果由于某位成员的失败,则全体成员就无权玩游戏,树立学生的"集体荣辱感"。

5. 发挥教师的引导作用,成为同伴互动的观察者和记录者

教师对活动进行积极、有效的引导,是活动顺利开展的必要保障,也是实现学生主体地位和教师主导作用有机结合的重要条件。教师应帮助学生明确互动目标,成为学生互动的指引者。

同时,作为一名观察者,教师首先要"倾听"学生,认真倾听学生个体的语言和学生小组的讨论,仔细观察学生个体的行为以及群体的表现,以便透过现象看到问题的本质所在。而教师作为记录者,可以采用多样化的记录方法,以使记录反映的内容更为全面,如搜集不同情境下学生互动的合作成果、照片、录像、录音等。

学校教师陈建杰在教听障学生学习电脑画图软件时,将游戏《快乐画图》引入教学,让学生使用游戏分组合作学习。在游戏中,听障学生互相帮助,互相指导,互相讨论,密切合作,各展其能,在较短的时间内就将学习难点理解、掌握。将这样的游戏引入听障学生的信息技术教学中,使听障学生充分体验到合作学习的快乐。通过游戏,听障学生的主体参与意识增强了,同学之间的相互合作更加紧密了。听障学生之间的相互沟通不断增加,并逐渐形成了学习与交往的合作技能。听障学生通过游戏中的合作学会了表述,学会了询问,学会了赞扬,学会了支持,学会了说服,学会了接纳。

二、师生互动策略

自有教育理论以来,人们一直认为师生互动是教学过程的中心,现代教学交往理论认为,教学活动作为人类一种重要的社会性的活动,其间存在着非常多的人与人之间的交往(包括师生、生生之间的交往),教学不是简单的知识传授,教学的本质在于教学活动过程中的互动与交往。师生互动,一般是指在教育教学情境中教师个体和学生个体或者是教师群体与学生群体在活动过程中的一切相互影响与作用。这种影响可以是在师生群体间或者师生个体间,也可以发生在教育教学的情境中或者教育教学的情境外,最终将会引起各自心理与行为的变化。① 现代教学强调以学生为主体,以教师为主导,师生共同参与课堂互动。随着网络通信技术的迅速发展,手机通信平台、视频会议系统、即时通信软件等异地互动通信工具和软件迅速普及,其功能也越来越利于师生之间的异地同步或异步互动交流。信息技术的介入使师生互动形式更为多样化、丰富化、形象化,同时需要教师协调好教师、学生、信息技术三者之间的关系。

(一)信息化环境下师生互动的特点

1. 互动方式的直接性与间接性

在信息化环境下,师生之间可以通过文字、语言和声音等进行交流,这种交

---

① 元秀梅.小班化教学人际互动分析[D].济南:山东师范大学硕士学位论文,2004:5—6.

流方式是一种直接性的互动,不再受时间、空间的限制,学生可以随时随地进行人机互动或师生互动。间接性互动体现在广泛传播、信息共享方面,师生不必通过彼此直接的联系便可通过网络了解情况,实现多渠道互动。

2. 互动信息的丰富性与开放性

在传统的课堂互动教学中,教学信息主要是师生之间的语言、行为和情感等。但是在信息化环境下,呈现出来的信息更加丰富,如图片、文字、声音和多媒体动画等。另外,信息化环境下的师生互动教学是一种开放性的教学方式,网络为师生互动教学打开了新的一扇窗,实现了课内与课外知识的共享与互补。

3. 互动过程的难控性与再现性

在信息化环境下,教师不容易组织、掌控、协调学生和课堂。学生是否学习,学习效果如何,学习进度怎样,生生之间的互动与人机互动情况如何,教师都很难掌握和熟悉这些情况。这些复杂的情况使得教学互动过程表现出难以控制的特点。但是,人机互动的结果是可以复制和记载下来的,教师可以通过多媒体技术录制学生网上全部的互动过程,然后教师可以根据事先录制好的资料了解学生的学习动态,并作出合理地引导和调整。[①]

(二) 师生互动策略的影响因素

1. 教师素质

教师素质是教师在教育教学活动中表现出来的,对学生身心发展有直接而显著影响的心理品质的总和,在信息化环境下,还包括对信息技术的使用能力和信息技术素养。教师的教育观念影响互动的结构与内容,如认知互动、情感互动、行为互动;教师的知识结构影响互动的深度和效果,如合理使用信息技术手段、灵活处理教材、创设互动情景、了解特殊学生需求等;教师的教学监控能力影响互动的调节,如及时发现课堂互动存在的问题、灵活采取适当补救措施等;教师的信息技术素养影响互动的协调性,如协调人机互动、避免出现人际冷漠、鼓励特殊学生展现自我等。

2. 学生特征

师生互动中的主体是学生,学生特征影响着师生互动的方式和节奏。一般来说,特殊教育学校的教育对象是身心障碍者。身心特征不同的学生进行师生互动的方式和节奏不同,如:消极行为多的学生与教师互动时冲突较多,胆怯、

---

① 朱翠娥.网络环境下的师生互动教学研究[D].长沙:湖南师范大学硕士学位论文,2010:12.

焦虑的学生与教师互动时表现出更多的依赖性,行为积极的学生与教师的互动相对更积极。信息化环境下,师生互动可以实现同步互动和异步互动,面对面互动和非面对面互动。对于特殊学生来说,听障学生和视障学生的互动方式多于智障学生,互动节奏快于智障学生;而脑瘫学生不仅存在课堂教学中的互动,还包括康复训练中的师生互动。

3. 信息技术手段

可以将信息技术环境下的师生互动途径分为三大类:师生同步互动、师生同步或异步互动、师生异步互动。师生同步互动类包括不借助通信媒介的师生面对面互动层次,以视频会议系统为主的师生视频互动和以手机通信工具为主的师生语音、文字互动。电子邮件、留言板等在师生互动过程中,因具有滞后性而被归类为师生异步互动。社会性即时通信软件、在线答疑系统和BBS、论坛等也可实现师生同步互动,但其功能略有减弱,介乎师生同步和异步互动之间。[①] 这些互动促进了智力正常的特殊学生与教师的互动,但对于智障学生来说,更多的是面对面的互动,应用最多的信息技术就是交互式电子白板,实现传统的交互功能、生成性资源的保存和更广互动,有利于教师的教学反思和交流、营造师生互动的情感空间。

(三) 师生互动指导策略

师生互动一般包括师问生答、师讲生问、生讲师评、生问生答等形式,但在信息技术环境下,由于信息技术手段的介入,师生互动有了更丰富、更难控等特点。在师生互动过程中,需要注意协调教师、学生、信息技术三者之间的关系,合理地应用信息技术调动学生积极参与师生互动。

1. 巧妙预设疑问,激发学生动机和兴趣

课堂提问是教学过程中使用最频繁的一种师生互动方式。一般因发起者的不同而分为教师向学生提问和学生向教师提问两种。在备课过程中,教师应根据教学目标,精心设计问题,创设问题情境,利用问题激发学生的好奇心与求知欲、引导学生积极主动地参与互动学习。如深圳元平特殊教育学校教师顾斌在进行听障学生"EXCEL中的公式计算"一节内容教学时,首先出示一张全班学生的成绩表(表3-1),先让学生在电脑中利用 WINDOWS 操作系统中自带的计算器工具来算一算每个人的总分,学生们都踊跃地参与计算,并把他们的计算结果报出来。然后先不动声色,把他们报出来的正确结果一一填入表格中,

---

① 吴安艳,熊才平,黄勃.网络通讯环境下的师生互动变革研究[J].远程教育杂志,2011(3):62.

并对他们熟练使用计算器给予肯定。这时,再出示一张相同的表格,利用 EXCEL 中的公式(求和 SUM、平均值 AVERAGE)计算第一行张某同学的总分。关键时刻到了,顾老师使用公式复制的方法把张某的总分单元格的公式快速复制到所有同学的总分单元格(使用拖拉填充柄可在瞬间完成这一操作)。这时发现全班学生都睁大了眼睛,表现出强烈的求知欲望。教师再说(打手语):"我们今天的任务就是要学习 EXCEL 的这种神奇的功能:公式的计算与复制。"

表 3-1　EXCEL 中的公式计算

姓名	语文	数学	英语	科学	信息技术	总分
张某	82	81	73	97	85	
李某	95	75	68	96	92	
王某	95	95	79	92	98	
赵某	87	83	98	91	95	
钱某	89	73	79	86	81	
孙某	96	85	82	72	87	

2. 增进与学生的情感互动,创造宽松愉悦的互动环境

情感互动伴随课堂教学的每一个环节,教师和学生间的情感互动常常通过教学过程中的声音、表情、形态举止等外在的形式表现出来。如教师在课堂上和蔼、亲切、热情,往往激发学生参与课堂活动的意识和热情;同样课堂上学生的有效参与会激发教师上课的积极性。显然师生间的情感互动具有调节师生行为的功能,也影响着师生间的其他互动行为。由于信息技术课堂教学的特殊性,常会有学生"搞事"或吵着要上网等不符合上课要求的行为出现,当出现这种情况时,应具体分析,或疏或堵。深圳元平特殊教育学校教师顾斌说:"我的学生几乎都是我的 QQ 好友,我们可以在网上进行沟通和交流,学生都把我当朋友,我有时会有意地向他们提出一些问题,锻炼他们的语言表达能力和汉字输入技能。"在课堂上他时常给听障学生讲的一句话就是:"今天学习的内容很简单,老师相信每一位同学都能轻松掌握!"给予学生的这种关怀和鼓励会使学生更加信任教师,也使教师能轻松地与学生建立合作互动关系。

3. 联系现实生活,创设学习情境

教学情境的生活化既是信息技术的教学内容,也是一种互动的润滑剂。教学中根据学生的兴趣爱好引入一些学生感兴趣的内容,可以大大提高其参与积

极性。作为信息技术教师不仅要努力学习本学科知识,而且要扩大自己的知识面,关注生活,关注其他媒体。现在教师应该具备的不仅仅是"一桶水",而且必须是"一桶活水",才能适应信息爆炸时代教学的需要,这是新时期的"一桶水"原理。例如在智障学生学习"方程的认识"一课时,可以利用课件创设生活情境:超市的售货架上,陈列学生喜爱的生活用品及一些物品的单价,而其中一些没有标明单价。引导学生思考:如果手里有50元,限购2件商品,会有几种可能性?怎样表示这样的关系?电脑利用随机方式呈现学生所选择的商品及所表示的等式或不等式关系——情境的创设、人机的交互为学生解决生活中的数学问题与建构知识搭建了平台。[①]

4. 合理使用技术手段,落实多元互动

由于信息技术课堂的特殊性,要使师生课堂互动顺利进行,需要一些技术手段来保证。如在教师提问、讲述时,为了不使学生的注意力分散,需要用教学控制软件对学生机进行控制;教学过程中请学生演示或展示学生作品时,需要有相应的转播软件;在教学有关邮箱申请的内容时,为了使学生更专注于课程内容,需要相应的软件限制,以使学生只能访问特定的网站;为了能了解学生对当堂教学内容的掌握情况,需要有学生作业上交和查看系统等。

特殊教育的"特殊"之一在于其教育对象的个别差异很大,每位学生都有与其他学生不同的生理、心理等方面的差别。教师可以利用信息技术的交互性来实施个别教育计划,根据每组或每个学生不同的需要选择内容,使学生获得所需的信息。例如,在"认识钟面"一课的教学中,要求中度智障学生能认识整点,在他们根据画面直接口答结果后,用鼠标点击画面往下进行;对重度智障学生则根据他们的反应,给予相应键的提示,如他说不出几点整时,点击喇叭按钮,用钟声加以提示。在操作训练时,让中度智障学生根据画面要求自己动手操作;重度智障学生则是根据课件的动态演示过程来操作。再如视障学生视力损伤程度不同,利用多媒体设备制作的课件内容也会呈现一定差异,与全盲学生的互动主要是利用音频等形式的信息技术手段,而与低视力的学生交流就可全面使用多种信息技术工具,并且可以让低视力学生通过口头述说带动全盲学生融入师生互动中。

5. 践行"以生为本",促进互动公平

学生原有基础及所处教学环境的差异会造成互动上的不公平。由于家庭

[①] 王颖,孙玉琴,孙海英.如何通过信息技术教学提高智障儿童的数学学习能力[J].中国现代教育装备,2012(12):73.

条件等因素造成一些学生信息基础较差,使得这些学生不敢参与师生的互动。另外机房中计算机的摆放位置也会对师生互动造成影响。目前,大多数的机房都采用类似普通教室的"秧田型",有的位置就有可能成为"被遗忘的角落"。这些客观存在的差异,要求教师必须主动,甚至特意加以关注,引导全体学生参与互动。[①] 应用交互式电子白板时,需要注意参与机会、互动机会的公平,保证每位学生都能参与到教师设置的多媒体情境中。如利用电子白板播放音乐时,教师发现有的智障学生或自闭症学生不能和班级其他同学一起演唱,就可以走到这位学生的身边,用自己的歌声、眼神、动作及多媒体设备动感的特点带着学生一起唱,让其融入班级活动中。在康复训练中,指导学生正确合理使用康复训练设备,并注意与特殊学生的身体接触,引起学生对康复设备的兴趣,既让其感受到关怀,又需要保持距离,给予其康复训练的空间,并让每位学生感受到被关注。

深圳元平特殊教育学校教师周燕娜在智障学生生活适应教学中设计和应用多媒体课件中提到三点注意事项,其中之一就是教学互动,具体如下。

生活适应教学中多媒体课件的设计和应用[②](节选)

周燕娜

3.3 教学互动

教学互动为的是提高培智课堂教学的有效性。一堂成功的课,不仅要调整好教师的情感初衷,控制好学生的情感状态,使教学双方达到一种和谐、自然、水乳交融的境界,产生愉悦的心理情感体验,还要注意课件的运用及控制,因为课件中包含大量的图片、声音、动画,带给学生的视听享受是一目了然的。教师如果将课件设计成一部电影,没有文字的强调、没有暂停、没有教学互动,这样的教学效果显然不理想。所以教师在应用课件时要把握教学进度,适时停顿;智障学生反应速度慢,抽象思维困难,可以通过放慢呈现速度,小步子、多循环,把软件制作得更形象,以满足智障学生的学习需要。确保学生判断、认识、思考与释疑的时间,让他们在尝试、探索、认识的过程中,体验学习的快乐和幸福。让他们自主地操作,教师适时适度给予启发与引导,进行较好的教学互动。

三、亲子互动策略

父母是孩子生命中的第一位老师,他们倾注给子女的是无限的爱。亲子互

---

① 梁孝涛.信息技术课堂师生互动探讨[J].中小学电教,2006(5):42.
② 黄建行.教育·康复·职业训练相结合办学模式实践成果集(下册)[C].深圳:海天出版社,2012:117.

动又叫亲子沟通,是指父母与子女之间直接或间接的接触、相互影响而发生交互作用的方式和过程,具有血缘性、亲情性、长期性等特点,包括身体与心理的互动、语言与非语言的互动。① 特殊学生的亲子互动与普通学生的亲子互动有着很大的区别,父母需要在互动中起主导作用,在信息技术的影响下,亲子互动的形式也在变化,需要家长结合孩子的障碍类型、程度等特点合理应用信息技术,促进良好亲子关系的建立。由于学校实行寄宿制,这就涉及面对面的直接互动和非面对面的间接互动。

(一)信息技术环境下亲子互动的特点

1. 信息技术实现文化的共享,学生对父母文化教育的依赖性减少

信息技术的发展尤其是互联网的出现引发了一场学习革命,人们可以在知识的信息高速公路上畅游,获得知识、信息的途径明显增多。由于信息文化的平等与共享,文化权威开始消失,传统的金字塔式的知识等级结构正在土崩瓦解,父母不再是获取信息和成长的唯一渠道,他们对于信息知识的掌握甚至逊于孩子。在特殊学生中,听障学生的表现最为明显。

2. 互联网改变传统的代际关系,亲子之间平等的沟通与对话加强

网络文化兼具现实与虚拟性,在虚拟文化空间里,人际之间并非是"人—人"面对面的,而是"人—符号—人"式的交往。这种全新的交往方式遮蔽了双方的性别、年龄、职业、身份、地位等诸多社会属性,从而为代际之间的沟通提供了一个平等对话的渠道。

3. 多功能康复设备拓展学生活动空间,父母对其康复训练的负担减轻

信息技术的发展孕育出了针对特殊学生的各种多功能康复设备,他们可以在没有父母帮助的情况下独立完成多种康复活动,利用各种电脑游戏锻炼手指灵活度和思维能力,利用模拟运动进行肢体协调的练习,利用各种聊天工具与教师、同伴、专家等进行沟通,极大地减轻了父母的负担。

(二)亲子互动指导策略

1. 创设良好的家庭氛围是良好亲子互动的条件

著名教育家苏霍姆林斯基认为:家庭氛围既是进行家庭教育的前提条件,也是一种有效的教育方式。如果说孩子是一颗种子,那么家庭就是土壤,家庭心理氛围便是空气和水分。父母需要密切家庭成员的关系,正视特殊学生的缺陷,尊重特殊学生的兴趣和选择,维护家庭的完整性;在互动中注入情感因素,

---

① 马建荣,章苏静,李凤.基于体感技术的亲子互动游戏设计与实现[J].中国电化教育,2012(9):85.

让孩子信任父母,理解父母对自己的爱;开发孩子的潜能,注重对孩子缺陷补偿,给予孩子生活的信心和勇气。

2. 了解孩子是良好亲子互动的基础

特殊学生的障碍类型及程度比较复杂,父母需要对自己孩子进行全方位的了解,可以通过网络查找、参加家长组织或讨论群、利用各种通信设备联系相关专家和学生老师掌握自己孩子的特点,为良好亲子互动打下基础。经常与孩子沟通交流,把握孩子的兴趣和特长,利用网络寻找合适的就业机会,为孩子成年实现独立生活做准备。

3. 丰富知识不断学习是良好亲子互动的保障

信息时代,社会结构在变化,生活的方式方法在改变,价值观念在整合,思维方式在优化,父母面对日新月异甚至是光怪陆离的新事物、新问题,必须向社会学习,不断调整自己的心态,不断更新自己的观念,不断完善自己的知识结构。视障、听障及部分脑瘫等特殊学生学习速度不亚于父母和同龄人,所以父母应当树立与子女平等的观念,甚至"拜"子女为师。

4. 非面对面的间接互动是良好亲子互动的延伸

学校实行寄宿制,即使有的特殊教育学校实行走读制,父母也有离开学生的时间,需要根据情况与子女进行沟通交流合作。深圳元平特殊教育学校一周五天寄宿,家长与学生非面对面间接互动主要是通过通信设备。年龄稍大康复发展良好的特殊学生,父母一般会为其配备通信设备,方便与家庭的联系。通信过程非面对面的交流,应注意交流方式、交流时间、交流语气,避免引起学生的反感,尽可能在短时间内将需要交流的事情交代完毕。如果学生在交流过程中出现情绪问题或生活中的烦恼,家长应注意合理疏导孩子,避免出现情绪爆发;如果无法解决,可以联系学生老师协助解决问题。对于年龄较小的智障学生,父母如果无法直接联系,可通过老师与子女进行间接的互动。

5. 面对面的直接互动是良好亲子互动的重中之重

面对面的直接互动可以发生在家里,也可以发生在公共场所,但必须是父母与学生面对面进行的各种互动。在家中,父母可以购买康复设备对学生进行康复训练,创设电脑亲子游戏,与子女一起游戏,在游戏中促进学生的发展,如网页游戏和体感游戏,网页游戏是一种无须下载客户端,只要安装浏览器并且能上网的电脑都可以通过浏览器玩的游戏,操作简单、占用时间少,获得游戏娱乐的同时不影响其他网络行为,如新闻浏览、即时聊天、影视欣赏;体感游戏(Somatie Games)是一种能够促使人类本能思维引导肢体反应操作的游戏,它是以娱乐学习为主要目标,视觉与本体感觉和动作控制的器官运动。摆脱了鼠标和键盘单一化的交互方式以具体操作方式直接参与互动,使亲子玩家获得更大程度的刺激和快感[①]。这些游戏一方面对学生进行康复,一方面增进父母与学生的情感,但同时注意帮助学生避免不良信息的干扰。

四、家校互动策略

教育家苏霍姆林斯基曾说过:"生活向学校提出的任务是如此的复杂,以致如果没有整个社会,首先是家庭的高度的教育学素养,那么不管教师付出多大的努力,都难以收到完满的效果。"对于特殊学生来说,实施满足个体需要的教育工作是一项系统工程,更需要家庭和学校的协同合作。家校合作互动是指对学生最具影响的两个社会机构——家庭和学校以沟通为基础形成合力,使学生受到来自两方面的系统一致、各显特色、相辅相成的教育影响力,使学校在教育学生时能得到更多地来自家庭方面的支持,而家长在教育子女时也能得到更多地来自学校方面的指导[②],这应包含3个层次:沟通、共享、共建。家校互动有利于学校相关方面工作的开展、促进教师的教学工作、提高家长的教育技能和领导能力,并促进学生在学校和以后的学习工作中取得成功。随着信息技术和通信技术的不断发展,家校互动方式呈现出多元化的特点,如电话会议、电子邮件、学校网站、家校通系统等。

(一)信息化环境下家校互动的特点

1. 家校互动渠道多样化

传统的家校互动主要包括家长会、家长通知书、家长与学校教师或管理人员面对面的交流,但现在出现手机、E-mail、博客、QQ/MSN、微信、学校网站等各种现代化的渠道。学校可以通过 E-mail 分发部分学校公告到家长电子邮箱,让家长了解学校的近况和孩子在校的表现情况。利用 QQ/MSN 建立家长群,针对学校的事务、决策以及学生的教育问题和家长进行异地讨论,家长亦可以组建教育孩子的群体分享一些教育的经验。利用博客网络互动、即时更新的特点,实现文字图片的添加与音视频文件的上传,全方位地展现班级的文化风貌等公开性的信息。

[①] 马建荣,辛苏静,李凤.基于体感技术的亲子互动游戏设计与实验[J].中国电化教育,2012(9):86—88.

[②] 马忠虎.基础教育新概念:家校合作[M].北京:教育科学出版社,1999:156.

2. 家校互动内容丰富化

家校合作互动的内容不再局限于学生的信息、情况、资料,而是走向学校的建设、教师的发展、资源的共享、家长的成长等。家长参与学校的建设、管理,可以向学校提出自己的意见;教师在与家长及时的沟通交流中,接纳家长的建议和发现的问题,这些问题和建议不仅只针对自己的孩子,还针对教师对其他学生的态度;网站资源是由家长、教师、学校多方提供,家长分享学生的康复经验和信息;学校针对家长需求的知识及其误区开展交流,制作培训课件,供家长参考学习。

3. 家校互动功能多重化

对学生而言,孩子在成长阶段的可塑性太强,尚未形成正确的人生观,需要家长和教师随时对孩子给予正确及时的引导,家校互动是增进其与教师感情交流,是学生获得学习指导的园地,是他们学生时代成长的完整日记本;对学校而言,在少量资金投入情况下,提升学校信息化管理水平,互动教育得以深度贯彻,家长满意度增加,社会美誉度提高;对教师而言,不但成功解决了教师对家长一对多的沟通难题,更重要的是每天只需数分钟即可实现向所有家长传递信息,让每个家长及时了解孩子情况,调动家长配合学校教育孩子,达到事半功倍的教育效果;对家长而言,可及时知道孩子在校的表现及教师传递过来的有针对性的教育指导信息,可有效配合教师教育孩子。

(二)家校互动指导策略

1. 班级网站:家校互动的绿洲

深圳元平特殊教育学校可以采取多项措施加强家校互动,如成立家长委员会,设定家长开放月、开放周、开放日,邀请家长参加学校活动等。随着信息技术的发展与应用,结合学校许多学生家庭拥有电脑的优势,特殊教育学校可以及时将现代科技应用到家校互动中,进行"建立班级网站,造一方家校互动的绿洲"的有益探索和实践。为建立沟通效能强的班级网站,特殊教育学校可以推荐教师借助博客来建班级网站,并组织专题培训和沙龙式研讨活动,定期进行网站评比和交流活动,通过典型引路和带动辐射提高教师的应用技能。班级网站建设趋于成熟时,运行发展网站文化内涵、创建"个性班级网站"、建立各种特色栏目的策略。如"家长论坛",像一个跨时空的网络议事厅,家长可以随时参与班级管理,形成教育合力;"网络连接"及时为家长和学生提供种类丰富的学习资源,指导学生健康上网。①

2. 学校网站:家校互动的虹桥

面对高素质的家长群体,在"无边界网络化"教育理念的指引下,特殊教育学校可以全力构建"学校—家庭—社会"协同教育的网络平台,打造家校教育共同体。如果说班级网站是让家长增进了与教师的沟通,全面了解学生、班级的情况,参与班级管理,那么,家长学校则是让全体家长们更深入全面地了解学校、参与学校管理的一个文明窗口。

家长可以通过学校网站公告及时关注到学校发展,积极参与学校的建设和管理,还可以通过"校长信箱"和"行风热线"随时提出问题,积极参与学校相关制度的制定、重大建设项目的讨论和研究。这种网络化的开放办学,在赢得家长高度理解、认同、支持学校工作的前提下,邀请家长代表进入学校的管理与决策层,群策群力,互促共赢,实现了家校共管、共育的融合美景,学校的教育工作越来越公开公正、科学完善。通过家长学校开展网上培训,提升家长家教水平,丰富家长康复知识。特殊教育学校网站中学习网站、新闻媒体网站的链接,便于家长查找有益信息;设置学生作品专栏,树立特殊学生家长的信心。

3. 家校通系统:家校互动的新天地

家校通系统是在学生家长自愿加入的情况下,利用计算机技术、互联网技术、无线通信技术和信息化技术,为特殊教育学校、教师、家长、社会提供的一种有效、便捷、及时的教育信息沟通交流平台和辅助服务系统。家校通是现代家校沟通的新模式,可通过多媒体通信、移动通信、实时数据通信等技术实现家长与教师、学校不受地域限制的实时沟通,实现"教师—家长"交流自动化、智能化,大大提高沟通效率及范围。通过网络或手机短信平台(如图3-4),教师可以将孩子在学校的表现情况、测验考试成绩、每周和期末评语、学校的动态和临时通知等发送给家长,让家长在百忙之中可以轻松地掌握孩子的基本动态。同时,家长也可以通过该系统向学校和班主任发表自己的看法和建议。② 学校家校通系统除此之外还有一个特点是与学生一卡通有机结合起来,与学校门禁系统无缝连接,而且是自动感应,无须打卡,家长可以清楚知道自己孩子是何时出入学校的。

---

① 江玉欣.搭建网络平台建构家校共育的和谐乐章[J].中国教育技术装备,2010(3):68-69.
② 王一清.家校通 通家校:网络与通信共建的社会教育平台[J].现代远程教育研究,2005(4):56.

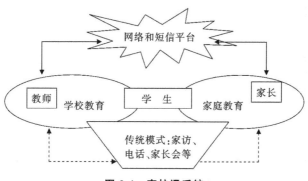

图 3-4 家校通系统

家校通系统一般包括公共模块和特色模块。其中公共模块为共用的模块，按功能分为互动模块、共享模块和个人空间。①互动模块，包括邮件、论坛、博客等，满足各主体间全方位互动沟通及查询管理；②共享模块，包括教育资源在线，为家长和教师提供相关指导及优质教学资源，实现教育资源的互动和共建共享；③个人空间，包括私人信箱、个人资料等，用于个人信息的收集与管理。特色模块用以满足每位主体的个性化需求，主要包括如下五个方面：①教育主管部门通过家校通系统编辑、发送各类教育资讯，浏览所管学校的新闻通知等；②学校实现教务、教学管理信息化；③教师及时与家长、学生沟通，实现作业管理、成绩管理、考试管理等；④家长实时了解学校、班级及学生的各项信息，其中学校信息包括学校部门、年级、班级、学科、学期等信息，班级信息包括各科老师信息、学生信息，学生信息包括各种通知、家庭作业、该学生历次作业成绩和考试成绩等；⑤学生可以查看学校、班级及自己的各项信息，但是家长和学生查询到的具体内容有所不同，如教师评价。利用本平台可建立学生家庭教育档案库和学生成长档案袋，建立科学有效的评价制度。①

4. 传统方式：家校互动人本化的载体

基于信息技术的家校合作互动方式还是应与传统的家校合作相结合。家校互动中"以人为本"的基本思想只靠家校互动支持系统是无法实现的。教师和家长之间的面对面的沟通可以加强教师和家长之间的情感交流，因此基于信息技术的家校合作互动方式应与传统的家校合作互动相结合，真正实现人文文化和科技文化的教育化。如家长委员会和家长会等，可利用信息技术给每位学生做一份 PPT，并在幻灯片上插入该同学的照片或视频，让其父母亲眼看一下

---

① 陈雪斐,刘菁,韩骏.家校通系统之比较研究[J].中国电化教育,2011(5):126—127.

孩子的在校生活。

学校教师涂春蕾在论文《在信息技术课中补偿听障学生的语言能力》提到要借助网络环境搭建语言交流的平台，以丰富听障学生的合作互动方式。

在信息技术课中补偿听障学生的语言能力[①]（节选）
涂春蕾

三、借助网络环境搭建语言交流的平台

众所周知，快速而高效地掌握一种语言的方法是置身于这种语言的语言环境中，学以致用，以用促学。听障学生由于社交范围窄小，以至于很少有练习主流语言的环境，而计算机和通信网络的出现，为听障学生自由地融入主流社会，与他人进行沟通和交流，提供了一个良好的练习平台。

网络聊天，作为新的交流媒体，与常规的语训有着异曲同工之效。首先，学生们在聊天的过程中可以看到别人的语句表述，可以强化听障学生的主流语言体系观念，使他们明白什么才是正确的表达方法；其次，由于自我意识的作用，在与健全人交流时，他们总是十分注重自己的形象，担心在任何一个方面被对方否定，不希望对方知道他有听觉障碍，所以他们会尽力地用准确的表达方法去表述，这可以促进他们记忆一些正确的语法。由于这种推进作用是自发的，而不是在教师的要求下被动完成的，所以其功效是不言而喻的。

当然语言学习是一个从不完善到完善的过程，要允许学生犯语言错误，让学生通过对语言知识的形成和理解来达到掌握和运用语言的能力。一开始，我们常常看到听障学生的语句中出现词语颠倒、动名互换、名动互代、代词的指代不清、结构助词乱用等语病，比如，他们会在电脑上打出"我是五笔""我的性格是活泼、开心，爱好是上网、游戏、旅游"等这样一些病句，以致他们常常会被对方质问："你是不是外国人？怎么你说话时用的都是英语的语法？"面对这些情况，我细心地收集学生们在聊天时出现的病句，在适当的时候集中讲解、加以纠正，慢慢地，这些错词病句明显减少，学生在聊天的过程中遇到不能确定的表述方式时还会主动问我，达到了事半功倍的效果。

网络聊天不但使听障学生的交往更加方便和有效，实现了听障学生之间的文化交流和观念交换，同时也拉近了师生间的距离。我们欣喜地看到，听障学生虽然生活在无声的世界中，在现实生活中他们被隔离在主流社会之外，但通过网络平台，他们渴望与人交流的愿望得到了补偿，在网上他们可以倾诉心里的烦恼与快乐，生活变得丰富多彩。

第三节　资源管理策略

在特殊教育中，教师是特殊学生的领路人，随着信息化时代的到来，充斥在

[①] 黄建行.教育·康复·职业训练相结合办学模式实践成果集（上册）[C].深圳：海天出版社，2012：393.

信息化海洋中的众多信息来源和技术平台对教师在信息搜索、辨别真伪、整理和再创造等方面的信息素养和掌握信息与多媒体技术的要求越来越高。如何在充斥信息的网络中提取更多有意义的教育资源是众多特教教师和学校领导比较关心的问题,资源收集是资源管理策略的前提、资源分析是资源管理策略的基础、资源整理是资源管理策略的关键、资源应用是资源管理策略的目的和归属。在特殊教育领域,信息资源主要是指教育信息资源,可以理解为信息技术环境下的教育信息资源,以及为达到某种教学目的的教学支撑系统软件与资源管理软件系统等,包括数字音频、数字视频、多媒体教学软件、教育网站、电子邮件、在线学习管理系统、计算机模拟、在线讨论、数据文件等,具有多样性、便捷性、共享性、时效性、交互性、广泛性、创造性等特点。

一、资源收集策略

教育信息资源非常丰富,在收集过程中要注意信息的"广""新""准""精""快""实"。"广",即资源收集要全面;"新",即收集资源要及时;"准",即收集信息内容要准确,并确保信息的针对性;"精",即对收集来的原始信息进行分析处理,筛选提取有用的信息,并根据不同的内容整理分类,最终形成有序的信息资源;"快",即信息的收集、整理、加工、传递、应用等过程要快,以适应信息时代高速度的特点;"实",即信息要真实,不要人为改变和加工。特殊教育学校应拥有校园网站、教育教学资源库、教育教学资料云共享平台等校内信息资源,鼓励教师进行校外信息教育资源的收集,同时促进教师利用各种信息技术手段捕捉学生生活中的教育资源。下面我们以深圳元平特殊教育学校为例来说明资源收集策略。

(一)校内信息资源收集策略

深圳元平特殊教育学校内部计算机信息网络的发展经历了由局域网技术建立的内部网及利用网络技术建立的内联网两个阶段,目前学校校园计算机网络系统将学校各部门的计算机通过校园网连接起来,学校教师和学生可以通过网络获取更多的校外教育资源信息,同时,学校内部的某些资源信息也可以通过网络发布出去。学校教育资源信息分为两类:开放信息和保密信息。前者希望更多的社会公众进行接收,而后者则供学校师生共享和学习。通过联网,学校不仅可以方便、及时地获取所需的各类内、外部信息,同时,还能发布学校自己的相关教育资源信息,供更多的社会公众和师生学习。

1. 校园网站

深圳元平特殊教育学校网站是对外公开的信息资源,在任何搜索引擎(如百度等)中输入"深圳元平特殊教育学校"或者"元平特校"等关键字词就可以链接到学校的校园网页(见图3-5)。校园网页各种信息资源有明确分类,根据分类信息即可找到自己需要的资源。如需要"教育资源",点击"教育资源"就会出现图3-5的内容,再根据自己需要点击分类即可。

图3-5　深圳元平特殊教育学校网页和教育资源(截图)

2. 教育教学资源库系统

经由教育教学资源库系统登录就可链接到中国特殊教育资源网,该资源网有听障、智障和视障等障碍类型的相关资源,内容非常广泛,对外公开,其中智障资源库是由深圳元平特殊教育学校开发建设和全面推广的。三类资源的进入途径有三种,以智障版资源库为例:一是在搜索引擎中输入"中国特殊教育资源网"等关键词,就会出现资源库的页面(见图3-6),再点击"智障资源"即可进入;二是通过学校网站,网页下方有许多特殊教育资源的链接网站,点击"全国特殊教育资源库",方可进入;三是通过学校网站,进入"教育资源",再点击"智障教育资源库"便可进入。智障教育资源库将资源按各课程归类,并有四大版块:公共资源、案例库、文献库、课件/积件库,教师可按需点击相应版块,即可实现免费下载。同时,资源库设置搜索一栏,供教师快速收集信息,即填写所需信息的关键词,就可链接到所需资源。

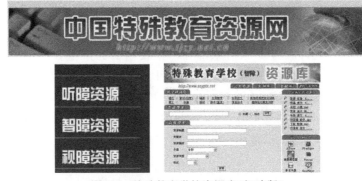

图3-6　特殊教育学校资源库(智障版)

3. 教育教学资料云共享平台

图 3-7 深圳元平特殊教育学校教育教学资料共享平台

教育教学资料云共享平台是学校资源网(SQL)的发展,是学校内部资源系统,通过教师用户名和密码登录,如图 3-7 所示。针对海量非结构化的文档资源,面向所有教师、学生、教育行政人员、家长,提供统一融合的云平台,实现教育资源最大利用及可持续发展。既可以实现学校资源网的文件共享,学生和教师按需接入平台,实现科研成果与教研课件共建共享,还可以针对不同人设置权限。教师可通过任何 PC 登录 AnyShare 进行文档操作,不论协作还是分享、保存一份文档,随用随访问,无需反复传送;由云终端接入,直接编辑、使用文档,无需反复传输和向他人索要,保持信息对称,提升协作效率。关于分享方面,通过客户端 AnyShare 盘管理文档,操作体验与本地 C、D、E 盘相同,办公过程中文档即自动分享至相关用户,无须手动配置共享;关于获取,支持对云端数据的全文检索,并有 PushDoc 机制及时提醒相关教师文档更新情况。

4. 数字化图书馆

目前,学校根据超星数字图书馆构建数字化图书馆平台,教师通过输入自己的信息可以进入,实现在线阅读、图书搜索和下载,进行资源的检索和收集。进入路径有两个:一是本地镜像:http://202.115.162.44:8080/markbook/GeIndex.jsp;二是北京站:http://www.sslibrary.com/。三种资源收集方式:一是提供书名、作者、全部字段三种方式的初级检索;二是结果更为准确、适合目的性强的读者的多条件高级检索;三是采用中图分类法进行学科分类的分类浏览。

5. 视频点播系统

视频点播系统为学校师生提供丰富的网络录播资源,可利用平台资源进行自主学习和资源评价。该系统具备多媒体课件资源检索和排行(最新、最热)及分类浏览功能,学校教师通过登录该系统,可以发布、管理、检索各种类型的教学资源,如网页模式课件、Word、PPT、Excel 等普通文档及视频、音频、网址外链接等各种形式的学习资源,并支持多媒体课件资源播放和下载。而该系统的管理人员可以查询出所有用户相关信息,并对他们进行增、删、查、改,对所有学科课程、直播、课件资源进行管理,对数据库进行还原与备份。

(二)校外信息资源收集策略

校外信息资源收集策略一般包括参与电视或视频会议、购买教育或康复软件或光盘、联网搜索等,而联网搜索是使用频率最高的策略,联网搜索的资源包括无需登录的免费资源、需要登录的免费资源、付费资源等,这三种资源的收集程序是一样的,不同之处在于是否需要注册账号和付费。注册账号的信息资源,可以按照网站要求填写信息,登记注册,再进行下载和查询,如百度文库等;付费资源,一般是中国知网等,可以通过高校图书馆和"全国图书馆参看咨询联盟"下载,也可以通过网络支付一定的费用实现收集,或者通过通信设备、电子邮箱等取得与信息提供者的联系,寻求其帮助。

1. 选择网络搜索工具

在信息资源的查找方面,"全国图书馆参看咨询联盟"具备大量资料的查询和服务功能,教师可以通过注册和登录实现所需资料的查询和获取。而一些大型网站如新浪、网易等提供了自己的搜索引擎,从而便于网站浏览者查询网站中的内容,同时这些搜索引擎也提供一些相关网站的链接。另外在网络中,同时也存在一些专门提供信息资源的搜索和查找的网站,如谷歌、百度,利用搜索工具,可以找到大量、全面的网络信息资源,如新闻、电子期刊、电子书等。但需要注意查询技巧,关键词检索和全文检索是网络搜索的核心技术,由于用户提问是构造检索式的基础,所以有众多紧密围绕关键词的提供展开的检索技巧:提供足够多的检索词、避开常用词、截词技巧、使用同义词、词组检索、句子检索等。

2. 进行网络信息交流

网络是一个开放的世界,不仅是一个信息资源发布的平台,同时也是一个信息交流的平台。在信息资源的获取过程中,教师一方面可以利用网络信息发布功能,了解和熟悉网络信息资源的编辑、发布渠道,有目的、有计划地进行收集网络资源,利用搜索引擎等信息收集工具搜索已经存在于网络中的各种信息资源;另一方面,还可以利用网络的信息交流功能,从拥有信息资源而尚未在网络中发布信息的信息生产者或信息持有者的手中获取所需要的资源。另外,通过网络的交流平台,也可以比较快捷地了解到一些信息资源的发布渠道和发布地点等,与专家学者实现互动,收集更全面专业的特殊教育和康复训练知识,通常的交流途径如 Email 等都可用于信息资源的交流与获取。

3. 保存信息资源

在信息资源的下载方面,传统的 IE 浏览器可以进行资源下载。但是由于 IE 浏览器不具备断点续传等功能,因此当网络出现问题或计算机发生故障关机时,未下载完整的资源,只能重新下载,而不能从中断的地方继续。因此选择合适的下载工具,特别是在下载的资源较大时,显得尤为必要。常见的下载工具如迅雷等都具有断点续传和多任务下载等功能,具有较快的下载速度,从而大大减少了网络资源的下载时间,提高了信息资源的获取效率。对无法直接拷贝或转存的资源,如动画、视频、声音、音乐、程序、课件等,可使用第三方软件(如文字处理软件、课件制作软件)对教育资源进行重新整合。此外,每一位教师和学生在使用网络浏览器进行资源下载或浏览的过程中,都可以随时把自己有用的或看好的教育资源信息网页和网址添加到收藏夹中,便于后续的浏览或使用。

(三) 非网络信息资源收集策略

特殊教育学校的学生千差万别,尤其是深圳元平特殊教育学校,是一所集视障、听障、智障、脑瘫、自闭症等各类特殊学生于一校的综合类特殊教育学校,学生每天的表现就是一座价值连城的宝藏。这就需要教师用聪慧的双眼去观察、发现,并利用信息技术手段记录下来。如教师可以在教室后面摆放一个摄像机,拍摄学生的课堂行为,可以在课间用录像机记录学生的表现,用照相机拍下学生精彩的表现,也可以用这些设备记录下教师的优秀行为等。而具有储存功能的交互式电子白板为教师在课堂上收集资源提供便捷条件,白板系统为每个学科准备了大量的学科素材,教师不仅可以根据自己的需要搜索相应的信息资源,还可以把整个电子白板上的教学过程储存在自己的文件夹中,成为自己学科教学的电子档案和课程资源。同时由于白板系统兼容微软的各种应用软件,教师可以在白板上直接上网寻找课程资源。

二、资源分析策略

在浩瀚的信息资源世界中,网络信息资源纷繁芜杂,良莠不齐,通过搜索引擎进行数据资源的查找,相关的和不相关的信息资源往往数量庞大,这就要求教师必须具有去伪存真、去粗取精的能力,而这种能力取决于教师的知识结构和信息资源来源的广泛程度。信息资源分析是根据一定的需要对有关信息进行定向选择和科学抽象的一种研究活动,这一活动是建立在科学的分析研究方法的基础之上,也就是说要从已知信息分析研究出更全面、更综合、更适用的高层次的全新信息就必须采用科学的分析方法,常见的分析方法有以下三种。

(一)相关分析法

相关分析法是对客观对象具有的相关关系进行研究的分析方法,其目的在于帮助我们对关系的密切程度和变化的规律性有一个具体的数量上的认识,做出判断,并用于推算和预测。具体来说,就是在掌握一定的数据和事物之间相关性的基础上,通过特定的一些相关关系的定性或定量分析进行逻辑推理。用这种方法进行分析,必须确定事物之间的相关性。[1] 相关关系是事物之间最普遍、最重要的一种关系,人们在分析问题时一般从相关关系的假设入手,经过相关分析判明事物是否真正相关及相关程度。相关分析法包括:内容相关分析法、性质相关分析法、变量相关分析法和数值相关分析法。如将"信息技术"作为关键词,在百度中会收集到关于信息技术的设备、网站、教学方法、课程等,能应用到特殊教育领域的主要是教学方法、课程等,因为这些是与特殊教育的内容和性质相关的。

(二)资源预测法

资源预测法就是利用已经掌握的有关某一事物的信息,运用科学的预测方法与技术手段,从已知信息推出未知信息,从而对事物的未来发展做出科学预测的方法。[2] 无论客观事物多么复杂,发展总是有规律可循的,所以,人们可以根据事物过去运动变化的客观过程和某些规律性,运用各种定量和定性的分析方法,对事物未来可能出现的趋势和可能达到的水平进行预测。常见的资源预测方法有:趋势外推法、逻辑推理法、回归分析法、专家会议法等。学校领导人员和教师在进行资源预测时,需要考虑特殊教育的发展趋势、特殊学生的需要、特殊教育课堂教学的需要、特殊学生家庭的需要等,从收集到的信息资源中发掘特殊教育未来的模型,如与家校通系统工程开发相关的资源,学校需要分析信息技术设备、通信设备等方面的资源,而不是将与特殊教育无关的信息技术

---

[1] 蔡筱英,金新政,陈氢.信息方法概论[M].北京:科学出版社,2004:304.
[2] 符福峘.信息资源学[M].北京:海洋出版社,1997:268.

通信设备排斥在资源整理之外。

（三）资源评估法

资源评估法是在对相关信息进行分析与综合的基础上，经过优化选择和对比评价，形成符合需要的信息的过程，常见的评估法有层次分析、指标分析、可行性研究、投入产出分析等。由于资源评估法要对原始信息资源进行比较评价，这一比较评价的过程往往受评估人主观因素的影响较大，所以，资源评估具有相对性。资源评估法的相对性要求在评估资源时，尽量把定性资源或抽象的概念转换成量化的可测度的标准，力求做到评估的客观性与准确性。资源评估法涉及定性分析和定量分析，评估一篇电子资源是否符合需要，可以查看这篇电子资源所出现的关键字词的次数，所描述内容或方法是否适合特殊学生的需要，以及是否可以在特殊学校的课堂上实行等。

三、资源整理策略

由于信息来源和搜集途径的多样性，使得所获得的素材数量大、内容杂、体系乱，必须进行分类筛选和加工整理，将分散零乱的各载体、各渠道、各层次的信息以学科、专题为纲，加以有序化的组织，剔除劣质冗余的信息。整理策略包括形式整理和内容整理两个层次。

（一）形式整理

1. 信息载体

不同的载体有不同的性质、特点和保管、存贮要求，通常可分为纸张（卡片）、磁盘、光盘、缩微品、视听资料、实物等几类，根据资源的内容和性质、自己的使用习惯和条件选择合适的信息载体。

2. 使用方向

所搜集的素材大体上可分为两大类：一类是面向某个具体课题的，即信息搜集人员在某个课题计划下达后围绕具体的课题计划所搜集的素材；另一类不针对某个具体的课题，但与信息分析机构的性质和今后可能立项的课题有关，属于日常积累型素材。

3. 内容线索

（1）研究类。研究类线索包括：课题的概念和重要性，进展情况，研究对象、方法、手段和材料，课题发展状况与当前研究水平，课题的结论，课题可能应用前景，课题与其他领域的关系等。

（2）技术类。技术类线索包括：技术兴起的背景和开发的目的，技术的原理和优缺点,产品的结构、外形、包装、性能,技术的推广应用等。

（3）政策类。政策类线索包括:制定该政策的背景、原因,党政领导人针对该政策的有关讲话,报纸、杂志对该政策的评论解释,该政策的内容与实施情况,该政策实施后的效果及贯彻执行中遇到的问题,其他国家类似的政策和法令或限制性规定等。

（4）人员、设备、经费类。人员、设备、经费类线索包括:研究或研制的方法、材料、设备,国外对同类研究或研制项目的投资情况,国内外研究该课题的其他科研机构的情况,国内外开发同一技术或研制同一产品的其他单位的情况等。

（二）内容整理

内容整理是在形式整理基础上的进一步深化,是从内容角度对素材的再处理,通常包括信息内容的理解和揭示两个阶段。

1. 信息内容的理解

（1）阅读。阅读通常分为初读、通读、精读、整体阅读四个相互衔接的阶段。其中初读的任务是确定素材的取舍,进一步剔除那些不需要的素材,发现有价值的素材;通读的目的是掌握素材的大概内容,确定需要进一步精读的重点素材;精读是一种有选择的重点阅读方法,通常要反复进行,直至琢磨、消化和吸收其中有用信息;整体阅读是一种快速阅读方法,在精读的基础上将文献信息材料各部分贯通起来,由此达到把握信息资源主题的目的。

（2）收听或观摩。声像信息资源和实物信息资源通常以声音、图像或实物形式表现出来,因此对这类信息通常只能通过收听或观摩达到理解其内容的目的。收听或观摩在本质上是与阅读相同的,一般也要反复进行,次数越多,对信息内容的挖掘也就越深。

2. 信息内容的揭示

信息内容的揭示即以某种便于利用的方式体现或展示出来。最常见的方式是摘记,有报道式、节段式和提要式三种,具体用哪种方式要视素材的性质和内容而定。

（1）报道式摘记。报道式摘记主要用来处理动态、综述和评述性文章。其特点是不逐字逐句摘录,只是在阅读理解基础上,将该段文章内容融会贯通,然后用摘录者语言简明扼要地叙述,成为一篇保留原意的短文。

（2）节段式摘记。节段式摘记主要用以处理研究论文和实验报告。其方法是把一篇文章重点句、节、段等原封不动地摘录或摘译下来,不要求文章连贯。摘录的重点包括：研究对象，实验或研究目的，实验或研究的材料、条件和方法，实验结果或研究结论，参考文献等。

(3) 提要式摘记。提要式摘记通常用来处理供一般参考的非重点文章，以极少的文字将文章中最重要的信息提纲挈领地抄录下来，而不涉及文章的详细内容。[①]

四、资源应用策略

资源应用主要体现在管理和教学方面，为学校领导决策提供参考，为教师教学提供素材和指导，优化教学和科研，提升学校信息素养，促进教师专业化和学生康复发展。

(一) 应用信息资源辅助学校领导者实施宏观决策和管理

学校领导者从制订计划、完善计划到最终完成计划，是一个动态的运作过程。高明的学校领导者，每时每刻都会密切注视网上的信息；居高临下地洞视本地、本校的工作，让计划中的每一个环节都在信息的驱动下迸发出创造力。学校网站记载着学校教师的动态，通过网站资源，学校领导者可以了解教师的动向和学校的建设。丰富的教育信息资源可辅助学校领导者实施科学的决策，以此带动学校的教学方法、教学手段、教学工具的重大革新，进一步提高学校的教学、管理水平，适应信息化时代的要求。

(二) 应用信息资源营造建构主义的教学环境

丰富的信息资源使得建构主义理论实际应用于教学过程的条件日趋成熟，利用网络上的教育信息资源可方便地创造建构主义的学习环境，使学生可以自由地建构知识。比如利用搜集到的图像、音频、视频、动画等创设学习情境、构建合作互动的学习环境。在这种教学环境中，既能使学生与学生之间建立起合作互动的关系，也能使教师与学生之间经常保持密切的联系，弥补了课堂教学单向授课的不足。

(三) 应用信息资源实施教师教学现代化

丰富的信息资源可为教师备课或制作课件提供便利条件，实现教师网上一点备课，多点使用。同时，教师可利用网络优秀的多媒体文学作品、科技作品，以及各种文字、声音、动画、图片等素材资源制作适合不同学科的教案，也可以借用网上提供的各学科的动画、视频、音频、文本等原始素材制作出能表达自己

---

① 卢小宾.信息分析[M].北京：科学技术文献出版社，2008：40-42.

教学思想与方法的声、像、图、文并茂的多媒体课件,以此创造形象、直观、生动的教学情境。同时,教师利用网上下载的试题、智力测试等可以对学生进行测验,实现教学评价的信息化。

(四)应用信息资源优化教学与科研

网络为学校教师的教学科研信息资源的搜索提供了更为方便的信息检索平台,教师不仅可以与其他学校进行交流,而且可通过各种教育网站检索各类教育教学信息,及时了解最新的教育动向和理论发展,开展教育科学研究,丰富教学实践,搜集到的信息资源可以成为教师授课、总结和反思等促进教师专业发展的资源基础。

(五)应用信息资源对教师实施培训

随着科学技术的不断发展,教师需要掌握紧贴时代前沿领域的教育内容,及时更新知识,学校可借用网络丰富的名校教师课程方案、教学计划及经典的教学课件等资源先对教师进行继续教育培训,以迅速提高学校教师信息技术的基本理论、信息技术的操作能力及信息技术课程的教学水平,通过提高教师的综合素质才能真正提高学生的整体教育水准。[①]

深圳元平特殊教育学校教师苏毅钧在《浅谈交互式电子白板在听障学生物理教学中的运用》一文中提到要利用交互式电子白板整合丰富资源,并发挥资源库的作用。

浅谈交互式电子白板在听障学生物理教学中的运用[②](节选)

苏毅钧

四、利用交互式电子白板,整合丰富资源,发挥资源库的作用

交互式电子白板能够实现丰富多样的教育资源的灵活的整合,它可以在交互式电子白板的工作界面调用计算机及网络原有的各类资源(包括课件、多媒体光盘和音视频材料等),还可以直接调用交互式电子白板内置的多种资源库。教师和学生在教学实践中也可以依据各自的需要不断调整、修改、增添直至重新构建这些内置的资源库。例如,在"电路图"的练习课中,直接从交互式电子白板内置的"物理"学科资源库中调出滑动变阻器、开关、电池组、小灯泡等实物图,让学生根据电路图在白板上进行实物的模拟连接,或者教师进行实物的模拟连接,让学生画出电路图。

交互式电子白板能够生成和保存课堂上的动态资源,老师的话、视频、板书的内容、学生的

---

① 冯小东.浅析网络教育信息资源的特性与应用[J].甘肃科技,2010,26(15):176.
② 黄建行.教育·康复·职业训练相结合办学模式实践成果集(上册)[C].深圳:海天出版社,2012:397.

发言等，利用相应的软件都可以被系统自动记录下来，形成一个包含课堂教学过程全貌的可重复利用的综合性文档，方便教师进行教学反思及总结，还可以为听障学生创造重复学习的资源。特别是物理学科中有许多探究实验，这些实验需要学生设计探究方案，有些学生设计的方案是很有价值的课堂动态资源，这些资源可以直接或者间接地用于教学。例如，在上例的"电路图"的练习中，教师可以在交互式电子白板上随意调整"实物"的位置，以便列出多个练习题让学生练习，同时将这些练习题记录下来，作为课堂的动态资源增添至资源库中，在今后的教学中随时调用。

第四节 教育评价策略

教育评价是根据一定的教育价值观或教育目标，运用可行的科学手段，通过系统地搜集信息资料和分析整理，对教育活动、教育过程和教育结果进行价值判断，为提高教育质量和教育决策提供依据的过程。根据评价对象可将教育评价分为课程评价、教师教学评价和学生发展评价。信息技术的发展促进了教育评价的信息化，越来越丰富的技术手段应用到教育评价中，评价形式多种多样，与多媒体相结合可以激发学生参与评价的热情；评价范围广，应用对象全面，可以建立教学评价的数据库，学生根据自己水平进行阶段性的评价，从低级到高级不断进行螺旋式上升。而且利用信息技术进行评价，免去了教师对作业逐一进行分析考察，节省了时间，提高了评价效率。此外，信息技术支持下的评价在测试后可立即形成，使得反馈及时，评价效果好，利于师生之间的交流。

一、课程评价策略

课程评价应按照一定的课程目标要求，采用定性和定量搜集信息的方法，对被评价的课程要素进行有效的信息搜集，并对搜集到的信息进行价值分析和判断，最终更好地促进课程发展。课程评价的对象包括课程目标、课程内容、课程实施等[1]。由于课程实施主要存在于教师的教学活动中，所以主要探讨课程目标、课程内容、课程资源等静态的课程评价。学校将不同类型特殊学生所有科目的校本课程资源放在学校资源网上，各个课程资源文件夹分为课程标准、教学指导手册、课程评价、课程资源、参考资料五个文件夹，其中课程标准中涉及课程目标、内容标准、实施建议等，学校教师可以在资源网上进行修改、批注。利用学校网络，教师间、学校和家长间可以实现互动，学校将课程相关内容公开

---

[1] 李锋.信息技术课程学习评价的理论与方法研究[D].上海：华东师范大学硕士论文.2004：5.

化,供家长和教师参与对课程的评价,完善学校课程。

信息技术为课程评价提供了许多便利条件,根据一般的课程评价程序以及信息技术的特点,可以将实施课程评价的过程概括为四个阶段,即计划阶段、设计阶段、实施阶段及总结阶段。这四个阶段还可再细分为以下八个步骤:①建立课程评价目标;②依据课程评价提出问题,描述所需要的资料;③进行有关文献的调查;④进行评价设计;⑤按照评价设计,搜集有关资料;⑥分析处理所搜集的资料;⑦完成评价报告,反馈;⑧实施元评价。[①]

（一）课程评价计划阶段

计划阶段包括上述的第一至三步,主要是明确课程评价与课程发展的关系并确定评价的方案。评价计划的格式多种多样,但是最少应该包括:评价目标、评价任务、评价设计有关要求、预期评价成果方式、评价所预期影响的对象、经费与进度计划。这些都可以在网上由学校教师和家长完成,首先按学校部门进行分配,每个部门成立课程评价小组,完成课程评价计划,并放在网上供学校教师讨论确定统一的课程评价计划。

（二）课程评价设计阶段

上述步骤的第四步是评价的设计阶段,基本任务是详细列出课程评价的任务与旨在解决的问题,确定评价所依据的模型,制定或选择使用的评价指标体系,确定搜集资料的对象与方法,拟定资料搜集的计划与数据分析方法,确定评价队伍和经费组织与运用的方式。最终拟订一个评价工作的实施方案。确定评价依据的模型是指实施评价没有必要一切工作都从头开始,而是可以依据课程研究人员开发的范例模型,如泰勒目标达成模式、综合性范式课程评价模式等。设计阶段最终要拟订一个评价实施方案,一般应包括:评价的日程安排、实施步骤、评价方法与工具、权重分配等。搜集资料一般都在网络上操作,网络既有丰富的教育资源供教师搜集和分析,也有一定的课程评价模型供教师参考。

（三）课程评价实施阶段

这一阶段包括上述步骤的第五、六步,主要是具体地实施设计阶段所制定的工作,进行数据与信息的搜集、处理分析,然后得出对于信息技术课程价值的判断,是评价的具体化与实际化。评价实施的核心问题是信息搜集,需要考虑:搜集什么样类型的信息;搜集信息的过程与方法;应该搜集多少信息以及取样方法、标准与范围;搜集信息的方法、技术与设施;如何以最低的成本来获取最

[①] 胡耀宗.信息技术课程评价研究[J].山东教育学院学报,2003(4):5—6.

大的信息量即信息搜集效益。这个阶段的信息搜集不同于第一阶段的信息搜集,主要是针对所评价的课程进行信息搜集,包括课程目标、内容、服务对象、资源等。

（四）课程评价总结阶段

这个阶段包括上述步骤的第七、八步,根据所搜集的资料与形成的价值判断,按照评价的委托者或评价所意图影响的听众的要求撰写出课程评价报告,提交给有关人员,并且对于评价本身进行分析与评价,总结出这次评价的优劣与价值。在信息技术的影响下,课程评价的报告形式多种多样,如音像报告、网络公告、电子文件、书面报告等。报告结构一般包括：概述或是摘要、内容目录、引言、报告主体、总结。[①] 课程评价总结阶段并不是课程评价的终点,而是课程评价下个阶段的起点,也是课程评价阶段结果的体现。在总结阶段,需要教师等参与人员对课程评价整个过程进行反思,并提出反馈意见,上传至公共交流区,供其他教师参考和讨论,并为进行下阶段课程评价作准备。

二、教学评价策略

教学是一个动态、连续、复杂的过程,教学评价是依据一定的客观标准,运用一系列可行的评价技术和手段对教学活动及其效果进行客观衡量和科学判定的过程,其贯穿整个教学活动的始终,具有诊断、激励、调节和促进教学的作用。信息技术的出现,为实施系统、全面、动态的开放式教师教学评价提供了技术支持。一般来说,教师教学评价主要包括教学目标、教学内容、教学方法、教学效果、教师素质等五个方面,[②]但在信息化环境下,还需要考虑教师运用信息技术的能力,如课件的制作、师生互动、生生互动等,而信息技术为教师教学活动评价提供了载体,如教学活动实录、上传的教案、课件及各种资源等。

教育教学资源库、教育教学资料共享平台等拥有学校教师的大量课件、教案、教学设计及教学实录,供其他教师学习、参考及评价。同时,学校各部每周都会举行一次公开课,并对公开课录像,供教师自我反思、其他教师讨论交流和评价。基于网络的教学评价可以建立在校园网的基础之上,[③]教师教学评价的主体应实行多元化,包括被评价教师自身、学校管理者、学校其他教师、学生及其家长,这些人员可以登录校园网对教师上传的教学资源进行评价(见图3-8)。

[①] 胡耀宗.信息技术课程评价研究[J].山东教育学院学报,2003(4):5-6.
[②] 黄旭明.中小学信息技术教学法[M].长春:东北师范大学出版社,2007:189.
[③] 黎永碧.基于网络技术的教学评价系统研究[D].南京:南京理工大学硕士学位论文,2010:11.

在校园网、教育教学资源库及教育教学资料共享平台的基础上,为每位教师在网络上建立像纸质档案一样的电子教学档案,为教师评价提供丰富资源和快捷方式。

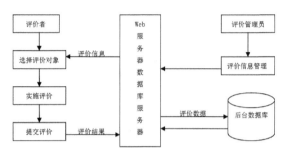

图3-8 基于校园网的教学评价流程

(一)电子教学档案的特点

教学档案是有关教师教学实际信息的收集,这类信息包括的材料广泛,如教学理念和教学目标的表述、单元和课堂教学计划、为学生编制的测验题目以及对学生成绩的评定准则、学生的作业、反映课堂生活的照片、自我评价、正式评价、各种证书和成绩单,以及就学习问题与家长沟通的信件等。然而,教学档案袋不只是作品的搜集或者存放作品的容器,更是系统检查教与学效果、与其他人分享自己观点、改进学校工作的一个过程。基于此,可以将教学档案界定为某一时期内不同情境中产生的有关师生工作信息的系统搜集。它通过反思而构建,通过合作得以丰富,最终目的是促进教师专业发展和学生学习进步。[①]电子教学档案从形式上说是电子化的,本质上还是教学档案,其特点如下:

1. 涵盖教师和学生的作品

如果说简历能够描述一个教师的成就,那么电子教学档案应当通过网页、视频等呈现实际的证据。另外,电子教学档案的信息也应包括学生方面的作品,学生作品不仅对评价教师的教学质量是至关重要的,而且是激起教师间就教学问题进行深层交谈的有价值的工具。

2. 具有结构性和目的性

档案不是杂乱无章的,必须符合学校及个人的目的。电子教学档案的目的可以是刺激自我评定、记录专业发展、指导教学、就课堂与学校课程与家长交

---

① 刘淑杰,陆兴发.新课程理念下教师教学评价方法探微——美国教学档案袋述评[J].外国教育研究,2002,29(5):31.

流、为管理者和政策制定者提供有关学校或学区教学计划效果的信息。

3. 显示出教与学的情境和经历的时间

电子教学档案可以帮助评价者看到某一时期教与学的展开及各种情境。例如,如果不清楚上节课和下节课的教学内容,很难判断本节课的优点与不足。或者不知道教学情境,很难评判某种教学策略是否恰当。

4. 具有反思性和合作性

与其他方法相比,制作电子教学档案的过程更能激起反思。正如杜威所说,只有对从事的活动不断反思,才能进行真正的"做中学"。来自档案制作者的反思性纪实也是档案的基本内容。写反思材料可以推动教师更深入地检查自己的教学,同时也可使其他人根据这些反思材料审视该教师的思维。有了反思,电子教学档案就会变成学习的一部分,没有反思,电子教学档案可能只是材料的聚集。

学习是一个交往过程,构建电子教学档案也应是合作交往互动的过程。当教师设定目标、实施及记录他们的教学工作时,与同行、学生、家长的沟通互动也应贯穿整个电子教学档案的全过程,便于教师及时了解自己工作的可取和改进之处,开拓教师视野,丰富电子教学档案的内容。

(二)电子教学档案的内容

电子教学档案通过网页、电子文档等多媒体形式和教师叙述教学故事等呈现教学经验,其目的就是通过存储现场经验文本并对其进行研究和反思来发展教师的教学能力,是教师教学经验的最佳呈现方式。可以将电子教学档案分为:自我介绍类、来自他人的资料、教学产品、其他可能出现的内容(见表3-2)。

表 3-2 电子教学档案的主要内容

分类性质	教学展现	教学反思/经验
自我介绍类	教学信息,如课程名称、课程性质(必修、选修),教师对教学策略和方法的接受等	教学创新之处及效果分析
	课程教学大纲,包括教学目的、方法等;所参加的教学进修项目;课程修改记录;有关教学评估的步骤以及改进教学的过程,如自我评价	

续表

分类性质	教学展现	教学反思/经验
来自他人的资料		其他听过课的同事对该教师上课的评语； 对该教师教学材料的评价； 有评价能力的特殊学生对教师教学的评价和反馈
教学产品	学生学前/学后的变化； 该领域学生的成长变化和作品展示,如照片	
其他可能出现的内容	示范课录像； 与教学相关的校外活动； 计算机等信息技术在教学中应用情况	有助于改进教学的经验留言板； 对教学工作的自我总结； 学校各部门主任对该教师教学工作的肯定； 所教领域的科研成果

（三）电子教学档案的形成

1. 电子档案的建立

深圳元平特殊教育学校首先以部组为单位,在校园网上为每位教师建立教学工作电子档案。其特点是每位教师的"电子档案"都设有一定的权限,教师本人、部组长和主管教学的主任可以在该"电子档案"中填写资料或更改。其他教师可以打开各个"电子档案"浏览,不能改动,但可以在留言区或讨论区进行留言,从而确保每位教师能不断把自己教育工作的有关资料和评价情况输进"电子档案",而不会被删掉或改动,同时有利于教师之间互相学习、交流。

2. 电子教学档案资料的搜集

（1）阶段性评价与电子教学档案资料的记录。①教师自评与记录。每位教师根据学校提供的电子教学档案及要求,填写好个人简介表,并根据所取得的成绩不断地补充完善,通过个人简介表简明扼要地描述本人的教学工作简历、教学特色及主要成绩,展示个人的成就。每月对照评价标准,对自己的教学常规工作——教案、教学设计及课件质量、集体备课、听课等情况进行自评,然后把评价结果记录到电子档案中,同时把自评优秀的教案电子文稿上传到电子档案。不定期把获奖或发表的论文、有推广和实用价值的课件、个人反思等资料上传到电子档案。每半学期,教师本人对照评价标准,对教学常规工作和教学成绩进行阶段性定量评价,把评价结果记录在电子档案中。②教师互评与记录。每月各部组利用科研时间,组织教师对照标准,对教学工作进行互评,部组长把综合评价结果记录到各位教师的电子档案中。每半学期,部组以"教学常规工作评价"和"阶段性教学成绩"为评价依据,加以一定的分值和权重,对教师进行定量评价,并把综合评价结果记录到每个教师的电子档案中。

(2) 总结性评价与记录。每学年,每位教师认真分析电子档案中每月、每半学期的教学工作阶段性评价情况及有关资料,对自己整个学期的教学工作进行总结性评价,诊断自己教学中存在的问题与不足,提出改进策略。

3. 电子教学档案资料的展示①

(1) 备课组内展示。学校可以要求每位教师利用集体备课时间在备课组内至少展示一次自己电子档案中收集的最优秀的作品。并阐述收集该作品的理由和对该作品的自我评价意见,然后备课组内进行分析和评价。

(2) 校内展示。学校利用全校性的理论学习和交流时间,展示部分表现较突出的教师的电子教学档案,及时介绍和推广先进的经验和教学策略,并组织教师利用业余时间学习和交流。通过校内展示,表扬表现优秀的教师,让其努力付出得到应有的肯定和尊重,并激励其他参与的教师,鼓励他们发挥所长,"择其善者而从之"。

三、学生发展评价策略

学生评价通常又称学习评价或学生学习评价,指在一定教育价值观指导下,根据一定的标准,运用现代教育评价的一系列方法和技术,对学生的思想品德、学业成绩、身心素质、情感态度等的发展过程和状况进行价值判断的活动。《基础教育课程改革纲要》指出:要"建立促进学生全面发展的评价体系。""评价不仅要关注学生的学业成绩,而且要发现和发展学生多方面的潜能,了解学生发展中的需求,帮助学生认识自我,建立自信。发挥评价的教育功能,促进学生在原有水平上的发展。"在特殊教育中,学生发展更注重的是学生的康复发展、生活独立、实现自立。对于特殊学生来说,点滴的进步就是成长,微小的成绩就是发展。在信息技术的影响下,可以通过网络评价系统、康复评价软件系统、电子学习档案对学生发展进行评价,特殊学生差异性极大,在评价过程中应注意学生间的个体差异,着重树立其信心。

---

① 张金玉.基于电子教学档案的教师专业化评价研究[D].上海:华东师范大学硕士学位论文,2005:64.

(一) 网络评价系统

网络评价系统要求稍高,适用于视障、听障及程度较轻的智障、自闭症、脑瘫学生。主要包括网络实时评价系统、网络考试系统、网络答疑系统、网络多媒体考试系统等。

1. 网络实时评价系统

网络实时评价系统是一个基于网络的网上虚拟评价的环境模型。师生可以不受时间、空间的限制,通过公共通信手段,进行文字、图像、视频和音频的异地实时交流。这种评价系统体现了网络教学快捷、灵活的特性,可以提供及时反馈,有效地监控、管理学习过程,提高学习效率。

2. 网络考试系统

网络考试系统是一个基于数据库和网络的远程在线实时测试系统,包括学生考试系统、自动批阅系统和题库管理系统等。该系统可以在任何地点、任何时间进行实时考试,试卷的难易程度可控制,支持自动批卷功能,而且数据的统计分析方便快捷。该系统中的所有考试信息都以数据库记录的形式存储。用户可以用登录的方式从数据库中随机抽取试卷,进行阶段测试和综合测试。信息量大、效率高、管理方便是网络考试系统的优点,教师可以比较容易地从评价结果中获得更深层的信息。

3. 网络答疑系统

目前网络答疑系统主要包括在线讨论和互动交流两种形式。网络答疑系统的数据库中存储了大量的疑问和解答信息,教师可以对这些信息加以汇总和分析,从中发现教学问题,并及时调整教学方法和策略,改进教学效果。网络答疑系统还提供了搜索引擎的数据库系统,学生可以通过关键字匹配、问题勾连、全文检索等技术快速找到问题的答案。

4. 网络多媒体考试系统

网络多媒体考试系统是基于网络、多媒体技术和虚拟现实技术的评价模式。在该模式下,服务器和客户端可实现对多种对象的评价。在传统文本型考试的基础上,增加了音频、视频、图形等多媒体数据,并可运用虚拟现实技术组建虚拟考试环境,使各种各样的测评方式得以实施,例如口语测试、技能实验等。[①]

---

① 黄德群.基于网络的教学评价研究[J].远程教育,2005(4):74—75.

(二)康复评价软件系统

1. 智力测评软件系统

目前对特殊学生的智力测评及随后的统计分析还停留在医护人员和特殊教育教师用手工操作的方式上,耗时并且效率低,明显不能适应当今信息化时代的高速发展。为此可以选择目前国际、国内使用得较普遍经典的《韦氏学龄儿童智力量表(WISC-R)》(以下简称《WISC-R》)和《婴儿初中学生社会生活能力量表(日本 S-M 社会生活能力检查修订版)》(以下简称《S-M》),用 VB 编写开发出一种专用的少儿智力测评软件,包含如下模块。

(1)用户登入模块。此模块为用户使用的安全性特别增加了软件的安全防范功能。用户必须输入正确的密码才能进入该软件,如果连续三次输入密码不正确,软件就终止运行。

(2)选择功能模块。选择做《WISC-R》或《S-M》的计算机测评或退出程序。

(3)《WISC-R》信息输入模块。输入接受智力测验学生的相关数据(如出生年、月、日),输入的相关参数值确保正确无误,否则将导致整个学生智力测评结果出错,根据学生智力测评的日期,软件能自动计算出被测评学生的实足年龄,精度可以精确到月、日。学生智力测评软件还具有自动识别受测学生的年龄是否在测评软件规定的有效范围内,如超出上限或下限,计算机会提示报警信息,提示操作人员重新输入有效的年龄或退出本次操作,本模块输入的测试学生的信息可自动被"《S-M》输入模块"采用。

(4)《S-M》信息输入模块。采集的智力测验学生的信息可自动采用《WISC-R》模块输入数值,也可以手工重新输入相关数值。在输入《S-M》测试得到的原始粗分值后,即可得出《S-M》测试的标准分值和评定结果。模块可以进入打印界面,也能自动识别受测学生的年龄是否在测评软件规定的有效范围内,如超出上限或下限,计算机会提示报警信息,并提示选择重新输入有效的年龄值或退出本次操作。模块还具有自动识别输入的受测学生的原始粗分值是否在软件粗分与标准分换算表规定的有效范围内,如超出有效范围,计算机会提示报警信息,并提示选择重新输入有效的原始粗分值或退出本次操作。

(5)《WISC-R》自动评测模块。测试中得到的各项 5 个原始分值,输入此窗口各个对应的文本框内,模块会自动识别测试学生的原始分值是否处在软件众多的表项中所规定的范围内,如超出范围或者输错或者漏输了原始分值,计算机会提示报警信息,并提示选择重新输入有效的原始分值或退出本次操作。当学生智力测评软件确定本次操作为有效输入后,将自动从《WISC-R》众多表格中查找出各原始分值所对应的量表分,再自动经过多次反复计算和查表后得出语言测试和操作测试的分智商值和总智商值。

(6)图表生成和报告打印模块。除了学生的"WISC-R"的评测结果(语言智商、操作智商、最终的智商值)和"S-M"的评测结果标准分和评定结果,模块中还采用了 VB 6.0 提供的 Mschart 图表控件,把受测学生的语言测试和操作测试中查到的相关的 5 个量表分用两个直方图显示出来,为教师进行评价分析结果提供了可靠依据。

2. 语言评估和康复训练系统

语言评估与康复训练系统(渡康)语言评估和康复训练系统和启智博士、适用于智障、脑瘫、自闭症、听障等原因导致的语言发展迟缓或语音障碍的学生。语言评估和康复系统(渡康),实行对各种语言参数的模糊识别计算,智能测量学生语速和语言流利程度,实现治疗师自行设计,录制方言语音等互动功能的康复训练和评估平台,可用于交互式语言学习和自动口语测试,对语言质量进行客观评价,可发现学生语言中的不同问题,对个别语言进行矫正,促进特殊学生语言表达能力的提高。

(三)电子学习档案

电子学习档案(E-Learning Portfolio,缩写为 ELP 或 E-Portfolio)是指信息技术环境下,学生运用信息手段表现和展示学生在学习过程中对学习目的、学习活动、学习成果、学习业绩、学习付出、学业进步以及学习结果进行反思的一种集合体。它主要包括学习作品、学习参与、学习选择、学习策略、学习自省等材料,主要用于现代学习活动中对学习和知识的管理、评价、讨论、设计等,主要由学生本人在他人(如教师、学伴、助学者等)的协助下完成,档案的内容和选择标准等必须体现学生的参与。而电子学习档案评价法通过信息技术和档案评价技术的结合,全面搜集、保存、查阅、分析、综合、判断学生的学习信息,实现对学生的形成性、多元性、真实性和综合性的评价。对于特殊学生来说,其教师和家长应承担更多的对于电子学习档案的责任,需要他们收集材料建立电子学习档案。

电子学习档案应该包括下列元素:学习目标;材料选择的原则和量规真实性评价工具是对学生的测试、成长记录袋或者表现进行评价或等级评定的一套标准,同时也是一个有效的教育工具,连接教学与评价的一个重要桥梁。(从随意的成长中记录作品);教师和学生共同选择的作品范例;教师反馈与指导;学生自我反省;清晰合适的作品评价量规;标准和范例;家长和学生的作品。由于特殊学生的特殊性,电子学习档案中更多的应是学生的成绩、存在的生理缺陷、拥有的优势条件,应注意对学生进行潜能开发。

特殊教育学校应在校园网上为每位学生建立一个文件夹或档案袋,搜集该学生的成长信息,并要求其家长参与,将学生在学校、课堂、家庭、社会上的相关活动和成绩放入档案袋中,可以是文本、视频、图像、图表等形式的材料。要注意保密性,规定可以参与修改的人员,一些成就信息是可以公开的,供同学们学习,增加同伴互动。事实上,电子学习档案是一种把评价和谐融入教学的有效途径,被认为是一种"嵌入式评估"的形式,即把评估任务看做是教学的一部分。其主要目标在于跟踪学生的发展,学习档案中的材料经常需要很长的时间来准备,学生的学习活动贯穿于整个学习阶段,而不是在测验之前就结束了。同时,学生可以运用电子学习档案来理解社会和教师对自己的期望,认识自我。

第四章　信息技术在特殊教育中的应用领域

信息技术的迅速发展正深刻地影响着社会的各个方面,其对教育的重大作用正如美国教育技术委员会一位专家所阐述的那样:"技术可以使教育更有成效、更富有个性,学习更迅捷,同时使教育建立在更加科学的基础上,使教育机会更加均等。"[①]信息技术在特殊教育中的应用主要包括在教学、管理和服务中的应用,由于教育对象的特殊性,信息技术在这些方面的应用与其在普通教育中的应用存在很大差异。

第一节　教学应用

信息技术的发展极大地促进了教育的发展,使教育手段和教育方式不断发生变革。随着信息技术和特殊教育的发展,信息技术也越来越多地运用到特殊教育学校的教学中。在教学过程中教师需要根据学生的类型、学习特点以及所教课程的不同选择最佳的教学手段和教学方式,而信息技术的发展为教师提供了丰富的选择空间,使教师教学效果大大提高。下面以深圳元平特殊教育学校为例来讲一下信息技术在特殊教育教学中的应用。深圳元平特殊教育学校有视障、听障、智障、脑瘫、自闭症五类特殊学生,信息技术在特殊教育教学中的应用也主要体现在对这五类学生的教学中。

一、视障学生

信息技术在视障学生教学中的应用主要体现在教育类课程、康复类课程以及职业教育类课程中,但由于深圳元平特殊教育学校目前暂未为视障学生开设职业教育类课程,所以,在此仅介绍信息技术在视障学生其他两类课程中的应用。信息技术在教育类课程中的应用更多地是通过间接使用信息技术提高教

---

① 乔贵春,李娜,彭文辉.特殊教育中的信息技术的应用初探[J].现代远程教育研究,2005,12(15):23—25.

学效果,在康复类课程中主要是康复仪器设备的应用。

(一) 教育类课程

1. 信息技术课程

视障信息技术教育以信息获取、处理与交流为主线,围绕学生的学习与生活需求,强调信息技术与社会实践的相互作用。考虑到视障学生的不同特点,学校信息技术课程教学分年级、有重点、有计划、有目标地加以开展。1—3年级主要培养使用信息技术的兴趣;4—6年级主要是培养学生感知信息的能力,使学生建立初步的信息意识,并使他们了解信息技术基本工具的具体内容及其使用方法;7—9年级主要是进一步提高学生的信息意识,培养其获取、传输、处理、使用信息的能力。总体来看,要培养学生以信息技术为工具进行终身学习的习惯,提高学生的信息素养,使之初步形成正确的信息观。

2. 非信息技术课程

信息技术在非信息技术课程中的应用主要是指在语文、数学、英语等学科课程中通过使用信息技术来克服或降低特殊学生由于生理、心理障碍带来的不便,从而最大限度地提高学习效果。与普通学生相比,信息技术在视障学生教学中的应用最主要的是解决"看"的问题。现代信息技术在视障学生非信息技术课程中的应用主要体现在以下几个方面。

首先,通过使用信息技术克服由于视力缺陷带来的不便。例如,通过盲用读屏软件可以将学习资料放大或者转化成有声读物,便于视障学生学习;通过电子触摸显示器在盲文键盘输入信息,然后使用言语合成器或盲文显示器检查所输入的信息,或将之打印成盲文或文字。

其次,通过信息技术开发大量教具,方便视障学生学习。例如,通过立体凸出影像复印机快捷地制作出各种凸形的触觉型图像,可以在视障学生学习美术、地理、数学等课程时提供形象直观的教具。同时由于信息技术的发展使得教师可以自己设计、制造各种方便视障学生触摸的教具。例如,由于视力缺陷,视障学生在学习数学知识时存在很大困难,如多位数的加、减、乘、除,几何图形的学习等,这时教师需要根据视障学生特点使用适合他们的教具。学校教师根据在教学中发现的问题,积极组织开发出以下各种数学教学用具以方便视障学生学习数学知识:(1)演示类:演示类教具主要解决视障学生在数的概念、面积与体的概念以及面积计算方法等学习内容上的学习困难,设计思路是将普通教具中视觉演示的方式转化成触觉演示的形式,通过体现教具的可感知性实现教具的教学功能;(2)操作类:操作类教具主要解决学生学习加与减的含义、乘法口诀的规律及度量角等内容时的困难,设计思路是用运动觉上的操作感知替代单纯的言语指导,构建学习的具体情境,提供合适的教学资源;(3)计算类:计算类教具主要解决学生学习算理和竖式计算方法时的困难,设计思路是通过可实践的推理演算工具再现言语分析的算理和视觉为主的竖式算法,使该类知识的学习由内隐变成外显,实现可感知性;(4)制图类:制图类教具主要实现常见图形与组合图形的制作,线段图和数轴的制作以及统计表和统计图的制作,设计的思路是通过嫁接普通教具与盲用教具,制作可供视障学生操作的直观教具,使日常教学缺乏可操作性的现状得以改观。

再次,通过使用信息技术,优化教学过程,提高教学效果。教师在课堂教学中利用信息技术可以化静为动,化抽象为具体,化呆板为生动,可以对学生的视觉、听觉,甚至心理产生全方位的刺激,给学生留下深刻的印象,增强教学效果。

最后,信息技术拓宽了学生获取学习资料的途径。传统上,视障学生只能通过纸质盲文书籍获取学习资料,但由于这些资料较少,极大地阻碍了学生的学习。信息技术的应用克服或者减少了这些障碍。例如,通过视触觉转换阅读机将印刷文字或其他符号通过电子扫描和微电脑处理,在触觉感知盘上转换成视障学生可以通过手指感觉出来的触觉信号——振动的针,可以极大地方便视障学生的学习,同时能够拓宽他们获得学习资源的途径;通过扫描设备可以将文字资料扫描成电子形式,这样学生可以选择放大或者通过读屏软件来学习。同时,网络技术水平的提高和图书馆软件的应用,为视障学生扫清了寻找阅读材料的障碍,视障学生可以通过网络查找自己喜欢的文学作品来阅读,或搜寻与课本内容相关的资料,将课本知识向外延伸。总之,借助计算机技术,学生有条件到网上查寻,拓宽阅读面,增加阅读量。①

(二)康复类课程

康复对视障学生的发展至关重要,随着技术的发展和治疗条件的改善,经手术治疗视障学生可以重见光明,或至少视觉功能得到改善,生活质量得到提高。对于那些无法通过手术改善视觉功能的学生,随着现代高新技术的发展,信息技术在视障学生康复中得到广泛应用,一系列高科技复明、助视仪器的使用都极大地方便了他们的学习和生活。同时,现代康复设备的开发,为视障学生的康复提供了便利条件。如视力测试评估设备极大地方便了对学生视力的评估;视功能训练设备能够有效地对学生进行视觉功能训练。学校为了促进视

---

① 李媛.借助计算机技术拓宽盲生语文学习渠道[J].现代特殊教育,2003(11):33.

障学生的康复,为视障学生开设了专门的康复课程,其主要包括为1—3年级开设的综合康复课、为1—6年级开设的定向行走课。在这些课程的教学中也会经常使用到信息技术,例如通过定向行走教学光盘,视障学生可以在他人的指导下自行学习定向行走的技能。

二、听障学生

（一）教育类课程

1. 信息技术课程

学校听障信息技术课程的主要任务是:培养听障学生对信息技术的兴趣和意识,使他们了解和初步掌握信息技术基本知识和技能,了解信息技术的发展及其应用对人类日常生活的影响;让听障学生初步掌握获取信息、传输信息、处理信息和应用信息的能力,使他们正确认识和理解与信息技术相关的文化、伦理和社会等问题;最终目标是通过信息技术的应用,补偿缺陷,开发潜能,培养听障学生良好的信息素养,为适应信息社会的学习、工作和生活打下必要的基础。

根据国家新课改的理念,在基础教育阶段,信息技术教育应该符合听障学生不同年龄生理、心理的不同需求和特点,还应该考虑听力补偿及各种能力的培养。一般从三年级起开设信息技术课程,贯穿六个年级,内容分为两个学段:3—5年级为第一学段,6—8年级为第二学段。3—5年级初步了解计算机相关知识,培养对计算机的兴趣,初步学会一些简单的计算机技能。6—8年级培养学生的信息意识,学会信息获取、处理、应用的基本方法,掌握利用网络进行人际交流,同时,能自觉依法进行与信息有关的活动。

2. 非信息技术课程

听障学生由于听觉障碍,难以通过声音获取信息。所以,信息技术在听障学生教学中的应用主要是解决他们"听"的问题。由于听障学生存在的听力缺陷和不同的认知特点,他们在教学方面有异于普通学生的特殊要求。首先,由于听力缺陷,听障学生需要直观教学。信息技术的使用可以很好地解决这个问题,科学运用信息技术能使抽象问题具体化、枯燥问题趣味化、静止问题动态化、复杂问题简单化,有利于提高听障学生课堂学习的实效性。将信息技术应用到教学中,运用图形、图像、音乐、动画等,可以促进听障学生形象思维的发展。例如,在教"圆锥体的认识"时,使用多媒体展示机械零件、建筑物的圆锥顶实物图,让听障学生对圆锥体有感性的认识。再用直角三角形动态旋转成圆锥体,使听障学生感悟圆锥体的形成过程。这样,通过多媒体动静结合的画面,吸引听障学生的注意力,从而促使学生准确、形象地学习圆锥体。① 其次,由于听障学生之间障碍程度不同,其个体间的认知水平存在显著差异,班级成员呈现多层次化,所以需要个别化教学。信息技术的发展能够很好地满足听障学生这个方面的需求。再次,大量的网络资源为听障学生学习提供了丰富的学习资源。② 例如,特殊教育资源库中有关听障教育的丰富的资源可以为听障学生学习知识提供便利,同时,听障学生可以通过网页搜索更多自己喜欢的课外资源弥补课堂教学的不足。

(二) 康复类课程

信息技术的发展为听障学生的康复提供了便利的条件,使用现代康复设备或者将信息技术应用到专门开设的康复课程中能够极大地提高听障学生的康复效果。由于听觉障碍他们缺乏与普通人进行正常沟通的途径,同时由于思维的发展受到语言发展的影响,即使通过书面形式进行沟通,听障学生与普通学生沟通仍存在理解障碍的问题,所以听障学生最大的障碍是沟通与交往障碍。为了促进听障学生的说话能力和交往能力的发展,学校开设以语言治疗为中心的沟通与交往课程。沟通与交往是人与人之间信息交流的过程,通过语言进行交流是沟通交往的主要手段,然而,现代信息技术的发展使得人们之间沟通交流方法和手段更加多样化,也使得沟通与交往课程教学方式发生了重大改变。例如,在训练听障学生辨别自然声音的过程中,传统教学只能将学生带到自然中去,教学局限性很大,而通过现代录音、录像设备,可以在教室内进行,节省教学时间的同时极大地方便了教学。信息技术的发展也创新了沟通交流方式,使得学校沟通与交往课程内容发生了变化,听障学生沟通的学习不再仅仅局限于手语、书面语沟通交往的学习,他们需要学习现代沟通交往方式的使用,例如,学习如何通过邮件、手机、聊天软件等进行沟通交往。

现代信息技术与康复医学相结合开发出许多新的康复设备、软件,这些设备、软件的使用能够有效地提高听障学生的康复效果。目前,深圳元平特殊教育学校每间教室都配有电脑、电视、DVD、多媒体投影仪、音响、有线或无线集体语训系统,通过这些系统对听障学生进行集体语言康复训练,同时为了开展个别化康复训练,学校在个别化语言训练室中通过启音博士、启聪博士、多频稳

---

① 王琦.科学运用信息技术提高聋校数学课堂教学实效性[J].现代特殊教育,2011(6):30—32.
② 高琳琳.信息技术在聋校语文教学中的应用研究[J].软件导刊(教育技术),2010(2):34—36.

态等现代康复设备对听障学生进行康复训练。例如,教师通过无线调频式个别语训器或者 IBM 可视言语训练仪可以开展个别化语言训练;通过聪慧 99 使听障学生掌握基本发音技巧,通过汉语拼音练习、常用字词练习,循序渐进地使听障学生学会说话。

(三)职业训练类课程

1. 信息技术课程

信息技术在职业训练课程中的应用首先体现在信息技术专业课程的开设方面。学校听障学生进入职业教育阶段后,仍会继续学习信息技术课程,但此阶段的信息技术课程与此前的信息技术课程有所不同:首先,学习目的不同。此前的信息技术课程学习主要是使学生掌握信息技术基本知识,方便进一步学习,而职业教育阶段信息技术的学习主要是为学生就业服务,学生通过学习信息技术课程,参加国家技术专业考试,获得一定的等级证书后,可以在毕业后从事相关工作。其次,教学内容不同。此前的信息技术主要学习计算机基础知识,职业教育阶段的学习更加偏重技能型知识的学习,学生需要反复的学习来掌握这些知识。目前学校为听障学生专门开设了办公文员课程、计算机应用技术课程、电脑美术设计和动漫设计等课程。在办公文员课程中学生要学习常用办公软件(如 Word、Excel、PPT 等)、办公设备(如打印机、复印件、传真机等)的使用。在计算机应用技术课程中主要学习计算机相关知识,如 Windows 操作系统、计算机网络知识等;在电脑美术设计中主要学习一些常用的电脑制图软件,如会声会影。

2. 非信息技术课程

学校听障学生职业教育课程主要分为三类:文化课程、专业课程和活动课程。其中文化课程主要包括:语文、数学、英语、政治与法律基础、体育健康、职业道德、心理健康、美术和手工;专业课程主要包括:办公文员、计算机应用技术、电脑美术设计、插花艺术和版画;活动课程主要包括:班会、团队活动和课外活动。由于信息技术在文化课程中的应用与教育类课程中的应用有共同之处,同时,信息技术在专业课程中的使用最能体现信息技术对职业教育的巨大作用,因此本部分重点介绍信息技术在专业课程中的应用,其中主要体现在"插花艺术和版画"课程上:插花艺术是为听障学生开设的专业技能课程,主要学习各类花束、胸花的制作,花车、花房的装饰,是一门知识性与功能性相结合的工具性课程。在知识性内容的学习中教师可以通过信息技术手段,如电子白板、多媒体技术等将理论性知识生动、形象地传授给学生。插花艺术更多地需要学生亲自动手才能掌握,学生需要不断观察、模仿来学习。传统教学中教师需要一遍遍讲解、示范,而信息技术的应用极大地减轻了教师的教学负担,例如,教师可以将插花的过程进行录像,然后学生就可以观看录像,一步一步模仿学习,一方面减轻了教师的负担,另一方面可以提高学生的学习效果,学生有不懂的地方可以随时观看录像。

三、智障、脑瘫、自闭症学生

虽然智障、脑瘫和自闭症学生具有不同的认知特点和学习特点,但在实际教学中不管是教学内容还是教学手段、教学方法,对三类学生的教学有很多相似之处。在课程设置方面,深圳元平特殊教育学校为智障、脑瘫、自闭症学生分别开设了一般性课程、选择性课程和活动课程三类课程。在一般性课程中三类学生所开课程相似,主要包括生活语文、生活数学、生活适应、劳动技能、唱游与律动、绘画与手工、运动与保健等课程;活动课程中主要包括班会、团体活动和课外活动;在选择性课程中,智障学生主要开设信息技术、感知训练、心理健康、生活英语、艺术休闲和特奥运动等课程,自闭症、脑瘫学生主要开设信息技术、康复训练、第二语言、艺术休闲和校本课程。虽然为三类学生开设的课程有所不同,但总体上来说大同小异,同时信息技术在三类学生教学中的应用原理、应用方法、应用特点甚至具体的设施设备使用有许多共同之处,所以在这里将信息技术在三类学生教学中的使用合并论述。

(一)教育类课程

1. 信息技术课程

目前,学校专门为智障学生和脑瘫学生开设了信息技术课程,同时智障学生和脑瘫学生信息技术课程标准相同,其课程设置、课程目标、课程内容以及课程实施也基本相同。通过义务教育阶段信息技术的教学,使智障学生和脑瘫学生能够基本掌握信息的获取、加工、管理、表达与交流的基本方法;能够根据需要进行适当的信息技术交流,开展合作,解决日常生活、学习中的实际问题;理解信息技术对社会发展的影响,并形成正确的网络道德观。义务教育阶段的教学要强调在信息技术应用基础上信息素养的提升;要结合智障和脑瘫学生的日常学习和生活,让学生在亲身体验中培养信息素养。由于智障和脑瘫学生的个体差异性较大,因此各阶段教学目标应有所不同。学校从四年级起为智障学生和脑瘫学生开设信息技术课程,内容分为三个学段:4—5年级为第一学段,6—7年级为第二学段,8—9年级为第三学段。4—5年级主要培养学生的信息技术学科兴趣,掌握基本的计算机操作基础知识,掌握键盘几个功能区的分布和键位,掌握英文字母大小写,掌握固定电话和移动电话的使用方法。6—7年级主要学习操作系统的一些基础知识,文件操作,学习中文录入方法,学会使用数码相机和打印机。8—9年级主要掌握办公软件和网上冲浪的有关知识,学会使用扫描仪、传真机和复印机。

2. 非信息技术课程

非信息技术课程的学习对于智障、脑瘫、自闭症学生来说非常重要。与其他学生相比,三类学生存在更为严重的生理和心理障碍,这些障碍使他们的学习存在很多困难,而现代信息技术的发展可以有效地解决或减轻这些不良影响。

首先,信息技术的发展为教育类课程的学习提供了大量的现代化设施设备,这些设施设备是学生学习和教师教学活动非常重要的工具。现代化教育设施设备的使用改变了传统的教学内容和教学手段,如多媒体设备、交互式电子白板技术使教师可以创建更加丰富生动的课堂,现代互联网技术使教学环境不再仅仅局限于课堂。

其次,信息技术在这些课程中的应用体现在优化教学过程,提高学生学习效果方面。由于生理和心理障碍,三类学生注意力发展水平较低,处于形象思维阶段,需要采用声、像、动画等多方面结合的教学方法,才能帮助他们学习知识、发展技能。在教学中教师可以充分利用多媒体(如动漫视频等)教学手段使教学内容形象化。同时可以将传统的实物、图片、模型等与新的教学媒体如广播、电视、录像、录音等视听技术结合起来应用。[①] 例如,在教学生如何乘车的教学过程中,教师可以把乘车过程做成动画运用多媒体进行展示,在展示的过程中可以配上汽车发动的声音等信息;或者教师可以把乘车过程做成图片,让学生把乘车过程图片依次摆好,并问其每幅图片需要做什么;再或者教师可以把乘车过程用数码摄像机拍摄下来,让学生观看乘车过程以及需要做什么、怎么做。

再次,信息技术可以图文并茂,把比较抽象的理论知识用直观形象的方式表现出来,化静为动,使教学内容鲜明生动,富于感染力,从而帮助学生更好地理解所学的知识,实现"寓教于乐"。例如,在教加法应用题时,教师可以在多媒体上呈现出美丽的景色,清澈的河里有 4 只鸭子在游泳,并且配上鸭子嘎嘎的

---

① 邝瑞仪.运用现代信息技术提高培智语文教学效果[J].现代特殊教育,2012(3):35—36.

叫声,接着利用动画效果,又有3只小鸭子游了过来。在多媒体动态演示下,加法应用题鲜活生动起来,学生的注意力被吸引住了,[①]在快乐的氛围中他们能很快地掌握加法运算。此外,信息技术的使用拓宽了学生学习的内容和途径。学生可以自己或在家人的帮助下通过网络巩固所学内容或者获取更多的学习资源,提高学习效果。

(二)康复类课程

康复训练课是学校重要的课程,通过大量的、综合的、有效的感官刺激,训练和加强学生的感知能力。对于智障、脑瘫和自闭症学生,康复课程最为重要。学校为三类学生都开设了康复训练课程。

智障学生是学校人数最多的一类学生。智障学生的康复包括六个领域:运动、感知、认知、语言交往、生活自理和社会适应。为了促进智障学生的发展,学校除开设专门的康复课程——感知训练课外,还在运动与保健、综合实践活动等课程中融入康复内容。

脑瘫学生最主要的障碍是运动功能障碍。通过开设专门的康复类课程能够有效地促进脑瘫儿童的康复。为此,学校为脑瘫学生开设了物理治疗、作业治疗、运动功能训练和心理健康等课程促进脑瘫学生的康复。

虽然目前还没有发现彻底治愈自闭症的康复方法,但通过一系列康复教育、康复训练可以使自闭症学生的残存功能和潜在能力获得最大限度的发挥,为此,学校为自闭症学生开设了社会交往、感觉运动、听觉统合以及音乐治疗等康复类课程来促进自闭症学生的康复。

虽然三类学生康复课程设置有所不同,但信息技术在三类学生康复课程中的使用却基本相同——将现代信息技术设施设备用于其康复训练中。深圳元平特殊教育学校购置了大量设施设备对学生进行康复训练,如,针对智障学生言语语言能力发展的滞后,通过CONNEVANS有线集体语训系统对智障学生进行语言康复训练;针对智障学生认知障碍,通过儿童认知训练系统软件进行认知训练。而针对脑瘫学生的康复需要,在物理治疗课程中,教师使用经络导平仪、痉挛肌治疗等仪器对学生进行物理治疗;在运动功能训练中借助智能运动训练系 MO-Tomed、MR CUBE 运动控制模仿等设备训练脑瘫学生的运动能力;通过 VS-99 语言工作站训练学生的语言能力;在心理康复中使用心理测评系统(移动版)来对脑瘫学生的心理发展水平进行测评。在自闭症学生康复

---

① 庄彩莲.论现代信息技术在培智数学课堂中的应用[J].新课程导学,2012(3):8.

中,通过听觉统合治疗仪(Digital Auditory Aerobice,简称DAA)对自闭症学生进行听觉统合康复;在认知功能康复中,通过使用NJ22儿童注意力测试分析仪对6—16岁自闭症学生进行注意力集中程度的测量和训练;通过认知功能训练仪对学生认知能力进行测量和训练;通过智能儿童沟通训练仪来训练学生的沟通能力;通过启智博士早期语言评估与干预仪对自闭症学生进行早期语言评估和康复训练。同时,有许多康复方法和康复设备三类学生都可以使用,如针对三类学生的运动功能障碍,使用电疗设备进行康复训练。

随着信息技术的发展,虚拟运动游戏逐渐发展起来。虚拟运动游戏通过模拟软件等设备,让运动者能够不受时空的限制,在有限的空间,随时随地体验运动的无限乐趣。近年来,随着虚拟设备的推广,许多特殊教育教师将虚拟运动游戏应用到特殊儿童的康复训练中,深圳元平特殊教育学校王树毅老师通过自己的教学不断探索如何通过虚拟运动游戏来提高特殊儿童的康复训练效果。

虚拟运动游戏在康复训练中的应用[①](节选)

王树毅

一、虚拟运动游戏的概念

虚拟技术:近年来电脑多媒体技术发展的最新科技,它包括了利用电脑硬件、软件技术,虚拟真实环境,配合电脑快速计算、绘图和动画处理能力,通过适当的操作界面,让使用者在实时、交互的操作环境中达到学习、训练和虚拟测试的目的。(摘自《中国康复医学》)

虚拟运动游戏:通过电脑可以虚拟显示各种体育运动或娱乐活动的场景(网球、高尔夫、保龄球、棒球、赛车等)提高患者训练的针对性、趣味性、定量性和实用性。(摘自《中国康复医学》)

虚拟运动游戏代表性产品:Wii游戏机作为虚拟运动游戏中最普及的一款游戏机,是日本任天堂公司(nintendo)2006年11月6日所推出的家用游戏主机。Wii属于第七世代家用游戏机,最与众不同之处在于它的控制器"Wii Remote"。Wii Remote的外型为棒状,就如同电视遥控器一样,可单手操作。除了像一般遥控器可以用按钮来控制,它还有两项功能:指向定位及动作感应。前者就如同光线枪或鼠标一般可以控制萤幕上的光标,后者可侦测三维空间当中的移动及旋转,结合两者可以达成所谓的"体感操作"。Wii Remote在游戏软件当中可以化为球棒、指挥棒、鼓棒、钓鱼杆、方向盘、剑、枪、钳子等工具,使用者可以采用挥动、甩动、回旋、射击等各种方式来使用。由于Wii游戏的控制器使用的是体感操作,这种操作形式非常有利于脑瘫儿童的肢体运动康复。

---

① 黄建行.教育·康复·职业训练相结合办学模式实践成果集(下册)[C].深圳:海天出版社,2012:207—210.

二、虚拟运动游戏在课堂上的应用

(一) Wii 虚拟运动游戏的分类

目前市场上 Wii 的游戏软件非常丰富,但不是每一款游戏都可以用来给脑瘫学生做康复训练,结合我们课堂的实际需求,我们把游戏按肢体部位和功能分成上肢、下肢、平衡三类游戏。

上肢游戏主要采用 Wii 的"Wii Sports"中的虚拟网球、虚拟保龄球、虚拟棒球、虚拟高尔夫、虚拟拳击;这类游戏主要可以提高脑瘫学生上肢的肌肉力量、耐力和协调性。

下肢游戏主要采用"Wii Fit"提供的虚拟有氧慢跑、虚拟体操、瑜伽等;这类游戏可以促进脑瘫学生的下肢力量。

平衡游戏主要采用"Wii Fit"提供的虚拟滑雪、虚拟走钢丝、虚拟头顶足球、虚拟平衡板等;这类游戏可以促进脑瘫学生平衡协调能力的发展。

(二) 虚拟游戏的课堂组织

我们的脑瘫的康复训练主要以集体和分组训练相结合的形式,在上虚拟运动游戏课时,我们把课分三部分,即准备活动、分组训练和整理活动。准备活动这部分是以集体训练的形式进行,主要内容是脑瘫学生身体的基础练习,包括身体的各个肌群和关节活动度的练习,在这过程中,我们可以采用虚拟瑜伽游戏,Wii 的虚拟瑜伽游戏可以提供包含身体各关节的基本练习,瑜伽游戏还可以对某一特定的训练进行讲解和演示,这就有利于我们组织学生集体训练;分组训练这部分则是根据脑瘫学生的瘫痪部位和需要进行分组,按上肢、下肢和平衡三类游戏进行分组,通过游戏分组可以满足各类脑瘫学生的康复需求,从而能进一步提高课堂的康复效率;整理活动部分,是脑瘫学生整理呼吸和放松肢体的阶段,这部分采取集体练习的形式,运用 Wii 虚拟游戏"Wii Fit"中的虚拟坐禅游戏,该游戏能较好地把心率降下来,符合课堂整理部分的要求。

三、虚拟运动游戏的应用效果

(一) 虚拟运动游戏增强脑瘫学生的自信

脑瘫学生由于肢体功能的障碍,不能很好地完成其他学生较容易完成的动作,而这种运动失败常导致他们产生自卑感,造成性格上的缺陷,如胆怯、自私、不愿意和小朋友一起玩,过分依赖家长,或者欺软怕硬。而通过和同学们一起游戏,不仅可以增强他们克服困难的勇气,而且还可以增强他们彼此间的团结互助。通过游戏,使他们逐渐形成活泼开朗的性格,对周围事物能有主动、关心、积极、乐观的态度。比如,在虚拟网球游戏的过程中,一开始学生都不愿玩,觉得要接住网球太难了,主要原因是他们害怕失败,在老师的帮助下,当他们可以自己接住 1 个、2 个、3 个……网球时,那种成功的喜悦是溢于言表的。我们深知学生的自信心是提高康复训练效果的首要前提,只有有了自信心,学生才能更好地配合老师进行各种康复训练,从而提高康复效果。

(二) 虚拟运动游戏促进脑瘫学生的肢体康复

虚拟运动游戏可促进脑瘫学生的肢体康复,在我们平时的游戏实践中,Wii 虚拟运动游戏以丰富的体育运动游戏、生动逼真的游戏画面和各种有趣的测试比赛,能让学生全身心地投入到运动游戏当中,哪怕是汗流浃背,他们也不知疲倦。Wii 虚拟运动游戏还能提供瑜伽、肌肉锻炼、有氧运动和平衡训练几个类别的游戏项目,这些项目对于脑瘫学生的肢体康复有一定针对性,学生通过锻炼，身体的肌张力、肌力和平衡协调能力都有一定的改善。

(三) 职业训练类课程

1. 信息技术课程

信息技术的学习贯穿学生整个学习阶段，在进入职业教育阶段，学校根据学生的不同能力水平开设不同的信息技术课程。在职业教育阶段，学校为智障学生和脑瘫学生开设了专门的信息技术课程。虽然已经进入职业教育阶段，但智障、脑瘫学生与视障、听障学生相比，认知水平仍然不够高，所以信息技术的学习也相对简单。目前，学校职业教育阶段智障、脑瘫信息技术课程主要是Office操作软件的学习，其中一年级学生主要学习 Word，二年级主要学习Excel，三年级学生主要学习 PPT。这些内容属于基础内容，主要针对能力较低的智障和脑瘫学生。对于障碍程度较轻、学习能力较好的学生，他们可以在专业课程中选择办公文员课程来学习。通过学习办公文员课程，学生一方面可以提高信息技术掌握和应用水平，另一方面可以在毕业后从事相关工作。

2. 非信息技术课程

进入职业教育阶段，与就业相关课程的学习成为学生学习的主要内容。此阶段，学校为智障、脑瘫、自闭症学生开设了丰富的职业教育专业课程，以满足不同能力、不同兴趣学生的学习需求，主要包括：办公文员、客房服务、西式面点、中式厨艺、中国结艺和洗衣服务等课程。这些课程都是开放的，实行走班制，学生根据自己的能力、兴趣来选择，所以每位学生所学专业课程并不相同。这样的设置能够最大限度地尊重学生的个体差异，满足学生的学习需求。信息技术在这些课程中的使用首先体现在办公文员的学习上，办公文员是现代信息技术在职业教育中最直接的体现。办公文员课程是以办公软件应用和现代电子商务为基础，为学生在职业教育阶段开设的一门办公软件和现代办公设备应用的课程，主要内容有计算机基础理论知识、基本办公软件和 Internet 的应用，打印机、复印件、传真机、碎纸机、过胶机、打孔器等常用办公设备的使用。信息技术在职业教育类课程中的使用还体现在其他课程中，如客房服务、西式面点等课程，在这些课程中使用信息技术，能够简化教学过程、提高学生的学习效果。

信息技术一方面为这些课程的教学提供了便捷的教学手段，另一方面也提供了大量的学习资料。首先，信息技术的发展为这些课程的学习提供了大量设施设备。如在洗衣服务、西式面点课程中现代化的洗衣设备和厨房设备方便了教师的教学，同时由于这些设备的使用都有固定的程序，也方便了学生学习。

其次，信息技术使教学手段多样化、便捷化。这些课程的学习更多地需要学生自己动手、自己体会，所以教师可以将教学实践过程进行录像，然后学生可以边观看录像边进行操作练习，这样可以将教师需要口头讲解的内容动态呈现出来，提高学生的学习效率。最后，信息技术的发展也为这些课程的学习提供了大量的学习资源。除了在课堂上可以学习这些课程外，网络上有大量的学习资料。能力较好的学生可以自己或者在教师、家人的帮助下上网搜索相关内容进行学习，这样不但可以巩固学校所学内容，同时可以拓宽学生学习面，掌握更多的内容，也能够树立学生主动学习、终身学习的观念。

虽然信息技术的使用能够极大地优化课堂教学，提高教学效果，但信息技术与学科的整合也会带来许多不利的影响。信息技术是教学工具，而不是教学目的，同时只有恰当地使用信息技术才能达到预期的结果，否则有可能适得其反。深圳元平特殊教育学校黄海老师结合自己的亲身体验，深入地探讨了信息技术与学科整合的利与弊。

浅谈信息技术与学科整合的利与弊[①]

黄 海

传统课堂教学在一定程度上存在着教育思想落后、教学艺术水平低下、不能很好解决个体差异、不能合理因材施教等问题。开展计算机辅助教学，正是期望借助计算机媒体，强化对学生主体地位的尊重，体现现代教育理念的人文精神，为教育改革实践提供具体的支持。时至今日，无论是教师在课堂上教学，还是学生独立自学，信息技术已经充实了整个教育教学过程。信息技术的出现，在很大程度上帮助我们解决了以上诸多难题，利用信息技术，可以培养学习兴趣，促进创造性思维的发展，优化教学过程，提高教学质量。

然而，在实际的教育教学过程中，有些教师由于对教学内容和多媒体技术的研究不够深入，或是片面追求计算机的"光环效应"，致使本该合理有效的教学过程变为一节华而不实的计算机表演课，达不到预期的教学目的，留下"现代技术教学"的遗憾。近些年来，有为数不少的数学教师因其课堂教学与多媒体应用不合理，夸大了多媒体的作用，导致教学效果较差、教学质量不高。事实说明，计算机信息技术虽是现代先进的技术，但不是万能的技术。在教学中研究和应用信息技术，必须注意教学理念和信息技术的整合，注意传统教育手段和现代技术教育手段的相互融合、优势互补，避免为用多媒体而用多媒体的盲从，以辩证的思想和审慎的态度对待先进的技术，从而充分发挥其在教学中的优势。

[①] 黄建行.教育·康复·职业训练相结合办学模式实践成果集(下册)[C].深圳：海天出版社，2012：128—130．

一、莫因过于注重形式而忽视教学效果

计算机通过二进制解码可以在屏幕上展示五彩缤纷的特殊效果，如变幻的画面、跳跃的文字、美妙的声音等。然而，这样的特殊效果是否与教学内容有关，是否能突出重点、突破难点，需要授课者斟酌。例如：在有些PowerPoint幻灯片模板中，文本框标题及内容出现时伴随着不同的动画效果和声音效果，学生在听课时注意力都集中在了不同的动画和音效上，影响了教学的效果；有时教师在选择演示文稿的背景和字体颜色时，只注重美观却忽视了投影效果；有些教师或课件制作者为了增添课件的童趣，独具匠心地设计出美丽的背景和带有特殊动画效果的按钮，想提高课件对学生的亲和力，但对使用者来说这无疑是在给学生施"分心术"。诸如此类，这样的弊病并不存在技术问题，主要在于制作者在表现信息技术的先进性时没有考虑教育心理学问题，影响了学生的认知意识，忽视了教学效果。容易受外界客观因素的影响，应该强调的重点没有突出。这也是许多年轻任课教师在利用计算机时容易忽视的一个重要问题。

二、辅助教学而不能完全替代教师

计算机信息技术一经应用在教学之中，人们便很快发现它对教学简单化的突出贡献，例如：用PowerPoint替代板书和投影片，Authorware和Flash的动画替代实验演示和操作，用互联网替代教师的讲解。然而，这些"替代"是否符合教学过程和学生学习心理的需要并没有引起太多人的重视。

PowerPoint在展示图片、图表、习题等内容方面有着强大的优势，但如果用它完全替代板书，其课堂效果就会像报账一样，呆板、枯燥、程序化。成人的讲座或报告常是这样，但课堂教学不同于作报告，其内容的灵活性和知识的条理性是随课堂氛围变化由教师把握的。随着学生思想的不断发展，知识的广泛积累，为了增强学生学习的主体意识，课堂的开放性越来越强，而PowerPoint替代板书却约束了学生的思维，限制了课堂的开放性，虽然也有相对的条理性，但不可避免地使教学过程僵化，加之因其自身不保留的特点，使学生难以形成"温故而知新"的循环，影响教学效果。考虑PowerPoint的功能和特点，其应用虽不宜替代板书，但可以在课堂上展示有关补充资料、练习题或是小结提纲等，产生一种详尽、系统的效果。

计算机是人类在生活和工作中使用的工具，是媒体进步的阶段性产物，其先进性是相对的，局限性是绝对的。计算机辅助教学的合理实现，应该是在正视计算机媒体地位的基础上的实现，其核心特征是"辅助"，即辅助教师，而不是取代教师，只有教师才有资格做教育思想的主人，不坚持这一原则，计算机辅助教学的实践就会与现代教育思想的人文精神相背离，就可能失败，或者至少是价值有限。

三、合理应用同时注意"去糟取精"

当计算机信息技术广泛应用于教学后，许多商业媒体纷纷投资"教育"，各种教学网站、网页如雨后春笋般出现在互联网上，各类教学课件、软件比比皆是，其中不乏有爱好电脑的专业教师之杰作，也有以营利为目的的商业产品。制作可在教学中应用的各学科课件不仅要懂得一定的计算机技术，还需要严谨的专业知识做保障，所以，在应用外来的教学课件时，一定要对其科学性进行细致的检查，否则，将会对教学产生不必要的不良后果。在教学中，如果恰当地利用了信息技术，可以达到画龙点睛的效果，但如果强硬地使用不必要的课件，则会使教学变得烦琐、累赘。

四、注重现代技术应用还需发掘优势

尽管计算机信息技术不能完全替代教师，不能取代所有课堂教学行为，但在有些方面的应用，还是尽显其优越性的。在实际教学中，多数教师仅了解教学软件的大众表现，将一些软件作为替代运用在教学过程中，以表现教学中的"现代气息"，却没有深入发掘计算机的更多应用。作为教育者，尽管我们不从事软件开发，更没有精力参与大型教育软件的编制，但如果我们能时常了解一下多媒体教学的发展信息就会发现，有些人正在为适应我们的需要，潜心研发各种功能的教学软件。如现在有公司开发出一种专门用于教学的工具——交互式电子白板，集手写板书、投影、多媒体播放综合于一身能有效地提高教学效果，已开始在我校进行运用。

随着科技的发展，计算机的功能日益强大，其作为教辅工具给教学带来的便利也越来越多。既然我们选择了多媒体，就应充分开发其在教育教学中的"潜能"，并注意了解科技在教育教学中的发展，不断更新自己的头脑。

信息技术因其"图文并茂、有声有色"的特点，给人一种现代人文气息，它能模拟动态展示、模拟操作、情境创设、资料查询、反馈练习等，利用信息技术辅助教学，可以充分调动学生的各种感官，化抽象为具体，培养和激发学生的学习兴趣，它是现代教育发展所需要的重要教辅工具。信息技术不仅能把知识更多、更快地传授给学生，还节约了教学时间，增加了容量，有效地提高课堂教学效率。然而，计算机信息技术并非万能的，它不可能完全替代教师的教学，所以，教师应将现代信息技术与教学整合，以新课程理念为指导，合理地进行教学设计，以符合教学特征和学生学习的需求为前提，积极而又审慎地运用信息技术，只有这样才能充分发挥信息技术在教学中的先进性和实效性。

第二节　管理应用

随着信息技术的迅猛发展，信息技术与学校管理发生着越来越紧密的联系，特别是随着现代化的全面推进，越来越多的先进设备纷纷进入学校，学校的管理有了新的变化。特殊教育学校由于其教育对象的特殊性，管理起来更加困难，将现代技术引入特殊学校，无疑会极大地提高学校的管理效率。信息技术在特殊学校管理中的应用主要体现在行政管理、教师管理和学生管理中的应用。

一、行政管理中的应用

学校行政管理是指学校管理机关对学校的内部事务（科研管理、教育管理、学生管理等）、外部事物（学校的主管机关的关系等）进行管理，在维持学校正常运转中起着不可替代的作用。在现代信息技术条件下根据学校行政管理的实际需要，进而设计与安装一系列的网络软件与硬件设施，使学校行政管理的所

有部门和整个行政管理过程全部实现网络化,这样有利于提高学校行政管理的效率与质量,进而最大化地实现学校的职能。特殊教育学校科学有效地进行行政管理一方面有利于对学校管理人员、教师和特殊学生的行为进行规范,解决教学过程中产生的实际问题,确保对特殊学生的教育和缺陷补偿;另一方面行政管理为特殊教育学校的发展提供制度和政策支持,激发教师投入教学的积极性,保障特殊学生健康成长,以最小的投入获得最大的产出。①

(一) 招生管理

特殊教育学校每年都会招收新生,传统上招生工作都有专门的时间、地点,并由专门的工作人员来进行。学生或者家长必须亲自到学校进行报名、缴费。随着网络技术的发展,这些工作都可以在网上完成,家长通过网上填报报名信息,然后将信息发送到学校指定的邮箱即可完成。例如,深圳元平特殊教育学校在网站主页专门开辟"入学申请"专栏,为家长提供报名指导。家长可以通过网站了解报名须知、下载专门表格、提供相关材料从而轻松地完成报名工作。对于学校来说,既节省大量的人力、物力、财力资源,又能简化学校招生手续,提高招生工作质量。

(二) 教学管理

现代信息技术应用到教学管理中,极大地提高了学校领导人员对学校教学的管理效率和质量。为了提高日常工作的管理效率,特殊教育学校应建设网上办公信息发布平台,具备信息发布、文件流转、资料归档、处理等功能。相关人员可以通过电脑处理日常工作,在网络上完成文件处理与工作安排,提高各部门的协助效率,确保学校领导能够方便、及时地获取各种信息和统计数据,了解各项工作的进展情况。教师可以通过网络了解工作安排,通过相关软件接收各种通知,上传教案、工作总结等各类资料,信息技术的应用使管理流程更加规范和科学,大大提高了学校管理效率。② 此外,特殊教育学校可以将教学计划、课程表、教学任务、学校规章制度、活动组织、教师培训等消息发布在网络上,方便师生查询。

(三) 财务管理

财务管理系统通常包括四个子系统:(1)计划、预算管理子系统:根据事业计划需要,对未来年度的资金进行筹集与分配处理;(2)会计核算子系统:主要

---

① 李彦群.浅议特殊教育学校行政管理中的问题与对策[J].现代交际,2010(2):89-91.
② 王玉珠.信息技术环境下学校管理方式及其变革探究[J].金田(励志),2012(15):188.

进行各种财务凭证和账务的处理、核算,打印科目汇总表和汇总平衡表等各类报表,实现预算和计划执行情况的统计和跟踪;(3)工资核算子系统:实现工资结算、分部门汇总、打印工资发放表册等功能;(4)财务分析子系统:对财务计划和预算的执行状况进行分析并做出决算,以此总结和考核学校各方面经济活动的效果。传统上这些任务都由学校财务部门逐项登记造册,工作量大而繁杂。当上级部门或者学校领导检查的时候只能逐项查看,有时出现问题要进行修改特别困难。然而,使用现代信息技术方便了学校财务管理,学校财务部门通过电脑进行财务统计,出现问题也可以随时修改。同时也可以将财务信息公布到网上接受教职工、领导以及其他人员的监督,实现学校财务透明化。

(四)图书资料管理

现在许多特殊教育学校都有自己的图书馆,图书资料的管理也是学校的一项重要任务。图书资料管理是指对学校图书、报纸、杂志等进行管理的过程,主要包括图书杂志的订购、编号、借阅、归还等。这些工作琐碎、繁杂,耗时耗力,利用信息技术能够使图书管理更加便捷、快速、高效。学校工作人员利用计算机将学校图书、杂志编码、扫描并录入专门数据库,既避免了大量的重复劳动,又便于师生查阅,大大促进了服务质量和服务效率的提高。通过一卡通系统为师生提供图书借阅服务,只需扫描下即可完成图书的浏览和借阅。

(五)学校财产管理

学校财产管理就是对学校设施设备的管理,主要由仪器设备管理和学校固定资产管理两个子系统组成。前者包括实验室及信息技术所用的教学仪器、设备的管理;后者则指除此以外的教学、办公用房、各类家具及其他固定资产的管理。在特殊教育学校中由于教学、康复以及其他需要会购进大量设施设备,由于购入设施设备的时间不同,使用情况以及报废时间不同,需要专门人员对这些设施设备进行管理。利用信息技术可以极大地方便这些设施设备的管理。在管理的过程中学校将物品信息包括物品名称、编号、型号、购买时间、购买人、经销商、生产厂家、保修时间、单价、数量等内容,以及使用人、使用原因、使用期限、使用情况和报废情况等信息输入电脑。同时为确保信息准确,设备管理员可以及时更新物品购买、交接和报废信息。教师以及其他工作人员可以通过网络了解某类物品的数量统计和某一班组、岗位的物品占用情况和班务支出情况等,以便减少流失和浪费,降低经营成本。

此外,信息技术的应用使得学校数据信息的管理更加简便有效。虽然学校建立了许多数字管理系统,但各系统之间相互独立,"重复录入""数据不一致"

"信息孤岛"的问题日益严重,为了有效解决这些问题,学校建立了基础数据库与管理平台。通过此系统将学校教学管理系统、人事管理系统、一卡通系统、学校网站整合起来,实现了各系统之间无缝连接,从而建立起一个能对全校数据实行集中管理、维护的数据平台,从整体的角度满足学校各种信息查询和管理的需要。

二、教师管理中的应用

(一)信息管理

教师信息管理主要是指对教师基本信息的管理以及对教师业务信息的管理,主要包括教师性别、年龄、民族、职称、原始学历、进修学历、专业方向、所教科目、所教特殊学生类别、教龄、教学情况、科研学术情况、业务进修等信息。传统上这些信息都以纸质的形式存放在学校管理人员手中,对信息进行修改时比较麻烦,也不便于查看。利用现代信息技术可以方便地将教师信息录入学校网络系统,教师的各种信息汇集到网上,一方面有利于学校对教师进行综合管理,另一方面也方便家长及其他校外人员对学校整体教师队伍的了解。

(二)教学管理

现代信息技术的使用也可以极大地促进学校领导部门对教师教学的管理。以前学校领导部门想进行教学检查时只能在上课时间逐班查看,或者随机抽查,这种教学监督一方面效率低下,另一方面可能打扰教师的正常教学。但现在许多教室都安装了摄像头,有的采用声音、图像合成技术,这就极大地方便了学校领导对教学进行监督。校长或者其他领导可以在办公室通过摄像头了解教师教学情况、教师所教内容,甚至可以了解教学效果以及学生学习情况。此外信息技术的引入也能对学校教师的行为进行监督管理。学校领导可以通过电脑监控对教师的不良言行进行及时提醒,提高教师素质。

(三)教师科研管理

随着教师素质的提高,教师开展科研活动也成为常态。教师科研既包括教师优秀教学经验的总结,也包括教师教学方式方法的创新,更包括教师承担国家重大课题的科研活动。在信息化环境下,教师可以将自己的成功经验发布到网上供其他教师讨论、交流,从而不断提高学校教师的教学质量。同时学校可以利用本校优秀教学资源开展教学科研活动。教师在进行科研活动的过程中有建议、意见或者其他问题时可以随时通过网络进行交流,这样就可以通过网络将优秀教学资源整合起来。

(四) 其他管理

1. 会议管理

会议管理的主要功能是完成学校各类会议的安排、发送会议通知、撰写会议纪要、会议考勤统计，会议通知发送时可以采用手机短信息的方式，会议考勤与一卡通应用相结合，可以方便地统计出该次会议与会人员的考勤情况，签到数据可以实时在网络上查询、统计。学校在主要会议场所设置会议签到刷卡点实现会议刷卡自动签到，教师在开会的时候只需要拿自己的一卡通进行刷卡，学校就可以对教师的会议参加情况进行统计，同时此系统还具备会议考勤统计、会议通知发送等功能。

2. 考勤管理系统

学校教师凭一卡通在校园内的考勤刷卡点刷卡，考勤系统会自动对师生进行考勤，同时教师也可以查询考勤数据并生成报表，这样可以及时掌握自己的考勤信息。考勤管理系统的使用改变了传统的教师考勤方法，使学校教师的考勤更加快捷、高效，考勤不再是教师的一项重要任务，而是举手之劳。

3. 食堂消费管理

食堂消费管理一般融入到教师"一卡通"管理中。教师在食堂就餐无须给现金，只需要将钱充值到一卡通中，就餐时在"一卡通"读卡机上刷卡，系统会自动扣除预先设置的消费金额。学校在食堂设有多个一卡通刷卡点，教师在进入食堂用餐时，只需要将一卡通在刷卡机上进行刷卡就可以用餐了。这与传统上就餐时使用现金相比，既卫生又方便，极大地提高了学校食堂消费管理效率。

三、学生管理中的应用

(一) 安全管理

对于特殊学校教师和家长来说，保障学生安全是一件大事。随着信息技术的发展，许多学校校园卡具有学生定位功能。家长和教师能够随时知道学生所处的位置，这对于保障学生的安全具有重要的作用。特殊教育学校可以基于校园网络环境建设一套结合教学过程监控校园安全的综合监控系统。该系统客户端分成两部分，一部分是配带在学生身上以学生卡的形式出现，此卡是非接触式IC卡，卡中芯片记录了学生的学籍信息，通过学校规定配带和家长督促保障学生随身携带在身上。另一部分是通过电脑或者手机客户端查询，可得到某学生当前具体位置信息和历史位置信息。学校系统具有的权限可以绑定全校学生的ID(Identity，身份标识号码)并对学生的某一时间段(上课期间和上学前、放学后的一段时间）进行定位管理。家长系统也可以定位到自己孩子的位置。当学生进出校门的时候，安装在校园保卫室的终端会自动扫描存储在学生卡中的信息，并将信息发送到校园监控系统中。同时，还会以短信的形式发送给家长以便家长及时了解学生的情况。此外，该系统集成全校 200 多个摄像头，学校监控室随时根据学生卡位置查看学生当前状况，了解学生是否处于危险之中。此外，在学生宿舍也安装有终端服务机，学生在午休以及晚饭后回宿舍的时候都会进行刷卡，这样宿舍管理员就可以知道哪位学生没有回宿舍休息，并及时与班主任联系，确认学生是否有安全。此外，目前学校正在开发学生定位管理系统，系统建成后，每位学生都将获得一个定位媒件，如卡片、手表等，这样学校管理人员可以及时获得每位学生的位置信息便于对他们进行管理。

同时为学生安全着想，学校可以设置门禁及电梯控制系统。门禁系统主要针对大门、宿舍等控制人员出入，并完成自动出入详细登记，可通过网络远程统一授权、管理，限定或允许人员通行，非授权人员不能进入，相关人员只要有一张校园卡即可方便出入授权工作场所，无须携带繁重的大量钥匙。为保证安全和管理方便，门禁系统由学校中心机房 UPS 统一供电，并且支持异常情况下自动开门、授权管理人员远程监控门禁状态、远程开门等功能。门禁数据实时上传到中心数据库，学校领导和管理人员可以通过网络随时了解重要场所出入情况。所有门禁要全部实现联网控制，通过网络实现远程状态监控和授权管理，门禁授权无须校园卡到现场。电梯管理系统是在教学楼和宿舍楼电梯处设置的系统，相关人员使用电梯时必须通过刷卡授权。为保障学生安全，学生如果需要乘坐电梯，必须要教师刷卡授权，学生不能单独使用。这些现代化设备的使用极大地方便了对学生的管理，使学生在校安全更有保障。

（二）健康管理

健康管理是指对学生的健康状况进行管理。有许多特殊学生会伴随有各种各样的生理疾病，他们可能在没有预期的情况下突发情绪行为问题，这就需要教师事前做好准备，防患于未然。学校可以利用电脑来建立学生健康信息，将学生的身体素质、过敏食物、疾病史等建立档案，并在日常学习生活中随时更新信息，例如学生的情绪问题、攻击行为发生的时间、地点、原因等，以便相关教师及人员随时掌握学生健康状况。不仅可以有效避免意外事故的发生，而且能够全面掌握学生特点，为学生制订个别化的教学计划。同时学校通过一卡通对学生进行饮食管理，教师可以及时了解学生是否就餐以及就餐时间，有利于教师及时了解学生饮食状况。

(三) 信息管理

学生信息管理包括学生学籍管理和学生档案管理。在学生信息管理中,以前教师都是拿笔记录,经过一段时间,会积攒厚厚的一摞纸质资料,时间越长,资料越厚。如果要查找相关信息,需要翻来倒去;如果需要上报材料,又要重新抄写,耗时耗力。现在用计算机管理,将学生的姓名、性别、出生年月、民族、家庭住址、家庭联系方式、宿舍安排、学生类别、残疾程度等信息录入电脑,当需要查询某个学生的情况时,随时可以打开相应的文档,如果需要还可以打印出来,可以说是一劳永逸,给教师的工作带来极大方便。[①]

(四) 学习管理

1. 出勤管理

由于特殊学生自制力差以及其他原因,他们有时很难按时到校、按时上课,这就需要对其加强监督管理。采用校园卡进行身份识别和考勤自动登记,借助于门禁设备和考勤专用设备,实时记录学生到校、上课、出勤情况,考勤数据实时上传到中心数据库,学校领导和管理人员可以通过互联网络查询、统计相关学生的出勤情况,教师和家长可以实时了解学生在学校的出入情况和活动范围。学校可以给每位学生配备一卡通,一卡通里有学生的学籍信息,同时学校在每栋教学楼都设有终端服务器,学生在上下课的时候可以刷卡,这样学校领导、教师就可以了解学生是否来上课,是否有迟到早退现象,能够极大地方便学校对学生的出勤管理。

2. 成绩管理

成绩管理是学生管理的重要组成部分。学习成绩不仅反映了学生学习的效果,同时也是学生评价的重要依据,成绩管理的重要性不言而喻。在班级学习成绩管理中,可以利用 Excel 将学生的成绩制成统计表。利用 Excel 的统计功能,计算学生的总分和平均分;利用 Excel 的筛选及分类汇总功能,对学生成绩进行分析;利用 Excel 的排序功能,对学生按成绩排名;利用 Excel 的条件格式对不及格的成绩作标记,这些都极大地方便了对学生成绩的管理。

3. 综合测评管理

对学生进行综合测评管理是学生管理工作的一项改革。学生综合测评包括学习和德育两大部分,其中学习部分又包括学习成绩、学籍管理和比赛获奖三部分。综合测评成绩与奖学金的评定、操评成绩的评定、优秀学生和优秀干

---

① 关志强.利用信息技术进行学生管理的研究[J].沈阳教育学院学报,2005,2(15):43-46.

部的评定息息相关,因此学生也格外重视。综合测评成绩的最终评定是综合学生平时的方方面面表现,通过大量数据处理得到的。为了做好这项工作,并提高工作效率,利用计算机应用软件进行管理,能够降低教师的工作量,提高管理效率。

特殊学生的管理与普通学生的管理有许多不同之处,在管理的过程中要根据各类学生的特点进行。班级管理作为特殊儿童管理中的一项重要内容,教师需要学习传统的班级管理经验也需要使用信息化管理手段。深圳元平特殊教育学校赖华南老师在管理中充分利用校园电视不断提高智障学生的管理效率,值得我们借鉴。

第三节 服务应用

现代信息技术的发展不仅促进了学校教育和管理质量的提高,同时现代信息技术在特殊学生服务、教师服务、家长服务以及社会服务中发挥着越来越大的作用。通过信息技术可以提高特殊学生的学习效果,使他们回归主流成为可能;可以提高教师专业化程度,提高教学效果;可以促进家校交流合作,促进家校共育;同时可以使社会更加了解特殊教育,更加了解特殊学生,从而使社会更加理解、包容特殊人士。

一、学生服务中的应用

(一) 缺陷补偿服务

特殊学生存在各种各样的生理缺陷,如视障学生存在视觉缺陷,看不清甚至看不到事物;听障学生存在听觉缺陷,无法听清或者听到声音。这些缺陷对他们的生活、学习产生很多不利影响。现代技术是缺陷补偿的强有力手段,运用现代技术可以弥补学生由于生理缺陷带来的障碍。随着技术的发展,一批新设备应用到特殊学生的日常生活、学习中,极大地改善了他们的生活质量。为了弥补视障学生的视觉缺陷,出现了盲用读屏软件、盲人电脑语音系统、盲人打印机、盲用手机、发音计数器等设施设备;对于听障学生,助听器、人工耳蜗的发明极大地改善了他们的听觉障碍;对于肢残学生,轮椅、电动代步车等一系列辅助器具的使用,扩大了他们的活动范围。

(二) 康复服务

康复在特殊学生的教育中占有非常重要的位置,而现在信息技术的发展为特殊学生的康复服务提供了许多便利条件。通过利用现代信息技术可以改变传统的康复模式和康复方法,能够最大限度地提高学生的康复水平。

首先,随着信息技术特别是计算机技术的发展,出现了一系列康复设备以及康复软件。这些康复设备和康复软件的运用能极大地提高特殊学生的康复效果。同时现代互联网的发展使得康复知识、信息能够及时地传播和共享。通过网络,人们可以实现高度的资源共享和快速的信息传播。特殊学生可以通过网络与不同地区的其他特殊学生、康复工作者和康复专家进行交流,即使地处偏远地区的特殊学生也能够克服地域因素,根据网络知识进行自我训练和康复。

其次,康复训练室的创设。利用现代信息技术提供的硬件、软件设备,学校创设各类康复训练室,针对学生的某一缺陷进行康复训练,最大限度地使用各类技术,提高康复训练效果。例如深圳元平特殊教育学校为脑瘫学生康复建设的物理治疗室、作业治疗室;为自闭症学生训练准备的听觉统合治疗室、启智训练室、手眼协调训练室、注意力训练室、音乐治疗室、多感官训练室、模拟运动训练室等;为听障、视障学生教学设置的律动教室、多感官治疗室、个训室等。

(三)学习服务

1. 信息技术为特殊学生的学习提供了丰富的学习资源

随着信息技术特别是网络技术的发展,当今社会进入信息爆炸的时代。网络上有丰富的学习资源可供特殊学生使用。这些学习资料中有文字、图像、视频、音频等各种形式,可以满足各类学生的需求。同时大量专门的特殊教育网站为特殊学生的学习提供了有针对性的学习资料。例如,学校参与建设的特殊教育资源库就是一个专门为特殊学生学习提供资源的网站,资源库包括视障、听障、智障等各类各年级特殊学生的学习资料,特殊学生可以利用这些资源库来获取自己所需的学习资料。

2. 信息技术为特殊学生提供个别化的学习服务

个别化教育指的是以学习者为中心着力于满足个别学生需要的教学。在特殊学校中存在各类特殊学生,即使在同一类学生中个体差异也很大。他们对学习方式、学习内容的难易程度要求各不相同,这就需要提供适合他们的个别化学习服务。现在信息技术的发展可以很好地解决这个问题,网络学习资料中既有针对各类学生的又有针对不同年级的,既有康复类的又有教育类的。同时这些资料没有时间限制,每位学生既可以针对自身特点、兴趣、需要寻找适合自己的学习资料,又可以根据自身需要选择学习时间、学习地点、学习内容和学习方式等。

3. 信息技术为学生提供与教师沟通交流的平台

学校建立校园网络并逐渐使校园网络真正融入校园生活,成为校园生活的一部分。通过校园网络学生可以和教师进行很好的沟通,对于某些学生而言,网络的交流或许比现实交流更为重要。在这里教师们可以更好地把握学生的心理状态,做好学生的思想工作,促进学生形成良好的思想道德品质,教师还可以引导学生用新的思维方式去思考与解决学习及生活中的问题。

(四)休闲娱乐服务

对于特殊学生来说休闲娱乐与教育、康复一样重要,是特殊学生发展不可或缺的重要内容。特殊学生有休闲娱乐的需求也有休闲娱乐的能力。现代信息技术的发展可以很好地满足特殊学生休闲娱乐的需求。

首先,现代信息技术的发展为特殊学生提供了大量的休闲娱乐设备。随着信息技术的发展,可供选择的休闲娱乐设备越来越多,这些设备价格适中,操作简单,携带方便,深受特殊学生的喜爱。例如,使用录音机、收音机、MP3学生可以听音乐,通过平板电脑学生可以看电子书、看电影等。

其次,现代信息技术的发展改变了休闲娱乐的方式。传统上休闲娱乐需要与其他人一起进行,例如,下象棋必须双人对弈;想进行体育锻炼、体育比赛大多情况下需到室外与其他人一起进行。而信息技术的发展使休闲娱乐的方式发生改变:特殊学生可以在网上进行各类休闲活动而无须他人参与,例如与电脑进行各种棋牌游戏而无须他人参与,想进行体育运动比赛可以通过虚拟运动设备来在室内进行。

最后,现代信息技术的发展拓展了休闲娱乐的内容。特殊学生可以在网上听歌、看电影、玩游戏等,这些都能很好地满足学生休闲娱乐的需求。此外信息技术在学校中的使用也能满足特殊学生休闲娱乐的需求,如学校学生宿舍楼可以配备电视室,学生在课余时间可以去电视室观看自己喜欢的节目;学校可以成立校园电视台。

(五)回归主流社会服务

首先,信息技术为特殊学生提供了与他人进行交流的条件。由于特殊学生自身的原因以及社会长期存在的对残疾人的歧视,他们被封闭在很小的空间里,很少能与其他人进行交流。现代信息技术的发展使特殊学生的交流更加便捷,他们可以通过网络建立起自己的交际圈,既可以与特殊人群进行交流,也可以与普通人群交流。同时,现代信息技术的应用可以克服传统上的交流障碍,例如,视障学生可以通过语音与别人进行 QQ、MSN 聊天。此外信息技术也可以克服特殊学生在交流中的心理问题,在传统上交流必须当面进行,特殊学生由于自身的残疾,他们怕受到别人的歧视所以不愿与人交流,而在网络环境下他们可以"隐藏"自己的一些缺陷,把自己放在普通人的位置上,这样就可以克服交流时的心理障碍。

其次,信息化环境要求特殊学生只有掌握信息技术才可能回归主流。当代信息技术的发展和普及要求处于信息社会中的人具备信息处理能力。特殊学生虽然存在生理缺陷,但他们要适应未来,必然也要具备这方面的能力。培养特殊学生信息处理能力成为特殊教育学校义不容辞的责任和使命。深圳元平特殊教育学校为了充分实现信息化条件下特殊学生回归主流的要求,于 20 世纪 90 年代起在视障、听障、智障、脑瘫四类特殊学生中开设信息技术课程,到目前为止,四类特殊学生从低年级到高年级都进行信息技术教育,为学生回归主流奠定了基础。

再次,信息技术为特殊学生实现社会自立提供条件。信息技术的发展开辟了新的学习内容,一些有信息技术专长的特殊学生可以通过学习信息技术、参加信息技术比赛获得自信和荣誉,这使他们更有信心回归主流社会。此外,信息技术也拓宽了特殊学生的就业渠道。特殊学生在毕业之后可以在家开网上商店,实现经济独立。同时信息技术课程的开设也使得学生可以从事相应职业,学校在智障职业高中阶段设置办公文员专业,专门培养信息化条件下办公人员,这些学生在毕业之后可以从事相关职业。

二、教师服务中的应用

(一)教师专业化服务

教师专业化是指教师在整个职业生涯中,通过专门训练和终身学习,逐步习得教育专业的知识与技能,并在教育专业实践中不断提高自身的从教素质,从而成为一名合格的专业教育工作者的过程。现代信息技术的发展为教师专业化的发展提供了新的学习方式。

1. 利用现代信息技术提高教学效果

现代信息技术能够化静为动、化具体为抽象、化不可见为可见,能够很好地将教学中的难点形象具体地呈现出来。利用信息化资源如文本资料、音像资料,将文本资料与教学内容融合,整合到课件中,通过幻灯片、投影、录音、电影、电视、计算机等,不仅使与教学内容相关的知识变得丰富,而且可以使一些过去只能通过思维和表象领会的教学内容得到直观的表示和处理,一些现实情景和虚拟情景能得到很好的呈现。这些信息资源的使用能够很好地提升教学效果。

2. 利用现代信息技术提高教师教学技能

"教师即研究者"。教师需要在教育教学实践的创新过程中不断发现自身工作中存在的问题,这些问题只有在更多的特殊教育学校、教师及专家的参与下,从理论与实践的结合出发,进行有计划、有系统的研究,才有可能寻求到解决问题的有效策略。而这种发现问题、广泛讨论问题、实践解决问题的过程,就是教师专业学习提高的过程。学校鼓励教师利用网络资源尝试与专家和更多的同行交流学习,通过参与网络学习、接受新信息、探索新模式、实践新方法、创造新成果,提升教师自我精神追求,提高教育教学水平和能力,促进自身专业成长,努力使自己成为学习型、研究型教师。

3. 利用现代信息技术进行教学反思

反思是教师以自己的职业活动为思考对象,对自己在职业活动中的行为以及由此产生的结果进行审视和分析的过程。自我反思被认为是教师专业发展的核心因素。通过现代录像设备,教师可以将上课过程全部记录下来,然后可以观看自己的教学过程,从中可以发现自己在教学中存在的问题和不足,从而不断改进教学,提高教学质量。例如,2006年9月,学校建设了一间技术先进的微格教室,配置先进的多媒体教学设备和可以全面立体地反映动态教学过程的课堂教学实录系统,供教师们反复观摩、评价反馈教学过程,在相互评点和共同研讨中促进教师业务水平的提高。同时教师可以在网上建立自己的博客,通过个人账号,进入博客,将自己的反思永久记录下来,并通过写反思及阅读自己与他人的反思,不断更新自己的教学观,改善自身的教学行为,进而对教学现象和问题形成独立的、创造性的见解,从而增强教学活动的自主性、目的性,克服被动性、盲目性。[1]

4. 利用现代信息技术开展教师在职培训

现代社会是一个终身学习型社会,教师也需要不断学习以提高自己的教学水平。传统上教师在职培训只能通过一段时间的集中学习来进行,但是由于教师工作繁忙,他们很难抽出时间进行集中学习、培训。现代信息技术的发展使远程教育成为可能,通过电视教学、电化教学、网络教学等多种现代化教学技术,许多课程的学习完全可以在办公室或家里完成。一个现代化的开放性学习

---

[1] 周淑群,王艳.现代信息技术在幼儿园教育管理中的应用[J].教师,2009(11):30—31.

网络正在形成之中,网络培训会逐渐成为教师在职培训的趋势。

5. 利用现代信息技术教师可以获得大量的资源

网络的发展使得任何人都可以将自己认为有价值的学习资源上传到网络上供他人借鉴学习。同时,许多单位为了便于自己内部人员的学习会专门建立局域资源库,单位人员可以在规定的范围内查看使用这些资源。例如,学校建立了教育教学资料云共享平台供教师学习和教学使用,教师可以通过它进行沟通和交流,同时平台中的内容会及时更新,教师可以及时了解最新的资料,掌握最新的动态。此外,许多教师开通微博,会定期或不定期地将自己的教学心得、教学资料上传到微博中,其他教师可以及时关注其微博并与其进行探讨。随着互联网的发展,数字化图书馆逐渐兴起,主要提供在线阅读,图书、资料搜索和下载服务。与实体图书馆相比,数字化图书馆不受时间、空间的限制,其资源更加丰富,查找更加方便,下载更加便捷。

现代信息技术的使用对教师的要求较高,同时信息技术的更新速度较快,所以需要学校不断对教师进行培训以提高教师的信息化素养。深圳元平特殊教育学校黄建行校长结合自己的管理经验,探索出了提高教师信息素养的途径。

培育教师信息素养　促进教师专业发展(节选)[①]

黄建行

一、学校营造数字化教学环境

我校于2002年完成校园网络等硬件和软件方面的建设,专任教师人手一台电脑,学生人均电脑的拥有率也在逐年提高,每间教室按照不同类型的残疾学生配置相应的电教设备,营造出良好的现代化信息技术教学环境。因此,教师可结合具体的教学任务和科研课题,练就运用各种网络检索工具、检索方法、检索途径,搜寻、选择、下载、保存信息的技能;运用多媒体制作课件进行教学的技能。教师通过使用信息化技能,一方面可获得最新、最丰富的网络信息,促进、加速了学术创新,另一方面对信息技能有了全新的认识,进而具有了信息观念、信息意识和信息习惯,从而提高了自身的信息素养。

二、教师信息素养方面的培训

我校大专以上学历的教师占99%,其中本科以上学历占86%。虽然教师学历较高,但是平均年龄不到30岁,而且从事特殊教育的教师容易出现事业成就感缺失。因此,我们在规划教师培训工作时,要坚持把教师进修提高与让教师找回缺失的事业成就感相结合,同时将教师个人

---

① 黄建行.教育·康复·职业训练相结合办学模式实践成果集(上册)[C].深圳:海天出版社,2012:2—6.

专业提高和学校的整体发展结合起来。通过培育这种充分人性化的培训理念,引导教师在培训过程中,体验到不断提高的事业成就感,具体举措如下。

首先,立足校本培训。在全校实行信息技术应用的全员培训。时间上除了利用晚上或周末为教师提供培训外,还坚持每周一、二、三的下午轮流为全校的教职工开展信息技术培训,既保证了教师的学习时间和休息时间,也可以分不同层次进行培训。为了使对全体教学和行政管理人员的信息技术培训进行得更加系统、有效,我校信息中心制定了由易到难、由基础到深入的培训计划。培训内容涵盖教师信息素养四个方面的内容。在培训方式和方法上,主要采取分班授课、讲座、有针对性的个别辅导等多种方式,并采用任务驱动的教学方法,让教师在实际问题的解决和练习过程中掌握技能。注意在特殊教育课程改革的指导下,积极探索和研究信息技术与特殊教育课堂教学的整合,充分利用信息技术、信息资源、信息方法为教育教学服务,指导教师自行制作课件,把它们与课堂教学内容有机结合起来,促进了信息技术与学科教学的整合,提高课堂教学质量和教师的教学水平。我校在培训中注意引导教师利用丰富的视、听等多媒体效果刺激学生的感官,激发学生的学习兴趣,从学生对身边生活实际的观察入手,创设教学情景、生活情景,引导学生利用信息技术、网络资源进行探索,提出自己的观点,并开展讨论交流,去解决问题。近几年,我校每年都举行一次教师信息技术应用教学的技能大赛,包括多媒体教学课件制作、专题教学网站设计、综合运用多媒体教学手段进行课堂教学等。

其次,加强校外培训,建立校外培训奖励机制。我校制定并实施每三年为一周期的教师外出培训计划,保证每位教师在周期内能外出学习培训一次。对成绩特别突出的优秀骨干教师给予额外的校外培训奖励。近几年,我校已选拔三位优秀教师赴英、美参加由深圳市教育局统一组织的海外培训,并选派一位教师作为中央教科所的访问学者进行了为期一年的访问学习,以此激励我校教师的全面发展。

第三,启动教师培训战略性工程。2003年,我校与北京师范大学教育学院联合举办特殊教育专业硕士研究生课程进修班,全校共有45位教师参加学习。通过三年的培训,取得硕士学位或通过特殊教育研究生课程学习的教师达到专任教师总数的三分之一左右。

三、以研究课题为契机,带动教师信息素养的提升

我校承担了"十五"期间国家级课题"现代信息技术在特殊教育中的应用",在此过程中教育部委托由我校牵头建设《全国特殊教育资源库(智障版)》。我校把此任务与校本课程开发的工作实际相结合,为了发挥智障教育资源库的服务教学功能,学校全体教师都积极参与到资源库的建设中来。因此,在建设智障教育资源库的工作中,是以校本课程的开发建设为核心,结合我校自行研制开发的校本教材,整合了包括教材、图片、课件、视频、音频、个训案例、教学案例、论文、数字图书、政策法规等各种载体的资源,按照资源的教学功能和知识属性进行组织,建立资源内在的知识网络,也就是在单元主题的基础上把各种资源关联起来,在资源检索与应用平台的支持下,向教育者和受教育者提供信息服务。这次完成的部分学科的智障版的资源库总容量为:131G(其中公共资源容量为:8.38G),资源记录总数为:64377条左右,涵盖常识(轻度)、适应(中度)、生活适应(重度)、脑瘫运动康复训练、孤独症感觉统合训练、实用语文、语沟(重度)、唱游、感知、体康、美工、信息技术、实用数学等13个学科。

（二）沟通交流服务

1. 利用信息技术促进教师沟通交流

信息技术使得人与人的交流在信息传递方面越来越近、范围越广、效率越高。教师在教学中难免遇到困难、不解，这时就需要与其他教师、专家进行交流。现代网络技术的发展使得教师的交流范围更加广泛。通过局域网可以实现教师与本校教师的沟通交流，这对于一些新教师尤为重要，他们通过与有经验的教师沟通交流可以快速提高工作能力。通过现代化的沟通交流软件，如QQ、MSN、Email等可以与校外教师、专家进行沟通交流。

2. 利用信息技术促进教师资源共享

教育工作年复一年，对于一线教师，有许多教学工作虽然是重复的，但却是有规律可循的。优质的教育资源应该让更多的传播者和学习者去应用、去共享。教育资源同其他资源一样，不交流、不使用就会失去活化的土壤，其作用得不到有效发挥，导致价值流失。以网络为平台，将校内外教师制作、搜集的优质资料作为一种教学资源，分类管理，既便于校内教师的交流、借鉴和利用，又加强了与外界的信息交流。

（三）办公服务

随着信息技术以及互联网的发展，网上办公越来越受到青睐。为了方便学校教师办公，学校以互联网为基础建立了协同办公系统。教师在初次登录系统后通过重置密码可以获得用户身份，教师在后续可以通过登录窗口随时登录系统，实现网上办公。该系统界面主要由未读消息框、个人相关、工作流程、办公管理和系统管理五部分组成：在未读消息中教师可以查看尚未阅读的消息；在个人相关中，教师可以查看与自己相关的事务，如自己的工作周计划、月计划、工作日程安排、工资查询等，同时教师还可以在工作日志栏目中记录自己的教学点滴，极大地方便了教师对自己日常教学事务的管理；工作流程栏目中教师可以向上级部门或领导提出相关申请，在申请之后，教师可以随时查看自己的申请处于哪个阶段，学校领导是否批复，避免传统上逐个部门领导签字带来的烦琐；在办公管理中教师可以查看学校公告和部门公告，查看学校内部邮件，通过此系统对学校相关事务进行投票表决；在系统管理中管理人员和教师可以对整个协同办公系统进行管理，如在用户管理中管理人员可以随时增加或删除系统用户，可以对他们的角色进行定位，同时管理人员和教师可以查看各部门人员信息，方便教师之间互相了解和沟通。总之，协同办公系统的使用使得教师办公更加简单、便捷。

三、家长服务中的应用

(一)学习服务

学生的成长离不开家长的教育,对于特殊学生更是如此。但是对于许多特殊学生家长来说,他们缺乏教育孩子所需的知识技能,结果往往是有心无力,不知道如何面对特殊孩子出现的各种各样的教育困境。信息技术的发展为家长学习服务提供了便捷。学校建立了自己的网站,包括许多教育、教学资源,家长可以通过网络进行学习。同时网络上也有大量学习资源可以供家长在任何时间、任何地点根据自己的需要学习。例如,中国特殊教育资源网站里有大量关于视障、听障、智障等各类教学资源,家长可以通过学习提升自己的知识水平,进而对学生进行课外教育。许多教师都会开通自己的微博,微博中会有许多专业资料,家长可以通过查看这些资料来学习,同时家长可以通过与教师在微博中的交流互动获得教师的指导。

(二)沟通交流服务

传统家长会、家访、电话沟通等是传统家校合作的主要模式,需要家长、教师在指定的时间内参与。任何一方尤其是家长如果出现特殊情况,家校共同促进学生成长的效果将会大打折扣,信息技术尤其是网络技术的优势在于它能够异步、多样化地展现学生在校的表现情况,解决了传统形式下家长与教师在特定的时间里不能同时出现的矛盾。在网络中,家长可以畅所欲言,发表自己的看法与建议,一些平时面对面难以说出的话,可以通过学校网站上的论坛、QQ群、短信平台发表出来,这样家长的反馈意见相对比较真实。学校可以针对收集到的信息,及时调整工作思路,改进工作方法,提升教学质量。[1] 同时学校可以利用网络建立家校沟通平台,为每位学生的家长设立一个账号,使用它不仅可以得到各种网络资源,还能实现家长与学校的沟通、家长与教师的沟通、家长与家长的沟通,打破了时间和空间的限制,沟通内容涉及学生学习成绩、学生在校表现、家长教育学生的方法、日常家庭作业等,通过彼此间的沟通,促进家校合作,学校与家庭一起做好教育教学工作。

(三)家长参与学校教育服务

学校管理是一个系统工程,单靠学校单方面的管理是达不到目的的,需要

---

[1] 周淑群,王艳.现代信息技术在幼儿园教育管理中的应用[J].教师,2009(11):30—31.

社会和家庭的配合和支持。现代信息技术不仅方便校内的管理,还可以做到学校、家庭和社会联动管理。要保证学校、家庭和社会联动管理,首先要解决的问题是提高信息传送和反馈。"校长信箱"栏目,可以使广大学生、学生家长、社会各界及时反馈对学校管理过程中存在的问题、教师教育教学、班务管理、职业道德的意见和建议,可以反映家长和学生的心声,也为学校的决策、制度的完善和修订提供了依据,为学校对教师的评价提供了依据。学校通过校园网站,开辟家长园地,家长们可以不请自进,主动参与学校的管理和教育,有了家长的参与,学校教育和管理就完整了,管理效果将事半功倍。①

四、社会服务中的应用

(一)为特殊学生提供社会教育服务

现代社会是一个终身学习的社会,特殊学生也不例外。但是由于自身原因,他们的学习受到限制。随着信息技术的发展,特殊学生终身学习的梦想逐渐成为可能。首先,信息技术条件下,网络上有大量的学习资料,特殊学生可以通过自学的形式不断提高自己的文化水平;其次,现代远程教育的发展使特殊学生可以参加网上学习,获得知识的同时也可以获得学历学位证书,为他们职业发展提供"敲门砖"。例如 2004 年 5 月,深圳元平特殊教育学校与中央电大残疾人教育学院展开合作,共同开发聋教育大专学历教育网上课程。中央电大残疾人教育学院在学校设立聋教育资源制作中心,配合中央电大残疾人教育学院制作了十多门多媒体网络课程,特殊人士可以通过报名参加这些课程从而获得教育服务。

(二)为社会了解特殊人群服务

传统上特殊人群被封闭、被隔离,社会缺乏对他们的了解,从而形成了一些错误的观念,而现代信息技术的发展可以使社会更多地了解他们,改变一些错误的观念。首先,特殊教育网站为社会了解特殊人群提供了便利,如中国残疾人联合会、中国特殊教育网站、各地特殊教育学校网站都有大量关于特殊人群的资料、信息。其次,现代网络、媒体使社会更能积极看待特殊人群。他们的优秀事迹、自强不息的故事通过现代信息技术传播到全国各地,使人们更加坚信"残而不废"。例如在每四年一次的残奥会时,人们可以通过电视、网络等了解到特殊人群在国际赛场上坚强拼搏、为国争光的事迹,使他们逐步改变对特殊

---

① 徐建福.运用信息技术提高学校管理效能[J].中国信息技术教育,2010,8(23):73.

人群的消极观念。

(三) 为社会提供特殊教育信息资源服务

随着信息技术的发展,特殊教育的文件、资料、学习材料都以电子的形式出现在网站上,特别是特殊教育资源库的建设,使大量有关特殊教育的资料出现在网站上。特殊教育专业人员以及其他社会人士可以通过这些网站获得特殊教育信息,从而为他们的日常学习、工作服务。同时特殊教育专业人士和其他人士可以结合自身所长,将自己的想法、建议应用到特殊教育中,从而促进特殊教育的发展。

(四) 为特殊教育信息技术发展服务

信息技术的发展极大地促进了特殊教育的发展,同时特殊教育的发展也会带动特殊教育信息技术的发展。随着社会的进步,残疾人会逐步回归主流社会,但是他们在回归主流之前需要一系列的教育、康复以及其他辅助措施,这些需要必定会带动特殊教育信息技术的发展。同时即使他们回归了主流,但由于自身存在的独特要求,他们仍然需要信息技术为其服务,由此可见特殊教育信息技术的发展是信息技术发展的一项重要内容。

第五章　信息技术在特殊教育教学中的应用案例

信息技术在特殊教育中的应用最明显、最根本的体现是其与教学的结合。特殊教育学校教师可以将教学、康复训练与信息技术相结合，课前制作课件和视频等进行教学准备，课中应用交互式电子白板实施教学，课下使用网络交流教学心得。

第一节　信息技术在视障学生教育教学中的应用

随着信息技术的飞速发展，信息技术在视障学生教育中的应用越来越广泛。教师不仅应该把信息技术作为辅助教师教学的演示工具，还应该注重把信息技术与学科教学进行整合，使视障学生真正成为教育的主体，特殊教育教师必须树立全新的教学理念，根据视障学生身心特点，熟练运用信息技术全面提高学生素质。

一、教学设计

（一）教学内容分析

可将视障学生课程分成信息技术课程和非信息技术课程，在非信息技术课程中，各课程有其自身的教学内容，现主要分析视障信息技术课教学内容。信息技术课程内容以计算机的基本操作（系统软件）和使用（文字处理、数据处理、网络应用、多媒体制作以及常用应用软件等）为主，同时学习、了解计算机的基本组成和基本工作原理。对少数学有余力而又对信息技术感兴趣的学生，可安排选修，以充分发展学生的特长和兴趣爱好。

视障学生信息技术课程性质表现为：①基础性。视障学生信息技术课程是信息技术在各个学科乃至全部活动中应用的基础，是学生在今后工作与生活中有效解决问题的基础，是学生在未来学习型社会中自我发展、持续发展的基础。②综合性。视障学生信息技术课程内容既包括信息技术的基础知识，信息技术的基本操作等技能性知识，也包括应用信息技术解决实际问题的方法，对信息技术过程、方法与结果评价的方法,信息技术在学习和生活中的应用以及相关权利义务、伦理道德、法律法规等。③实践性。视障学生信息技术课程不仅是对信息理论的了解和掌握,更重要的是利用信息技术进行信息实践活动,以实现信息为人们服务的目的。④人文性。视障学生信息技术课程为实现人的全面发展而设置,既表现出基本的工具价值又表现出丰富的文化价值,既有恰当而充实的技术内涵,又能体现科学精神、强化人文精神。⑤服务性。视障学生信息技术课程通过教授信息技术提高学生信息技术能力和素养,为学生的学习、生活服务。

(二)教学对象分析

视障学生因不同程度的视觉功能丧失,对事物的认识缺乏真实感,对知识的接受受到不同程度的限制,因此教师在教学过程中,应创造各种条件,充分利用听觉、触觉等其他感觉器官来补偿学生的视觉缺陷,增强感性认识。在教学过程中,传授知识和补偿缺陷是相互依赖和相互促进的。另外,视觉损伤限制了教师在教学过程中一些教学方法、手段的采用,因此,在教学方法、手段的使用上必须考虑视障学生的特点,合理使用,充分发挥教师主导作用和学生的主体作用。

(三)教学理念分析

1. 提升信息素养,培养信息时代自强不息的公民

信息素养是信息时代公民必备的素养。通过信息技术的学习和使用提高学生获取、管理、使用信息的能力,使信息技术成为一种终身受用的工具,辅助学习,提高生活质量,培养出自强不息的有用的社会公民。

2. 营造良好的信息环境,打造终身学习的平台

以信息技术课程的开设为契机,充分调动家庭、学校、社区等各方力量,整合教育资源,为视障学生提供必备的软、硬件条件和积极健康的信息内容,营造良好的信息氛围;既关注当前的学习,也重视可持续发展,为他们打造终身学习的平台。

3. 面向学生,照顾差异建设特色信息技术课程

充分考虑视障学生身心特点及水平差异,关注学生的学习兴趣,强调学生在学习过程中的自主意识;提倡通过课程内容的合理延伸和拓展,充分挖掘学生的潜力,实现学生个性化发展;关注不同地区不同层次发展的不均衡性,在达到"课程标准"的前提下,鼓励因地制宜、特色发展;注意实行分类教学,起到不同层次的补偿效果。

4. 注重问题解决,强调信息技术的实践能力

视障学生在生活学习中,会遇到很多具体问题,信息技术的学习和使用能够快速、准确地解决问题,通过解决具体问题,掌握方法,获取经验,提高信息技术实践能力。

5. 注重培养合作精神,共同建构健康丰富的信息文化

学校信息技术课程的开设着眼于结合视障学生生活和学习实际,他们可以合理运用信息技术,恰当地表达自己的思想,进行广泛的交流与合作,在此过程中共享思路、激发灵感、反思自我、增进友谊,共同建构健康的信息文化。

6. 加强与普通教育的融合,培养视障学生平等参与社会的意识

视障学生因为生理缺陷在学习、工作等方面都受到了极大的限制,通过信息技术的运用,可以解决他们学习生活的实际问题,让他们平等地参与社会竞争,为培养视障学生平等参与社会、融入社会提供可能。

(四)教学目标分析

教学目标是指教学活动实施的方向和预期达成的结果,是一切教学活动的出发点和最终归宿。信息技术课程教学目标的设置要依据视障学生的学习特点进行,视障学生信息技术目标分为总目标和阶段性目标,涵盖了一年级到九年级。学校信息技术课程总目标:考虑视障学生心智发展水平和不同年龄阶段的知识经验和情感需求。学校对基础教育各阶段教学内容安排目标明确,体现出各阶段的侧重点,注意培养学生利用信息技术学习和探究其他课程的能力。努力创造条件,积极利用信息技术开展各类学科教学,注重培养学生的创新精神和实践能力。而视障学生的信息技术课的阶段目标具体如下。

1. 第一学段(1—3年级)

(1)学生建立对计算机的感性知识,了解计算机在日常生活中的应用,培养学习、使用计算机的兴趣和意识;

(2)学生初识读屏软件;

(3)学生初步学会用计算机处理文字、图形;

(4)学生初步学会用计算机播放音频文件;

(5)学生确立正确的学习态度,养成爱护机器设备、遵守机房规则等良好习惯。

2. 第二学段(4—6年级)

(1)学生信息意识增强,了解信息技术的发展及其对社会的影响;

(2) 学生学习读屏软件的使用与设置;

(3) 学生学会文字、图形的处理,初步掌握信息获取、处理的基本方法;

(4) 学生具有良好的学习态度和与人共事的协作精神等。

3. 第三学段(7—9年级)

(1) 学生具有较强的信息意识,进一步了解信息技术的发展及其对社会的影响;

(2) 学生了解网络的基本知识,学会信息获取、传输、处理、应用的基本方法,初步学会数据处理的基本方法;

(3) 学生具有利用网络进行人际交流、融入社会、回归主流的能力。

(五) 教学重难点分析

教学重点是教学中需要学生掌握的内容,教学难点是在学生学习的过程中可能遇到的困难。在教学的过程中要抓住每节课的教学重点和难点。在视障学生信息技术的教学中教师要根据每节课的教学内容以及学生已经掌握的知识和能力水平来确定本节课的教学重难点。教学重难点的确定既要符合本课程的要求又要符合学生的水平。以视障六年级信息技术课"动画制作工具Flash"为例,本节课的教学重点是了解动画技术的发展变化过程,而教学难点是理解动画技术的原理。通过分析教学中的重难点可以使教师在教学中有的放矢,节省教学时间,提高教学效果。

(六) 教学方法选择

视觉缺陷导致视障学生缺少通过视觉来获取知识的途径。同时由于视障学生的认知规律与普通学生存在不同,所以普通教育中的一些方法不太适合视障学生,所以在视障学生教育中需要选择适合学生特点的教学方法,主要包括:(1)听读法:利用现代录音、录像设备,将教学内容转换成视频或者音频,这样可以满足全盲学生和低视力学生的教学需求;(2)多感官教育法:在教学中教师要充分调动学生的视觉(低视力学生)、听觉、触觉、嗅觉等,尽最大可能让学生感知到教学内容,从而提高教学效果。此外,在教学中教师可以使用分组教学法、游戏法、探索学习等方法增加课堂情趣,调动学生积极性。

(七) 教学媒体的选择和使用

信息技术课程的学习主要让视障学生掌握与计算机应用相关的知识,所以在教学的过程中需要保证每人一台计算机。在软件方面,由于学生存在视觉障碍,他们的视觉模糊甚至完全看不见,所以需要预装读屏软件来帮助学生学习。在硬件方面,学校需要配备能满足教学需要的计算机网络教室、多媒体教室等设施；配备数量合理、配置适当的计算机和相应的外部设备（打印机、投影仪、扫描仪等）。这些设备的使用依据教学内容的不同有所变化，对这些教学媒体的充分使用能够有效提升教学效果。

（八）教学过程设计

教学过程设计是使教学能够顺利进行的一个最重要的步骤。教学过程既需要教师在教学之前预先设计，也需要教师在教学过程中灵活调整。教学过程设计包括很多内容，如教学该如何导入、使用什么教具可以使学生积极参与课堂、在课堂中可能会出现哪些问题，教师如何解决、课后作业如何布置可以使学生既巩固学习内容又提高相关技能等。

（九）教学反思

教学反思是在教学结束后教师对本节课教学的反思，教学反思包括很多内容，如反思教学目标是否适合学生，教学重难点是否恰当，教学媒体的选择是否适合本班学生的特点，教学过程是否能调动学生的积极性等。教学反思能够及时发现本节课教学中存在的优点和不足，为以后的教学提供建议，对教师教学能力的提高具有至关重要的作用。可以说好的教师都是善于进行教学反思的教师。

下面以深圳元平特殊教育学校信息技术组教师王文坚对七年级视障学生"网络基础及其应用——申请免费电子邮箱"的教学设计为例，呈现视障学生信息技术课程教学设计的具体内容。

"网络基础及其应用——申请免费电子邮箱"教学设计

深圳元平特殊教育学校　信息技术组　王文坚

[教学内容分析]

本课题是在视障学生已经具备了上网的基本技巧后安排的，内容丰富、灵活有趣，实用性很强；既可培养学生学习兴趣，又可帮助视障学生进一步学会借助信息技术手段解决实际生活问题，提高学生综合应用能力；培养学生在知识探索中发现问题、分析问题、解决问题的能力；培养学生创新精神，使学生在学习过程中形成一定的信息素养，同时通过本节课学习可促进师生、生生之间的平等交流；是一个具有较强探索价值和实践的课题。

[教学目标分析]

基础知识方面：了解电子邮箱的作用，知道各部分的名称。

操作技术方面：能通过实践申请自己的邮箱。

思想教育方面：学会探究、合作和爱国主义思想；体验到计算机的快乐，对计算机产生浓厚兴趣。

[教学重难点]

重点:认识电子邮箱。

难点:申请自己的邮箱。

[教学准备]

多媒体网络教案、争渡读屏软件

[教学方法选择]

遵循"教为主导、学为主体、练为主线"的教育思想,结合本节课教学内容具备适时性、开放性等特点,我采用了基于网络环境下"任务驱动,强化实践"的教学模式,同时,利用互联网功能进行信息交流,创设问题情境,鼓励学生在实践过程中申请电子邮箱及运用同桌讨论的形式寻求帮助,既掌握了知识的学习,又增强了交流和协同工作的能力。

[教学过程]

一、创设情境,激发兴趣

同学们,通过以前的学习,我们知道了不少计算机上网方面的知识。今天我们进一步上网学习:申请免费电子邮箱。相信大家通过本节课的学习,下课后一定会拥有自己的邮箱。下面我们就行动吧。

二、演示观察,认识电子邮箱地址

老师:咱们先来了解一下电子邮箱地址吧![出示课件]认真观察电子邮箱由有几部分组成(视障学生打开电脑中的素材,本课所有课件内容已转换成视障学生能阅读的 Word 文档)

学生:三个部分。

老师:同学们很聪明,现在老师给出了它们的名称,相信看后你能把它们说对。

老师指出相应的用户名,分隔符,邮箱所在的网站(指名说)

学生1:用户名。

学生2:分隔符。

学生3:邮箱所在的网站。

老师:让同桌两人自己各写一个,同桌合作看写对了吗?

设计理念:通过认识邮箱,激发学生求知欲。

三、动手实践,知道还有别的网站也有电子邮箱,学习申请邮箱

1. 指导学生上网查询

学生说邮箱名。

那么多邮箱你想拥有一个自己的邮箱吗?跟老师来吧![出示幻灯片]

2. 申请邮箱

第一步:找到入口

讲授这个区域学生质疑的问题。

第二步:填写信息

讲授这个区域学生的问题(如用户名如何填写,密码如何填写,密码如何保护等问题)

第三步:提交信息

讲授这个区域学生的问题。

第四步:申请成功

1. 讲授这个区域学生的问题。

2. 布置任务,申请自己的邮箱,练习【老师指导学生申请】。

3. 把申请到的邮箱名说给同学听。

设计理念:通过演示、讲述让学生学会申请邮箱,然后试着进入自己的邮箱,体验学习的成就感。

四、感受成功,体验快乐

老师:哪位学生申请到了邮箱?谁还不会申请邮箱?

学生:学生答。(如果都不会,老师可播放课件或个别指导)

老师:总结申请的步骤。哪位学生上台汇报,总结本节课所学的内容及学会的操作和申请到的邮箱地址。(汇报的好,就让全班同学在下一节课每人给他发一封信,祝贺成功)

学生:汇报。(1—2人)

老师:这节课,同学们开动了脑筋,解决问题,并通过相互协作,使问题得到圆满解决。老师相信,在平时的生活中只要多留心、多观察、多思考、多实践、多合作,未来的电脑专家一定会在我们中间产生。

设计理念:激发学生学习兴趣、感受成功的喜悦,运用现有知识进行探索尝试。

[拓展性学习]

请同学们利用自己的信箱,给四川灾区的小朋友或武警官兵写一封信表示对他们的感激之情。看谁能解决这个问题,下一节课的实践能手就是谁。

设计理念:通过学习,对学生进行爱国主义教育,充分体现既教书又育人的目的。

[教学反思]

这一节课上下来,我觉得比较成功,通过课件的直观演示让学生一目了然,学生知道了电子邮件各部分名称,然后再让学生在自己实践的基础上懂得了电子邮箱的作用。我在整个教学过程中,自始至终围绕新的课程标准,实现了教师、学生角色的转变,注重教学过程中各个环节间的紧凑性。通过解决问题,学生都能参与探究,注重情感,尊重学生的自我意识,培养学生积极乐观的态度,使他们在这样生动愉悦的教学中学会了电子邮箱的申请,使学生在课堂上能真正"动"起来,思维"活"起来。开放式的教学让学生在"玩"中学知识,在"悟"中明方法,在"操作"中自主探究。学生学得主动,学得轻松,学生技术素养得到了很大的提高,并感受到了学习的快乐。

二、教学实施

教学实施是实现教学目标的中心阶段。在视障学生的教学实施过程中,必须充分考虑到学生的能力水平,明确本课程的教学目标。在教学过程中要充分调动学生的学习兴趣,注意培养学生运用信息技术来解决问题,同时在教学中要关注学生的个体差异,尽量使每一个学生都能得到充分的发展。

(一)实施内容

信息技术教育以信息获取、处理与交流为主线,围绕学生的学习与生活需求,强调信息技术与社会实践的相互作用。考虑视障学生的不同特点,学校信息技术教学分年级、有重点、有计划、有目标地开展:1－3年级主要培养使用信息技术的兴趣;4－6年级主要是培养学生感知信息的能力,建立初步的信息意识,并使其了解信息技术基本工具的具体内容及其使用方法;7－9年级主要是进一步提高学生的信息意识,培养其获取、传输、处理、使用信息的能力。总体来看,要培养学生以信息技术为工具进行终身学习的习惯,并提高学生的信息素养,使之初步形成正确的信息观。所有教学内容共分为15个模块(见表5-1)。

表 5-1　视障学生信息技术教育学段模块

学段	模块	内容
第一学段	第 1 模块	信息技术初步模块
	第 2 模块	操作系统简单介绍模块
	第 3 模块	计算机辅助学科教学模块
	第 4 模块	利用计算机进行欣赏模块(选学)
第二学段	第 5 模块	盲用语音软件模块
	第 6 模块	信息获取模块
	第 7 模块	信息加工与表达模块
	第 8 模块	信息技术与社会模块
	第 9 模块	文字处理模块
第三学段	第 10 模块	信息技术简介
	第 11 模块	操作系统简介
	第 12 模块	计算机系统的硬件与软件
	第 13 模块	网络基础及其应用
	第 14 模块	选修模块 用计算机处理数据
	第 15 模块	选修模块 用计算机制作多媒体作品

(二)实施目标

教师在教学过程中要根据学生的学习能力水平和年级水平制定不同的实施目标,学校为视障学生提供了三个阶段的不同学习内容,同时由于视障学生存在全盲和低视力两类,学习效果有所差异,所以学校视障信息技术课程教学目标在每一学段都分为全盲和低视力两种(见表5-2)。

表 5-2 视障学生信息技术课程教学目标

学段		目标描述
第一学段	全盲	1. 学会使用电话、电视机，了解雷达、计算机的功能 2. 掌握标准的打字姿势，能识别键盘上的键位 3. 通过听觉、触觉获取信息，提高语言表达能力 4. 利用信息技术进行各科学习，获取及时有效的学科知识
	低视力	1. 学会使用电话、电视机，了解雷达、计算机的功能 2. 掌握标准的打字姿势，能识别键盘上的键位 3. 通过各种感官获取信息，提高语言表达能力 4. 利用信息技术进行各科学习，获取及时有效的学科知识 5. 利用信息技术使学生认识颜色、辨别图形，对视力进行补偿
第二学段	全盲	1. 能够使用操作系统 2. 能用中文输入法进行汉字输入 3. 掌握常用的办公软件 4. 利用信息技术辅助学习，使信息技术成为学习的工具 5. 通过信息技术体现自我求知与共同合作的精神
	低视力	1. 能够使用操作系统 2. 能用中文输入法进行汉字输入 3. 掌握常用的办公软件 4. 利用信息技术辅助学习，使信息技术成为学习的工具 5. 通过信息技术体现自我求知与共同合作的精神 6. 认识多媒体，认识操作系统，并能制作简单的多媒体课件
第三学段	全盲	1. 了解计算机的软硬件知识 2. 能够搜索、下载网络资源 3. 能收发 E-mail 4. 使用互联网了解社会，获取信息，了解互联网的社会作用 5. 了解数据和数据处理的基础知识
	低视力	1. 了解计算机的软硬件知识 2. 能够搜索、下载网络资源 3. 能收发 E-mail 4. 使用互联网了解社会，获取信息，了解互联网的社会作用 5. 了解数据和数据处理的基本知识，掌握数据处理软件的应用 6. 制作网页

（三）实施建议

信息技术课程已经由单纯的技能训练上升为全面的信息素养的培养，因此，信息技术教师要在认真研究课程特点的基础上，加强理论学习，结合教学实际，探索行之有效的教学方法和教学模式，在教学时应着重注意：(1)从培养兴趣入手，营造有利于视障学生主动创新的信息技术学习氛围；(2)合理选用并探索新的教学方法与教学模式；(3)从问题解决出发，提高视障学生运用信息技术解决实际问题的能力；(4)在亲历处理信息的过程中开展相互交流，培养视障学生的合作精神；(5)关注视障学生的生理差异和认知特点的差异，鼓励个性化发展；(6)培养视障学生对信息技术发展的适应能力及适应未来信息社会的能力。

（四）学习策略

学习策略指学生为了有效地学习和发展而采取的各种行动和步骤。信息技术的学习和掌握，要通过不同的策略来完成，包括基础学习策略、认知策略、调控策略、交际策略和资源策略等。教师应该在教学中，帮助学生形成适合自己的学习策略。认知策略是指学生为了达到一定的学习目标而采取的步骤和方法；调控策略是指学生对学习进行计划、实施、反思、评价和调整的策略；交际策略是指学生为了争取更多的交际机会、维持交际及提高交际效果而采取的各种策略；资源策略是指学生合理并有效利用多种媒体进行学习和运用信息技术的策略。

学习策略的多样性为各种差异提供了更好的平台。在信息技术的教学中，教师要有意识地根据学生的自身特点，帮助他们形成适合自身特点的学习策略，并使之具有不断调整自身学习策略的能力。在信息技术课程的实施中，帮助学生有效地使用学习策略，不仅有利于他们把握学习的方向、采用科学的途径、提高学习效率，而且还有助于他们形成自主学习的能力，为终身学习奠定基础。学校视障学生信息技术学习策略主要包括以下几方面内容（见表 5-3）。

表 5-3　视障学生信息技术学习策略

情感策略	1. 树立学习信息技术的信心 2. 认识学习信息技术的意义 3. 善于发现计算机学习中的乐趣 4. 注意调整信息技术学习中的情绪 5. 理解他人的情感 6. 乐于向其他学生提供帮助

续表

基本策略	1. 积极听课,完成学习任务 2. 制订单元、学期学习计划 3. 虚心向老师、同学请教与学习 4. 多听多思考,练习触摸键盘与集中注意力
认知策略	1. 根据需要进行预习 2. 对所学知识及时复习 3. 积极思考,整理要点 4. 把新旧知识联系起来 5. 善于做课堂笔记 6. 借助联想把相关知识联系起来 7. 增加自己的感性认识,多接触,多练习,培养兴趣 8. 尝试多操作练习,加大阅读笔记量
管理评价策略	1. 明确自己学习信息技术的阶段性目标 2. 确定自己的学习需要 3. 制订信息技术掌握内容的计划 4. 把握信息技术学习的重要内容 5. 善于创造和把握学习机会 6. 积极参与课内外学习活动 7. 注重反思在学习过程中的不足,总结经验 8. 学习中遇到困难知道如何获得帮助 9. 经常集体讨论学习内容,交流学习经验,传授各自特长,吸取其他人的优点 10. 积极开展课外活动,提升学习积极性
交际策略	1. 在平时的学习生活中,尽量多使用信息技术进行交流与沟通 2. 抓住利用网络进行交流的机会,尽可能发掘更快捷、更便利的信息交流手段 3. 在信息沟通中,提高文字和词汇的表达能力 4. 在信息沟通中,遇到困难时能够及时找老师或同学寻求解决办法
资源策略	1. 注意通过网络搜集资源丰富自己的知识 2. 注意信息选择的正确性、社会性和道德性 3. 通过信息技术了解时事消息,关心国家大事,及时知道形势

（五）实施评价

评价是信息技术教学的有机组成部分，对视障学生信息技术的学习具有较强的导向作用。在教学评价的过程中要遵循一定的评价原则，同时在评价内容和评价方式上要根据所学知识特点和学生能力进行，评价结果一方面要能反映教学的真实情况，同时也能对下一步开展教学提供建议。

1. 评价原则

（1）强调评价对教学的激励、诊断和促进作用，弱化评价的选拔与甄别功能；(2)发挥教师在评价中的主导作用，创造条件实现评价主体的多元化；(3)关注视障学生的个别差异，鼓励学生的创造实践。

2. 评价内容与评价方式

(1)综合运用各种过程性评价方式，全面考察视障学生信息素养的养成过程；(2)评价与教学过程相结合，动态把握、及时引导视障学生情感、态度和价值观形成；(3)纸笔测验和上机测验相结合，开展总结性评价。

3. 评价的组织实施

(1)结合实际情况和具体评价目标，体现针对性和效益性；(2)合理应用信息技术进行教学评价，提高评价效率；(3)提高信息技术教师教学评价的专业技能，加强团队合作。

三、案例分析

信息技术在特殊教育中的应用分为在信息技术课程中的应用和在非信息技术课程中的应用。两者教学内容、教学方法、教学资源各不相同，信息技术在信息技术课程中的应用主要目标是教会学生如何使用现代信息技术，而在非技术课程中的应用着重强调教师通过使用信息技术来提升学生的学习效果，现分别就两者进行案例分析。

（一）信息技术课程

现代社会是信息社会，视障学生的生活、学习、工作都离不开信息技术。信息技术课程是视障学生的一门必修课，由于视觉缺陷，视障学生在学习信息技术的时候，最困难的莫过于如何通过信息技术与人进行交流，这就要求教师在教学的过程中创新教学方法，根据学生特点开展教学。下面以视障学生信息技术课程"聊天工具——QQ 的使用"为例，探讨视障学生信息技术课程的教学（见表 5-4）。

表 5-4　"聊天工具——QQ 的使用"教案

班级：B6　　教师：王文坚

教学目标	1. 认知目标：掌握 QQ 的基本功能并完成任务项目 2. 能力目标：培养学生通过聊天工具与其他人交谈的能力 3. 情感目标：体验发现问题、思考探究的过程，感受"网海无涯、学无止境"		
教学内容	聊天工具——QQ 的使用	教学重难点	重点：QQ 软件的主要功能和使用方法
			难点：软件除聊天外的其他拓展功能
教学媒体的选择	争渡读屏软件公益版、计算机网络教室		
教学过程	1. 导入	教师：大家现在上网都做些什么？ 学生：QQ、看电影、听歌等。 教师：看电影和听歌的软件我们前段时间已经学习了，大家一起来回顾一下有哪些软件？而我们网上聊天基本上都是用 QQ 软件，今天我们就一起来认识非常有名的聊天软件——腾讯公司开发的 QQ 软件。QQ 是 Internet 即时通信软件。它支持在线聊天、视频电话、传输文件、共享文件、网络硬盘、QQ 邮箱等多种功能，我们可以使用 QQ 方便、高效地和朋友联系，而这一切都是免费的	
	2. 新授（示范操作，用争渡读屏操作）	（1）腾讯 QQ 2013 的启动 步骤： ① 启动争渡读屏软件（Ctrl＋Alt＋F10）； ② 通过快捷键"Win 键＋字母 M"跳转到桌面列表，并用方向键找到桌面上的"腾讯 QQ"图标，按回车键打开； ③ 输入上节课注册的 QQ 号码后，按 Tab 键切换到密码框后输入注册时设置的密码，按回车键确定； ④ 听到"搜索：联系人、讨论组、群、企业"的提示音时，代表 QQ 已经成功登录了。 （2）切换窗格 ① Ctrl＋Alt＋Z 激活 QQ 窗口； ② 通过快捷键"Alt＋字母 N"切换窗格，可以听到"联系人列表窗格""群列表窗格""微博窗格""窗格""会话列表窗格"。其中的"窗格"就是我们经常听到的 QQ 空间；	

续表

		③ 切换至"联系人列表窗格"。 （3）发送消息给指定的好友 ① 通过按下方向键可以听到"我的好友折叠"。此时，按回车键展开"我的好友"。如果听到的是"我的好友已展开"，无需进行这一步的操作； ② 继续按下方向键，找到好友的昵称后按回车键，读屏软件提示焦点在"可编辑文本"； ③ 切换输入法为"搜狗拼音输入法"，输入"你好!"后按快捷键"Ctrl＋Enter"发送消息。 （4）读取好友消息 当好友发来消息后，会听到"嘀嘀嘀"的提示音，下面我们就通过下面的方法，来读取好友的消息。 ① 按快捷键 Ctrl＋Alt＋Z 提取 QQ 消息，读屏软件提示焦点在"可编辑文本"； ② 按 Tab 键切换至"可编辑文本只读"； ③ 通过按上方向键读取好友发来的消息
	3. 分组练习	将学生分为两个小组，通过小组的交流、探讨，发送消息至对方小组，并阅读对方发来的消息，教师巡视指导
	4. 探索发现，拓展应用	QQ 发展至今已经具备了非常多的功能，我们能不能概括一下 QQ 的一些最主要、最实用的功能，以方便同学们以后可以更得心应手地操作它？下面各小组同学讨论 10 分钟。 有哪些同学觉得自己是QQ通的？可以为大家介绍并演示一下该软件的其他功能：(1) 请两位学生演示；(2) 学生共同练习
	5. 课时小结	同学们，QQ 已经成了我们课余通信聊络的好工具，通过今天的学习我们已经对 QQ 的功能有了更进一步的发现和应用，建议大家多运用 QQ 进行有意义的讨论或学习交流，不要沉湎于无目的的闲聊或游戏之中。 通过这节课的学习，你有什么收获？你会使用 QQ 了吗？
	6. 课外作业	本节课我们使用的是争渡读屏软件中的 Tab 键导航和光标键导航来操作 QQ 的，请大家利用课外的时间，探讨一下区块式导航能操作 QQ 么？如果可以，请在盲文纸上写出操作步骤

续表

教学反思	本节课的教学内容对于学生有很大的吸引力,由于许多学生在日常生活中已经使用过QQ软件,所以教学过程的导入相对较容易。本节课的内容更多地是关于QQ的拓展功能,通过让学生自己找寻QQ拓展功能可以培养学生独立学习的能力。本节课的不足之处在于对于那些能力水平较低的学生,学习起来可能会有困难,同时,课堂中学生可能会上网聊天,不太关注教师所讲内容,课堂的紧凑性可能不足。

"聊天工具——QQ的使用"是视障学生信息技术教育中重要的教学内容,QQ聊天软件是最常使用的聊天工具之一,通过学习QQ的使用,一方面可以锻炼他们的语言能力,另一方面也可以促进他们社会融合能力的发展。本教学设计重难点突出,很适合视障六年级的教学。教学目标明确,兼顾了学生的当前学习以及长期发展。在导入方面,通过问同学们平时上网干什么这个话题,可以调动学生的学习热情,同时也可以了解学生平时的休闲活动。在新课教学过程中由简入难,由如何开启软件到如何使用软件都能适合学生的学习能力,同时也充分考虑到了不同学生的学习水平。通过分组练习既可以强化学习效果又能培养学生的合作意识和竞争意识。在探索发现阶段可以充分发挥学生的好奇心,让他们更能记住自己发现的QQ新的功能。相信通过这节课的学习,学生使用QQ聊天工具的时间会逐渐增加,语言能力和交流能力也会不断得到提高。

(二)非信息技术课程

在特殊教育学校中,信息技术的应用不仅仅体现在信息技术课程中,更多地体现在将信息技术应用到其他非信息技术课程中,将信息技术与学科课程相结合,从而提高学生的学习效果。非信息技术课程是指除信息技术课以外的语文、数学、英语等课程。本节选取视障学生五年级语文课"地震中的父与子"教案进行案例分析(见表5-5)。

表5-5 "地震中的父与子"教案

班级:B5　　教师:刘丽

教学目标	1. 认知目标:有感情地朗读课文,积累描写人物的好词佳句 2. 能力目标:读懂课文,运用提问的方式理解含义深刻的句子 3. 情感目标:感受父子的亲情,学会爱别人,增强做人的责任感	
教学内容	地震中的父与子	教学重难点: 重点:引导学生从具体的语言环境中感受父爱的伟大力量 难点:理解含义深刻的句子

续表

教学媒体的选择	电脑、投影、电子白板	
教学过程	1. 创设情境,揭示课题	(1) 播放一段地震的视频,引出课题。 老师:同学们好! 学生:老师好。 老师:先请同学们看一段视频。 (学生看视频) 老师:这是讲什么地方发生的地震? 学生:日本神户。 老师:今天这节课,我们也要学习一篇和地震有关的课文,请大家齐读课题。 学生:地震中的父与子。 老师:地震中的父与子,这是一场怎样的地震?在这场地震中,父亲和儿子之间发生了一件什么事?请同学们听读课文,寻找这两个问题的答案。 (2) 听读课文,问答问题。 (学生听读课文)。 老师:刚才同学们听得很认真,让我们来交流一下,这是一场怎样的地震? 学生:这是一场突如其来的大地震。 老师:你从哪儿知道的? 学生:有一年,美国洛杉矶发生大地震,30万人在不到四分钟的时间里受到了不同程度的伤害。 老师:30万人,不到四分钟,灾难的来临就是这样突如其来、伤害巨大。 老师:还从哪里读出了这是一次非常严重的大地震。 学生:那个昔日充满孩子们欢声笑语的漂亮的三层教学楼,已变成一片废墟。 老师:昔日是一片欢声笑语,今日是一片废墟。这就是大地震带给我们的惨烈对比。 老师:刘老师找到了一组图片,这是洛杉矶大地震后拍下的照片。高高的地交桥眨眼间变成了残垣断壁;漂亮的小轿车被倒塌的房屋硬生生拦腰砸断;消防队员望着豪华的商业街变成了一地瓦砾,束手无策;大地震后引发的大爆炸吞噬着人们最后的希望;昔日美丽的家园如今变得这样荒凉。

	老师:在这场惨不忍睹的大地震中,父与子之间发生了一件什么事呢? 学生:有一年,美国洛杉矶发生大地震,一位父亲安顿好受伤的妻子,就冲向儿子的学校。救出了儿子和儿子的同学。 老师:说得很完整。 老师:父子俩终于又—— 学生:团聚了。 (3) 朗读最后一段,课文是怎么评价这一对父与子的? 老师:面对大地震这样的灾难,生命在转瞬间灰飞烟灭,可这对父与子却创造了生命的奇迹,请同学读最后一段,看看课文是怎么评价这一对父子的? 生:这是一对了不起的父子。
2. 品读感悟,深入情境	(1) 浏览课文1—12自然段,找出描写父亲了不起的段落。 老师:这是一对了不起的父与子。了不起的父亲,了不起的儿子。这节课,我们先走近这位了不起的父亲。请同学们快速浏览课文1—12自然段,从哪些段落中你读出了父亲的了不起? (学生浏览课文,圈点批注,教师巡视) 老师:咱们来交流交流。你从哪些段落中读出了父亲的了不起? 学生:从第2、3、5、7、9、12段中读出了父亲的了不起。 (2) 品读2至3自然段,看看父亲有什么了不起? 重点理解:不论发生什么,我总会和你在一起。 老师:真好,同学们从这么多地方,从字里行间读出了父亲的了不起。咱们就一部分一部分地来交流。 (学生齐读2至3段) 老师:同学们读得很整齐,这两段主要写了父亲有什么了不起? 学生:父亲想起对儿子的承诺,就去兑现他的承诺。 老师:什么承诺? 学生:不论发生什么,我总会和你在一起。 老师:齐读一遍这个句子。 学生:不论发生什么,我总会和你在一起。 老师:这里的"什么"指的是什么?

续表

		学生:所有事、任何事。 老师:这就意味着不管是大事, 学生:还是小事。 老师:不管是高兴的事。 学生:还是悲伤的事。 老师:不管是成功的事, 学生:还是失败的事。 老师:不管这件事是否危及到 学生:人的生命。 老师:这让我们看到了一位了不起的父亲
	3. 拓展延伸,总结全文	(1) 播放汶川地震的几幅图片,感受父母的爱。 此情此景,让我想起5·12汶川大地震后始终萦绕在我脑海中的一个形象、一个动作、一段言语。请同学们来看。 (课件音乐起,陆续出现汶川地震的一幅幅图片) 老师:男儿有泪不轻弹,此刻,这个痛失女儿的男人用孤独无助的泪水告诉我们,什么是一个父亲心中最深的伤痛;又是父亲,他背着从废墟中挖出的儿子的尸体,艰难地行进在山路上,原因只有一个,要带儿子回家;这个婴儿的妈妈,用血肉之躯顶住坍塌的天花板,护佑这个小生命甜甜的梦,却只是在临终前留下这样的一则手机短信:亲爱的宝贝,如果你能活着,一定要记住,妈妈爱你…… (2) 交流父亲对儿子说的话,走进父亲的心。 天下的父母千千万,爱子之情却一样深。此时此刻,挖掘已进行了36个小时,可是儿子还生死未卜。这个深爱儿子的父亲会对心爱的宝贝说点什么呢?请同学们好好想一想,再一次走进父亲的心。 老师:请你动情地读给大家听。 学生:你渴不渴?饿不饿?难不难受?你一定要挺住啊! 学生:你在哪儿?你一定要坚持住,爸爸马上就来。 学生:儿子,爸爸已经离你很近了,等着我。 老师:谢谢同学们!你们深情的话语让我想起这样一首诗:总有一个人将我们支撑,总有一种爱把我们环绕,这个人就是—— 学生:父亲。 老师:这种爱就是坚守承诺,坚持挖掘的,如山的—— 学生:父爱。

续表

4. 总结全文,布置作业	老师:这就是地震中的父与子演绎的一个感人至深的故事。下节课,我们再走进课文,看看这位了不起的父亲,又有着一位怎样了不起的儿子。 老师:好吗? 学生:好! 老师:下课。今天的作业是: (1)把课文中的故事讲给爸爸妈妈听;(2)续写:父子团聚之后	
教学反思	在本课的教学中,我强调让学生"读",通过个别读、齐读等一系列方式,让学生感受父亲全力救出儿子的过程,让学生在情感受到激荡的同时品味语言、积累语言。我强调让学生"找",找那些负载着父亲爱子之心、悲痛之情的词句,让学生在对语言文字深入的把握中获得细腻的体验。我强调让学生"写",把对"这位父亲"的崇敬之情融入到文章结局的续写之中,让学生把充沛的情感积累外化为书面语言。在教学中也存在着一些不足,在训练学生的语言表达时,设计的形式还不够多样,如果在设计训练点的时候,集中力量于一点,时间会更充裕,效果会更好一些	

父与子的感情是世界上最珍贵的亲情,地震中的父与子更能体现父亲对儿子的爱。在教学目标中本节课突出"情感"二字,让学生体验父子情深,学会爱别人,增强社会责任感。教学重难点突出,尤其在难点中,本节课所讲的"亲情"对于视障学生来说较为抽象,相对难以理解。在教学导入阶段,通过播放地震视频的方式可以充分发挥视障学生的听觉优势,使他们如身临其境能更加真实地感受到地震时紧张的节奏,为下一步突显父子之情做好铺垫。同时,在教学过程中通过教师和学生一问一答的方式既可以保持学生的注意力又可以将学生逐步带入情境,使学生从内心深处感受地震的可怕和父子情的可贵。在拓展阅读阶段,引入汶川地震更能使学生体验文章的思想感情,同时,一些同学可能对汶川地震不是很了解,教师可以引导学生在课后通过上网搜索相关内容,了解汶川地震中的感人事迹,一方面有利于学生巩固本节课所学内容,另一方面引导学生通过网络获取更丰富的学习资料。

第二节　信息技术在听障学生教育教学中的应用

特殊教育对象的特殊性为信息技术的广泛应用提供了很多机会。听障学生由于听力受损,在思维、记忆等方面存在着一定的劣势,而信息技术在听障学生教育中的应用,可以为他们创造良好的视觉环境,拓宽信息传递的渠道,极大地弥补他们的听力缺陷,有利于培养他们的信息素养以及利用信息技术进行终身学习的能力,为他们将来的发展打下良好基础。信息技术在听障学生教育教学中的应用既可以提高教师的教学质量和效率,也可以增强学生的学习能力,对教师和学生来说都是一举两得的好方法。深圳元平特殊教育学校自1991年建校伊始,率先在听障教育部开设信息技术课程,开创了特殊教育领域信息技术教育的先河。目前,学校面向听障学生的信息技术课程是从三年级开始,贯穿六个年级,内容分为两个学段,即3—5年级为第一学段,6—8年级为第二学段,且每个年级每周均为2个课时。除了专门的信息技术课程外,在听障学生的其他课程当中也渗透了信息技术。深圳元平特殊教育学校正逐步探索着信息技术与各类课程的整合,充分发挥信息技术在教学中的作用,力图为听障学生创设适合他们的教学形式。

一、教学设计

教学设计是整个教学过程的开端,对于教学实施过程具有重要影响。教学设计首先需要对听障学生和教学内容进行分析,在充分了解学生特点和教学内容的情况下,秉承基本的教学理念,结合信息技术和学生特点确定教学目标、教学重难点和教学方法,并选择适宜的多媒体,为教学过程的实施提供切实可行的计划。

(一)教学内容分析

信息技术已经融入到我们生活中的方方面面,听障学生也需要懂得如何使用信息技术,而他们更多是要在掌握一定的信息技术的基础上,能够利用信息技术自主学习并与人沟通。信息技术在听障学生教育教学中的应用主要体现在两个方面:一方面是专门的信息技术课程;另一方面是将信息技术作为辅助手段的其他类型的课程,如语文、数学、劳动技能等。而听障学生信息技术课程内容包括认识计算机、画图、拼音输入法、文字处理、演示文稿的制作等,主要是计算机基础知识,相对来说简单易行,学生在掌握的基础上可以实现自主学习。

(二) 教学对象分析

一切教学活动都是围绕着教学对象来开展的，而学生在学习的过程中是以其自身的特点来进行学习的。因此要达到学习目标，完成学习任务，必须重视学习者的学习特征，也就是对教学对象进行一定的分析。① 这也就意味着，信息技术在听障学生教学中的应用也必须在分析听障学生特征的基础上开展。

听障学生由于听力存在不同程度的损伤，其视觉补偿的功能就会显现出来，因此他们的形象记忆发展得比较好，同时思维以形象思维为主。而他们的形象记忆与普通学生之间没有差别，记忆结果也无差别。因此，信息技术的直观形象性为听障学生的学习提供了良好的契机。这也是信息技术得以在听障学生的教学过程中发挥重要作用的原因之一。此外，由于听障学生抽象思维能力较差，因此对于学习内容的理解能力也较差，极大地影响了他们的学习进度。信息技术的利用可以丰富学生的感官活动，调动学生的积极性，使学生充分参与到教学过程中，有利于提高他们的理解力。

在掌握听障学生基本特点的基础上，每次教学活动的开展还需要考虑其他的因素，如学生数量、理解能力、思维能力和兴趣爱好等，教学设计需要对学生的这些情况进行分析。只有在多方面了解学生的前提下，教学设计才会更有针对性，教学活动的开展才更容易激发学生的积极性。

(三) 教学理念分析

信息技术课程是一门知识性与技能性相结合的基础工具课程，是听障学生融入和适应社会的有效工具。有效地利用信息技术能帮助听障学生补偿缺陷、开发潜能，提高他们的语言和交往能力，为将来适应社会、终身学习和发展奠定基础。因此，信息技术课程的教学需要秉承"以生为本"的理念，强调听障学生知识和技能的提高，为他们将来走向社会并适应社会打下良好的基础。学校的《听障信息技术课程标准》中明确提出听障学生信息技术课的基本理念包括：(1) 提升听障学生的信息素养，使信息技术成为终身受用的工具，培养学生自强不息的奋斗精神；(2) 营造良好的信息环境，重视可持续发展，为听障学生打造终身学习的平台；(3) 充分考虑听障学生的生理和心理差异，实行分类教学；(4) 注重利用信息技术帮助听障学生补偿缺陷、开发潜能，提高听障学生的语言和交往能力；(5) 注重运用信息技术解决问题的方法，提高听障学生的实践能力；

---

① 郭立红. 基于高中聋生学习特征的信息技术与课程整合策略研究[D]. 北京：首都师范大学硕士学位论文，2008：9.

(6)注重培养听障学生的合作精神,构建健康丰富的信息文化;(7)加强与普通教育的融合,增强听障学生平等参与和融入社会的意识。

(四)教学目标分析

深圳元平特殊教育学校听障学生的信息技术课程随着校本课程的开发逐渐形成了自己的课程体系。学校《听障信息技术课程标准》明确提出了听障学生信息技术课的总目标:培养听障学生对信息技术的兴趣和意识,让学生了解和掌握信息技术基本知识和技能,了解信息技术的发展及其应用对日常生活和科学技术的深刻影响。培养听障学生获取信息、传输信息、处理信息和应用信息的能力,有效地利用信息技术帮助听障学生补偿缺陷、开发潜能,提高他们的语言能力和社会交往能力,教育学生正确认识和理解与信息技术相关的文化、伦理和社会等问题,培养学生良好的信息素养,把信息技术作为支持终身学习和合作学习的手段,为适应信息社会的学习、工作和生活打下必要的基础。而听障学生信息技术课程的阶段目标具体如下。

1. 第一学段(3—5年级)

(1)学生初步建立对计算机的感性知识,了解计算机在日常生活中的应用,对学习和使用计算机产生兴趣和意识;

(2)学生树立正确的学习态度,养成爱护机器设备、遵守机房规则等良好习惯;

(3)学生初步学会用计算机处理文字、图形的技能;

(4)学生初步掌握信息获取与处理的基本方法;

(5)学生形成良好的信息意识,了解信息技术的发展及其对社会的影响;

(6)学生与共事人形成良好的协作关系。

2. 第二学段(6—8年级)

(1)学生有较强的信息意识,深入了解信息技术的发展及其对社会的影响;

(2)学生掌握网络的基本知识,学会信息获取、传输、处理、应用的基本方法;

(3)学生熟练掌握一种汉字输入方法;

(4)学生能较好地对文字、图形、动画、视频等素材进行加工与处理;

(5)学生初步掌握数据处理的基本方法;

(6)学生掌握利用网络进行人际交流、融入社会、回归主流的能力;

(7)学生能用科学的态度,自觉依法进行与信息有关的活动。

除听障学生信息技术课程目标外,听障学生信息技术课程的教学目标则包括三个方面的内容,即知识与技能、过程与方法、情感态度与价值观。其中,知识与技能目标主要是让听障学生习得一定的信息技术的知识,并能学会一些基本的操作技能。过程与方法目标则是通过教学过程的各种策略调动学生的积极性,让他们在充分参与的过程中掌握应用信息技术的方法。而情感态度与价值观目标是培养学生对信息技术的兴趣,激发他们的求知欲,养成良好的信息道德,树立尊重科学、学习科学和运用科学的宏伟理想。

(五)教学重难点分析

教学重点和教学难点均是教学需要达到的目标,但两者存在着一定的差异。教学重点是教学设计的重要环节,也是教学必须达到的目标,它是学生能够通过自己的努力或在教师的指导下能够完成并掌握的内容。而教学难点则偏向于学生较难掌握的知识,必须充分考虑到所有学生的身心发展状况,根据他们的差异完成不同要求的任务。在听障学生的信息技术课程教学当中,教学重点是听障学生必须在课堂中掌握的内容,而教学难点是根据每个学生的情况而设的。以《听障信息技术课程标准》中模块10——Photoshop 的第二课的内容,即选取工具为例,其教学重点是:(1)掌握运用全选、拷贝和粘贴命令组合图片的方法;(2)运用魔棒工具选择背景并去除背景的方法;(3)保存图片。而教学难点是:使用"自由变换"命令来改变相片的大小和位置。相较于教学重点,教学难点所涉及的内容更加复杂,对于学生来说难度更大,他们需要投入更多的时间和精力才能够掌握。

(六)教学方法选择

在教学方法上,考虑到听障学生"以目代耳"获取信息的感知特点和形象思维优于抽象思维的特点,激发学生的学习兴趣,提高课堂教学质量,主要采取直观性教学、引导性教学和实践性教学的方法。①

1. 直观性教学

视觉是听障学生获取信息的主要渠道,基于这一考量,在听障学生的教学过程中,要利用图片、形体等因素增加教学活动的直观性,使学生能够深入认识理解课程内容。在这方面计算机网络和多媒体技术是进行形象教学的最佳工具,为听障学生的教学方式和手段的改革带来了契机。②

---

① 王建民.按聋生特点加强计算机学科教学[J].中学教育,2002(8):22.
② 王建民.按聋生特点加强计算机学科教学[J].中学教育,2002(8):22.

2. 引导性教学

引导性教学注重学生学习过程的自主性。教师在教学过程中运用引导性思维，由易到难、由浅入深、循序渐进地引导学生分析和理解教学内容。同时，教师要时刻注意学生的学习状态，对学生进行实时引导，使学生能够跟上学习进度，使他们由被动学习转为主动学习，真正成为学习的主人。

3. 实践性教学

听障学生习惯于用手语进行交流，动手操作能力较好。在教学过程中，通过让学生自己动手的形式，一方面加深他们对学习内容的理解，另一方面也便于他们对学习内容进行记忆。

（七）教学媒体的选择和使用

学校听障学生信息技术课程的教学内容是计算机知识，而计算机对听障学生信息技术课程的学习至关重要。计算机是一个人机互动的界面，听障学生在与计算机进行互动的过程中可以掌握一定的知识，这种学习方式对他们来说非常具有吸引力。除信息技术课程外，听障学生其他类型课程的教学媒体主要是具有形象化和直观性的特点，可以给学生带来充分的视觉感受，如交互式电子白板，它可以实现互动式教学的目的，充分激发学生的学习欲望。

（八）教学过程设计

教学过程设计是整个教学设计的核心，其他的教学设计环节都是为教学过程服务的。教学过程设计是教学实施的重要依据，包括教学步骤设计、教学时间的分配、教学重难点的突出等多方面的情况。一般而言，教学步骤主要包括导入新知识、教授新知识、巩固新知识和布置作业等。此外，在对教学过程进行设计时，需要充分体现教学设计其他方面的内容，如在教学实施过程中教师如何使用教学方法、如何突出重难点、如何实现师生互动等。不管是听障学生的信息技术课程还是其他类型课程，教学过程设计都要突出以"学生"为中心，在充分分析他们能力的基础上设计符合他们特性的教学过程，有利于听障学生在教学实施过程中真正掌握所学内容。

（九）教学反思

教学反思是教师在教学活动结束后对整个教学过程进行回顾和反思，有利于教师在总结经验教训的基础上提升自己的教学水平。尽管教师在对听障学生进行教学之前会做好一系列的准备，即进行教学分析，但听障学生是一群差异较大的群体，而教学过程是一个动态的过程，需要师生之间的合作与互动。因此，教学活动中往往会出现一些教师意料之外的情况，可能是一些教学过程中的小问题，也有可能是一些启发教师的情景。故而在教学活动结束后，教师对整个教学过程的反思具有重要意义，对于教师和学生来说都是一个必要的环节。

下面以深圳元平教育特殊教育学校信息技术组教师苏毅钧对八年级听障学生的信息技术校本课程第三章第一课"SUM 和 AVERAGE 函数的应用"为例，呈现听障学生信息技术课程教学设计的具体内容。

"SUM 和 AVERAGE 函数的应用"教学设计

深圳元平特殊教育学校　信息技术组　苏毅钧

[教学内容分析]

本节课是我校《信息技术校本教材(听障版)八年级上册》中的《第三章 数据处理》的《第一节 函数和公式》中的《使用函数进行数据的统计和分析》部分的内容。在之前的教学中，学生已经对 Excel 这个软件的功能有了较全面的了解，并掌握了工作表以及单元格的基本操作。而从本章起，将讲解 Excel 的另一个重要功能——数据处理，其中本节学习的两个函数 SUM 和 AVERAGE 是 Excel 数据处理中最基本的，也是最常用的函数。

[教学对象分析]

本节课的教学对象是听障 D 八班，全班共有 11 名学生，只有两位学生的计算机水平较差，其余学生都能较熟练地掌握基本的计算机知识。同时，全班学生都能理解"求和"和"求平均值"的意思，并能用数学知识进行计算。

[教学理念分析]

范例教学：利用与学生生活、学习密切相关的例子进行教学，既提高学生学习的兴趣，也让学生熟练掌握知识，提高课堂效率和学习效果。

以竞赛的方式导入：直接投影一个例子，让学生跟老师进行比赛，看谁先计算出"总分"和"平均分"。通过此方式，让学生感受用 Excel 处理大量数据的快捷方便，以使学生更有兴趣学习本节课的内容。

[教学目标分析]

1. 知识目标：熟练掌握求和函数和求平均值函数的应用。

2. 能力目标：

(1) 了解"插入函数"对话框的各个选项的功能；

(2) 掌握函数插入的方法和步骤。

3. 情感目标：

(1) 让学生感受科技给生活带来的便捷，加强学习知识的主动性；

(2) 培养学生发现问题、解决问题的能力；

(3) 提高学生的信息技术素养。

[教学重难点分析]

重点:SUM 和 AVERAGE 函数的应用。

难点:函数插入的方法。

[教学方法分析]

任务驱动,讲练结合。

[教学反思]

本节课中,学生的学习兴趣浓厚,积极性较高,在教师"讲"和"示范"、学生"练"的环节中配合良好,能较好地完成课堂任务,有较好的课堂教学效果,较好地完成了教学目标。此外,通过 Excel 进行大量数据处理的例子练习,让学生感受到了计算机以及科学技术给生活带来的方便、快捷,达到了预期的情感目标。

二、教学实施

信息技术课程实施必须以听障学生为中心,遵循直观性、情境性和调试性的原则,同时要围绕教学内容来开展。学校听障学生信息技术课程是针对3—8年级的学生,不同年级学生能力不同,信息技术的教学内容也存在着一定差异。

（一）实施原则

1. 直观性原则

直观性原则顾名思义就是在教学实施过程中要体现信息技术的直观性,充分发挥听障学生的视觉感受能力,使他们能够利用视觉获得的形象化信息促进学习活动的开展。视觉是获得知识的主要途径之一,对于听障学生来说更是如此。信息技术制作的多媒体课件,包括图形、图像、视频和动画等内容,集直观性、形象性于一体,容易引起听障学生的注意,是一种符合听障学生特点的教学方式。

2. 情境性原则

情境性原则就是利用信息技术的生动性,创设情境,发展听障学生的思维。著名数学家波利亚说:"学习任何知识的最佳途径是由自己去发现,因为这种发现理解最深,也最容易掌握其中的规律、性质和联系。"给听障学生创造一种愉快和谐的课堂气氛,让他们自己动手操作,使其主动获得感性经验,是提高教学效果、发展听障学生思维的重要途径。[1]

---

[1] 杨永丽.浅谈信息技术对聋生思维发展的作用[J].新课程研究,2011(9):169.

3. 调试性原则

调试性原则是指在具体教学中通过对教学各要素的调整,来适应学生的特殊学习需要,使学生顺利完成学习任务。调试性原则主要要求对四个要素进行调节,即学习目标、学习材料的类型(即随时给学生提供替代材料或补充材料)、学习时间、学习强度。[①] 听障学生受听力条件等多方面因素的限制,学习速度较普通人要慢,因此,教师在教学过程中要随时注意调整教学各要素,以适应学生的学习需求。

除了实施原则外,学校《听障学生信息技术课程标准》的教学建议提出:信息技术课程已经由单纯的技能训练上升为全面的信息素养的培养,因此,信息技术教师要在认真研究课程特点的基础上,加强理论学习,结合教学实际,探索行之有效的教学方法和教学模式,在教学时应着重注意:(1)从培养兴趣入手,营造有利于听障学生主动创新的信息技术学习氛围;(2)合理选用并探索新的教学方法与教学模式;(3)从问题解决出发,提高听障学生运用信息技术解决实际问题的能力;(4)在处理信息的过程中开展相互交流,培养听障学生的合作精神;(5)关注听障学生的生理差异和认知特点的差异,鼓励个性化发展;(6)培养听障学生对信息技术发展的适应能力及适应未来信息社会的能力。

(二)实施内容

本部分所提到的教学内容是指听障信息技术课程,学校《听障学生信息技术课程标准》的第三部分明确指出了听障学生各年级信息技术课程的教育内容与知识点(即模块)(见表5-6),且每个知识点有更加细分的教学内容,如八年级下学期的信息技术的教学知识点包括六个主题内容,每个内容又可划分为多个教学内容(见表5-7)。

表5-6 听障学生信息技术课程教育内容与知识点

年级	知识点(模 块)
三年级(上)	认识计算机
三年级(下)	画图、拼音输入法
四年级(上)	王码笔画输入法
四年级(下)	操作系统
五年级(上)	文字处理——Word 2003 的使用(一)

[①] 盛永进.特殊教育学基础[M].北京:教育科学出版社,2011:234.

续表

年级	知识点（模块）
五年级（下）	文字处理——Word 2003 的使用（二）
六年级（上）	网上冲浪、网页制作——FrontPage 2003 的使用
六年级（下）	演示文稿的制作——PowerPoint 2003 的使用
七年级（上）	图形图像处理——Photoshop 的使用、二维动画制作——Flash 的使用
七年级（下）	视频编辑——会声会影的使用、制作多媒体作品
八年级（上）	电子表格处理——Excel 2003 的使用
八年级（下）	五笔字型输入法

表 5-7　听障学生信息技术校本课程内容之一——五笔字型输入法

年级/学期	所属模块	章	课程内容	
八年级（下）	五笔字型输入法	第一章　五笔字型输入法	第一节	基本字根
			第二节	键盘上字根的分布
		第二章　五笔字根	第一节	横区字根
			第二节	竖区字根
			第三节	撇区字根
			第四节	捺区字根
			第五节	折区字根
		第三章　汉字的拆分原则	第一节	汉字的字型结构分析（一）
			第二节	汉字的拆分原则
		第四章　五笔字型汉字输入的基本方法	第一节	一般汉字的输入方法及其练习
			第二节	简码的输入方法及其练习
			第三节	单根字的输入方法及其练习
		第五章　识别码	第一节	汉字的字型结构分析（二）
			第二节	识别码的使用方法及其练习
		第六章　词组的输入方法及其练习	第一节	双字词组的输入方法及其练习
			第二节	三字词组的输入方法及其练习
			第三节	四字和四字以上的词组的输入方法及其练习

此外，《听障学生信息技术课程标准》就内容标准进行了详细的界定：第一

学段(3—5年级)重点学习计算机入门的基础知识,学习图形的绘制与处理以及简单的操作系统的相关知识,了解信息技术基本工具的具体内容及其使用方法,着重学习一种汉字输入方法及文字处理软件 Word 的使用;第二学段(6—8年级)主要学习演示文稿的制作、字表处理软件的使用、图像、动画、视频等多媒体素材处理及网页制作等信息技术的综合应用,并进一步熟练掌握一种汉字输入方法(对于听障学生来说,五笔字型输入法是比较合适的选择)。

三、案例分析

案例分析是在教学过程结束后对于当时的教学情境进行反思的过程,是理论与实践之间的桥梁。案例分析是基于对课堂教学的思考,是教师总结自己的教学经验的有效形式,为教师之间的交流提供了良好的素材。学校关于听障学生信息技术应用教学的案例分析分为两种:听障学生信息技术课程和渗透信息技术的其他课程。

(一)信息技术课程

为了跟上信息化时代的脚步,学生信息技术素养的提高显得尤为必要,而听障学生的信息技术课程是专门培养学生信息技术素养的课程。信息技术素养是当今社会人才的标志之一,听障学生为了增强自身的市场竞争力,也必须具备一定的信息技术素养。而教师在信息技术课后进行的案例分析是教师自我提升的表现,也是秉承对学生负责的态度。下面以学校信息技术组教师涂春蕾的"五笔字型字根"(选自信息技术校本教材八年级下册)(见表5-8)为案例分析听障学生信息技术课程教学。

表 5-8 "五笔字型字根"教案

班级:D6班　教师:涂春蕾

教学目标	1. 知识目标:掌握五个分区的字根在键盘上的分布规律		
	2. 能力目标:(1)懂得五笔字型的字根是按五个不同的分区有规律地分布; (2)了解五种笔画的定义以及它们所包含的笔画类型; (3)理解键名字根与该键上的其他字根的形似关系		
	3. 情感目标:(1)通过游戏体验掌握知识的快乐,激发学习兴趣,提高竞争意识; (2)通过互帮互学、共同提高,培养学生的合作情感		
教学内容	五笔字型字根	教学重难点	字根的键盘分布规律

续表

教学媒体的选择	电脑、多媒体课件、监控软件	
教学过程	1. 提出问题,引入新课	由两张QQ图片引出一系列提问,从而引出"看、骨、巡、高"四个汉字的字根拆分,分析学生对这四个汉字的字根掌握情况,引出今天的学习课题——"五笔字型字根小结——字根的键盘分布规律"
	2. 新授课内容	(1)字根的分布规律一:按字根的笔画顺序分为"横、竖、撇、捺、折"五个区,每个区又分为1—5位,从键盘的中间向两边递增。 按照其起笔代码,并考虑键位设计需要,五笔字型将这一百多个字根分为5个区:1区横、2区竖、3区撇、4区捺、5区折;每区又分5个位,每个位占用一个键位并赋予一个位码。这样从11—55共有25个键位。 五笔字型一共有130多个字根,分布在25个英文字母键上,但是它们在键盘上不是平均分布的,而是按照笔画顺序分为五个区(讲解笔画的规定)。每个区又分为1—5位,从键盘的中间向两边递增。 (2)字根的分布规律二:字根的笔画数与位号一致。 (3)字根的分布规律三:部分字根与键名汉字形态相近 图 5-3

续表

	3. 巩固练习	运用课件中字根拖拽的交互练习,使学生进一步巩固本节课所学的知识
	4. 字根练习游戏	通过游戏使学生进一步熟练字根,增强学习兴趣,提高竞争意识
	5. 测试成绩统计	测试学生对字根的熟悉程度,并进行统计
	6. 本节课小节	教师总结字根分布的三大规律
教学反思		本节课中,学生的学习兴趣浓厚,积极性较高,能在教师的启发下发现字根的分布规律。课后,大部分学生感到记字根比以前容易了,达到了预期的教学目标;此外,借助于"五笔字根练习"的游戏,不但使学生强化了字根的识记效果,而且提高了学生的竞争意识,达到了预期的情感目标

　　五笔字型字根的学习对于听障学生来说是必不可少的,但是其学习也具有一定的难度。教师根据五笔字根的特点总结出三个分区规律,有利于学生五笔字根的学习。教学初期,教师通过两张图片引发一系列提问,从而引出"看、骨、巡、高"四个汉字的字根拆分,在分析学生对四个汉字字根掌握情况的基础上,引出新授课的主要内容,起到了承上启下的作用。教学过程中,教师通过启发式教学,调动学生积极性,使他们逐步发现五笔字根的三个分区规律。学生在知晓三个规律的基础上通过巩固练习掌握这些规律,并将其内化为自己掌握的知识。在这方面,教师首先运用课件中字根拖曳的交互练习使学生进一步巩固教学内容,接着通过电脑游戏的方式使他们熟悉字根。而借助于"五笔字根练习"的游戏,不但使学生强化了字根的识记效果,而且提高了学生的竞争意识,达到了预期的情感目标。最后通过测试成绩统计的方式把握学生掌握五笔字根的情况,再将成绩反馈给学生,让他们不断练习,巩固提高。

(二)非信息技术课程

　　听障学生非信息技术课程的教学需离不开信息技术的使用,已充分实现信息技术与这些课程的整合。而这种整合在创新课堂教学方法的同时,易于吸引学生的关注,利于全面提高教学质量,促进学生学习活动的开展。这些课程的案例分析有利于教师反思整合的效果,为后续教学提供一定的借鉴。下面以深圳元平特殊教育学校教师郑迎辉的《狐狸和乌鸦》(选自苏教版教材二年级上册第 11 课第二课时)(见表 5-9)为例分析听障学生非信息技术课程的教学。

表 5-9 《狐狸和乌鸦》案例

班级:D4 班　教师:郑迎辉

教学目标	1. 理解课文内容,能正确、有表情地朗读课文 2. 学生懂得喜欢听好话容易上当受骗的道理
教学重难点	掌握狐狸和乌鸦的三次对话
教学媒体的选择	大字课文,大树、狐狸、乌鸦的图片,狐狸、乌鸦的头饰,多媒体课件
教学过程	1. 图片导入,揭题激趣 (1) 同学们,老师今天带来了两个小动物。(出示图片)这是谁?你们喜欢狐狸吗,为什么?(出示图片)这是谁?乌鸦的羽毛是什么颜色的?漂亮吗?它是怎样叫的?好听吗? (2) 今天我们继续学习关于狐狸和乌鸦的童话故事。(板书课题,读课题)狐狸和乌鸦之间发生了一件什么事情,你们想不想知道啊?好,让课文告诉我们。 2. 朗读课文,整体感知 (1) 老师范读(要求:注意看老师的口型,听力好的同学认真听) (2) 老师带读(要求:读准字音、注意停顿) 3. 研读重点,探究感悟 (1) 同学们喜欢看动画吗?老师请你们看动画,认真观察狐狸和乌鸦的表情,想一想课文讲了一件什么事? (2) 同学们,你们看谁来了?(出示狐狸图片)它来到了哪儿?(大树下)(学生在黑板上贴图片)看到了谁?乌鸦在哪儿?(树枝上)(学生在黑板上贴图片) (3) 狐狸好久没有吃东西了,它看到乌鸦叼着一片肉,会怎样?这只狐狸流口水了吗?谁来帮它画上口水?谁来把狐狸馋嘴的样子读出来?(个别读,齐读)这时候,狐狸馋得直流口水,心里想了什么? (4) 狐狸那么想吃这片肉,后来得到肉了吗?是怎样得到的呢?(出示课件)请同学们选择自己喜欢的方式读课文的 2、3、4、5 自然段。读的时候,用"——"划出狐狸说的话,用"〜〜"划出乌鸦是怎么做的。读完后小组讨论:狐狸说了几次话?每次说了什么?乌鸦是怎么做的? (5) 狐狸说了几次话?乌鸦是怎么做的?(让学生用红、蓝笔在大字课文上画出来,齐读划线部分)

续表

	(6) 指导有表情地朗读。 第一次狐狸说了什么？为什么用"您"，换成"你"可以吗？"亲爱的"和"您"都是礼貌用语，狐狸真得很尊敬乌鸦吗？我们应该用假装问候假装尊敬的语气和表情读。狐狸说话时候的表情是怎样的？（眼珠一转，划出词语后看动画）试一下，狐狸在想什么？我们加上动作再来读。乌鸦是怎么做的？ 狐狸看到乌鸦没有上当，第二次说了什么？这次是问候孩子，狐狸真得很关心乌鸦的孩子吗？我们应该用假装亲近假装关心的表情读。这次狐狸的表情是什么？（陪着笑脸，划出词语后看动画）同学们试试，是真笑还是假笑？我们带着动作和表情来读。这次乌鸦是怎么做的？为什么看了一眼？（学生答：有点高兴，有点动心了） 狐狸看到乌鸦快要上当了，第三次又说了什么？这次狐狸赞美乌鸦什么？狐狸是不是真心赞美乌鸦？我们应该用夸张赞美的表情读，并不是真心的赞美。这次狐狸说话的时候动作是什么？（摇摇尾巴，划出词语后看动画）请同学们站起来试一下，我们带着动作和表情读一读。狐狸说的话是真是假？请同学们看大屏幕（展示乌鸦和麻雀的图片、叫声），乌鸦和麻雀谁的羽毛好看？乌鸦怎样叫？学一学，叫声好听吗？狐狸说的是假话，乌鸦相信了吗？它是怎么做的？（学生答：非常得意，唱了起来）
4. 总结全文，明白道理	(1) 总结板书，狐狸说了三次话，一次比一次好听，它为什么要说这么多好听的话？乌鸦听了狐狸的话一次比一次得意，结果肉掉了，狐狸把肉叼走了，乌鸦上当了（板书：肉掉了，叼走了）。乌鸦因为听了什么样的话上了狐狸的当？请看大屏幕，谁来说说这句话。这篇课文告诉我们一个道理，爱听好话，容易上当（板书"爱、容"），同学们跟着我读一遍。 (2) 在生活中你们会不会上当？如果有陌生人给你好吃的，要领你出去玩，你怎么做？

续表

	5. 表演迁移，口语交际	课文学完了，我们表演表演好不好。两个人一组，分组戴头饰表演。表演完，乌鸦和狐狸留下。谁想劝劝乌鸦教教她，你想对狐狸说些什么？
	6. 作业：展开想象，读写并举	发挥想象，以《肉被骗走以后》为题编个小故事。相信你编的故事最有趣！ 想一想：(1)乌鸦的肉被骗走了，她会怎么想，怎么做？以后乌鸦还会上当吗？(2)狐狸叼起肉，钻进洞里以后会怎么说，怎么做？
教学反思		1. 大语文的理念。不要把课文分析得支离破碎，而是指导学生带着表情、动作反复地读课文，在读中感悟课文内容。 2. 这堂课刚开始时，学生因为紧张，有点放不开，后来在老师的感染下，活跃起来，课堂气氛是快乐的。因此老师上课时要有激情，用自己的情感去带动学生。 3. 整合。课件是为教学内容服务的，要与教学内容密切联系。本节课讲到狐狸说乌鸦的羽毛比麻雀的漂亮、叫声好听，事实是不是这样呢？利用课件让学生看一看乌鸦和麻雀的样子，听一听它们的叫声，学生很容易就知道了狐狸说的是假话。 4. 表演。不要为了表演而表演。表演是为了帮助学生更好地理解课文内容，同时是学生进行口语交际的好时机

　　语文课主要是考验学生的理解能力，学生理解能力的高低将直接影响他们对教学内容的掌握情况。而听障学生的生理缺陷会在某种程度上削弱他们对所学内容的理解能力，因此，教师需要针对听障学生的特点，充分利用多媒体课件的形象化特点，以直观的形式让学生感知教学内容。《狐狸和乌鸦》是一篇充满语言魅力且故事性很强的课文，学生在朗读课文、整体感知课文内容后，教师利用多媒体课件形象化地将《狐狸和乌鸦》的故事展示出来，以动态的视频呈现整个故事，既充分调动了学生的视觉通道，又充满趣味性，易于吸引学生的注意力，调动学生的学习兴趣，活跃课堂氛围。且有小部分学生仍有部分残余听力，在课件展示的过程中，他们既能利用眼睛观看课件内容，也能利用残余听力感知整个故事，视觉刺激再加上听觉刺激，更利于他们理解教学内容。而教师在教学过程中注意引导学生观察狐狸和乌鸦的表情，这也是借助了课件的形象化特点，让学生能够直观地感受狐狸和乌鸦的外在表现，更利于他们理解狐狸和

乌鸦的内心状态,加深对课文的理解,也有利于激发他们对教学内容的兴趣。

第三节 信息技术在智障学生教育教学中的应用

　　由于身心缺陷,智障学生普遍存在认知能力偏低、学习速度较慢、效率较低、个体间差异较大等特点,所以在教育和康复过程中需要充分考虑智障学生的生理心理特点及水平差异,关注学生学习兴趣,充分挖掘学生潜力,实行分类教学,起到不同层次的补偿效果。智障学生是学校人数最多的一类特殊学生,1995年2月,深圳元平特殊教育学校在智障班级开展信息技术兴趣小组活动,1996年9月,为智障学生开设信息技术课程,开始了智障学生接受信息技术教育的探索。学校根据国家新课改理念,从智障四年级起开设信息技术课程,分为三个学段:4－5年级为第一学段,6－7年级为第二学段,8－9年级为第三学段。而信息技术手段应用于智障学生教育的全过程,从小学一年级至职业教育阶段。在教学设计中将教学内容、学生、信息技术有机结合,在实施过程中注意合理应用多媒体等技术实现"人—机—人"互动进而达到因材施教,让智障学生畅享信息技术的奥妙,促进其适应信息化社会,进而实现回归主流。

一、教学设计

　　好的课堂教学需要准备充分、安排合理的教学设计,即须依照一定的程序和步骤进行。学校智障学生信息技术教育教学设计需要考虑智障学生的特点,以生为本,强调互动、应用,主要包括以下环节:教学内容分析、教学对象分析、教学理念分析、教学目标分析、教学重难点分析、教学方法分析、教学信息技术手段分析等。

　　(一)教学内容分析

　　在智障学生信息技术学科中,至今为止还没有一套适合的完整的教材,国家课程标准仍在开发和完善中。学校结合实际、学生特点及信息技术的发展,制订了智障学生信息技术课程标准,信息技术教学内容随年级上升难度逐渐增加,4－5年级的内容是计算机操作基础知识、键盘几个功能区的分布和键位、英文字母大小写、固定电话和移动电话的使用方法;6－7年级是操作系统的一些基础知识、文件操作、中文录入方法、使用数码相机和打印机;8－9年级是办公软件和上网的有关知识、使用扫描仪、传真机和复印机。教师在教学前需要参考课程标准,对所教内容进行系统分析,并整理出适合不同障碍程度学生的重难点。

（二）教学对象分析

教学对象分析主要是对智障学生的年龄、性别、障碍程度、认知能力、动手操作能力、学习动机、学习风格、焦虑程度等特点进行分析，根据每位学生的发展情况采取不同的教学策略（如一对一教学、分层教学、榜样教学），满足他们各自发展需求，真正做到"以生为本"。[①]学校对低中高年级不同障碍程度学生的信息技术课程设置存在差异：轻度智障学生每周3课时，中、重度智障学生每周2课时。不同障碍程度要求也不同：对于轻度智障学生来说，教师要求其独立完成任务，学会在生活、学习中应用信息技术并培养轻度智障学生的信息技术素养；中度智障学生则需要培养其对信息技术的兴趣，注重"最近发展区"，指导其认真学习信息技术课程，并在其他课程上实现信息技术兴趣的转移，进而对教学内容感兴趣；重度智障学生认知能力很低，需要在教师指导下完成任务，重点在于突出情感教学，引导其认识信息技术手段，接受和喜欢信息技术。深圳元平特殊教育学校教师王文坚根据教学实际观察，将智障学生学习信息技术的情况按能力分为三种类型：能较好地学习型、可学习型、学习困难型。

1. 能较好地学习型

这类学生能够独立掌握计算机的基本操作，对于这类学生的教学应注意提高对信息技术的兴趣，使学生保持学习信息技术的热情，让学生初步掌握计算机的基础知识及基本操作技能，提高学生的信息素养。

2. 可学习型

这类学生在教师的协助下能掌握一些最基本的计算机操作，如"鼠标的使用""数字键的操作"等，教师对于这类学生的教学应注意在培养学生信息技术兴趣的同时，加强个别辅导，使他们在大脑中建立起新动作的条件反射，经过多次反复练习形成定势。

3. 学习困难型

这类学生由于自身智力条件原因，较难掌握计算机的基本操作，只是对其感兴趣的方面进行一些无目的的操作。对于这类学生，可以将信息技术课程中的内容降低要求，鼓励此类学生多接触计算机，将学习寓于游戏之中，在娱乐中逐步培养对计算机的兴趣。

---

① 黄建行,雷江华.智障学生职业教学模式[M].北京:北京大学出版社,2011:98.

（三）教学理念分析

1. 注重问题解决，强调信息技术的实践能力

由于智力水平偏低和适应行为缺陷，智障学生在生活学习中会遇到很多具体问题，信息技术的学习和使用能够帮助他们快速、准确地解决问题，同时通过解决具体问题，掌握方法，获取经验，提高其信息技术实践能力。

2. 注重培养合作精神，共同建构健康丰富的信息文化

信息技术课程的开设着眼于结合智障学生生活和学习实际，鼓励他们合理运用信息技术，恰当地表达自己的思想，进行广泛的交流与合作，在此过程中得以共享思路、激发灵感、反思自我、增进友谊，共同建构健康的信息文化。

3. 加强与普通教育的融合，培养智障学生平等参与社会的意识

智障学生因为身心缺陷在学习、工作等方面受到极大限制，运用信息技术可以帮助他们，解决学习生活中遇到的实际问题，平等地参与社会竞争，从而为智障学生参与社会、融入社会提供可能。

（四）教学目标分析

智障学生信息技术课程的总目标是智障学生对信息技术兴趣和意识的培养，学生了解和掌握信息技术基本知识和技能，了解信息技术的发展及其应用对人类日常生活和科学技术的深刻影响。通过信息技术课程，学生具有获取信息、传输信息、处理信息和应用信息的能力，负责任地使用信息技术，把信息技术作为支持终身学习和合作学习的手段，为适应信息社会的学习、工作和生活打下基础。不同年级的教学内容安排需要有各自明确的目标，体现出各阶段的侧重点。

1. 第一阶段（4—5年级）

（1）学生建立对计算机的感性认识，加强使用计算机的兴趣；

（2）通过信息技术与其他课程的整合，学生更好地理解和掌握相关单元主题教学的内容；

（3）通过运用游戏等趣味性的辅助教学手段，使学生手眼协调能力及对事物的应变能力等得到提高。

2. 第二阶段（6—7年级）

（1）学生初步学会用计算机处理文字、图；

（2）学生能运用所学的知识解决现实生活中的一些问题，如制作贺卡、作文打印以及表格制作等。

3. 第三阶段（8—9年级）

（1）学生进一步理解信息技术在日常生活中的应用，以及运用信息技术处

理与解决问题的方法；

（2）学习能力较好的学生进一步掌握文字、图形的处理技能，初步掌握信息获取、处理的基本方法等。同时，在每节课教学认知目标、能力目标、情感目标中也需要注重个别差异。

（五）教学重难点分析

教学重点是教学必须达到的效果，教学难点是学生难于学会的内容。进行重难点分析，才能合理安排教学内容，实施分层教学。如深圳元平特殊教育学校五年级中度智障学生的"'开始'菜单的秘密"这节课的学习中，教学重点是"学会从开始菜单进入程序，操作时学会仔细观察"，而难点是"'开始'菜单中的计算机术语"。

（六）教学方法选择

课程内容和知识通过教师教学传授给学生，而教师只有通过一定的方法才能实现知识的传递，方法的合理运用关系到知识吸收的程度和深度。在信息技术条件下，任务驱动法、情境教学法、角色扮演法、练习法等生动形象的方法更适合智障学生知识的理解和学习。每一种教学方法各有优劣，并不是万能的，所以需要教师善于灵活恰当选用教学方法，并将各种方法有机结合。

（七）教学媒体的选择和使用

智障学生注意力难以集中、语言发展缓慢、思维水平低下，所以教学过程中需要借用实物教学，充分调动智障学生的各种感官认识事物。信息技术的存在为教学提供了丰富的资源，如交互式电子白板、多媒体课件、互联网等。在教学过程中合理使用信息技术手段，既要通过生动形象的图形、视频、动画、游戏等吸引学生的兴趣，又要减少"花絮""点缀"等的干扰，同时注意各种信息技术手段间的合理衔接，避免出现断层引起学生思维短路。

（八）教学过程设计

教学过程设计是教学设计的重中之重，要根据教学内容、对象、目标、重难点合理设计教学过程，其中包括如何导入新课、如何安排教学内容、如何实现师生互动和生生互动、如何合理分配时间、如何结束等一系列步骤和程序。智障学生的注意力易游不稳定，转移比较困难，因此通过导入新课引发其兴趣极其重要；而针对智障学生接受能力偏低的特点，需要合理的教学互动才能促进其知识的吸收；同时，单一的内容呈现容易引起智障学生的焦虑，还需要注意合理分配时间、安排内容衔接等。

（九）教学反思

深圳元平特殊教育学校已经有要求每位教师对自己的教学进行反思，一般是在授课完毕后，对整个教学设计和教学实施活动进行评价和总结。智障学生的特点及信息技术的多变性、丰富性决定了智障学生课堂的"生成"远多于"预设"，教师及时反思有利于教师发展、促进课堂教学，也使信息技术在教育教学中的应用更加完善。

下面以深圳元平特殊教育学校信息技术组教师王迪对四年级轻度智障学生信息技术校本课程第八章第一课"Windows 画图"为例，呈现智障学生信息技术课程教学设计的具体内容。

"Windows 画图"教学设计

深圳元平特殊教育学校　信息技术组　王　迪

[教学内容分析]

本节课是我校智障学生义务教育信息技术校本课程4—5年级模块一：信息技术初步中的第九章第二节的《使用画图软件画画》的内容。通过画图程序学习，加强同学们对艺术作品的热爱，从而使同学们更加热爱生活和社会。鼓励学生主动学习未知的知识，且对科学技术产生兴趣。

[教学对象分析]

本班是 R4(1)班，是四年级轻度智障学生，大部分学生没有计算机基础。部分学生还有自闭症，因此个别化差异较大，需开放教学资源，实行层次教学。

[教学理念分析]

为了突破教学重难点，本课教学设计是以"强化实践"为本，为此增加互动练习，把学习的主动权交给学生，让学生在实践中去发现问题、去寻找解决问题的方法；实践过程中，自主学习，自由体验，同时利用网络的开放性，让学生自我构建知识体系。教师力求引导学生主动探索，培养学生的创新意识。

[教学目标分析]

1. 使学生知道 Windows 系统中自带一个画图软件。
2. 掌握画图软件的进入与退出，并熟悉画图软件窗口的组成。
3. 熟练掌握窗口中各部分的操作方法。
4. 通过运用画笔软件绘制，使学生进一步熟练掌握画笔软件各部分的操作方法，同时激发学生对学习电脑的兴趣。

[教学重难点分析]

重点：掌握常用画图工具的使用。

难点：学会简单的图形编辑操作。

[教学方法选择]

任务驱动法；讲解演示；情境教学。

［教学媒体的选择和使用］

带多媒体系统的网络教室；Windows 操作系统；图画等。

［教学过程］

一、情境导入

你们喜欢画画吗？看，这就是用画图软件画出来的，漂亮吗？（教师逐一展开画图作品及 Flash 动画）

有同学问这么漂亮的画画起来一定很难吧！不！其实它一点也不难。只要同学们有兴趣，这节课老师就能教会你画出下面的图画。

设计意图：以具体的、学生能达到的任务激发学生求知愿望，体现了任务驱动的教学原则，符合教育规律和学生年龄特点。

二、自主探究协作学习

1. 打开"画图"软件

同学们自己动手操作，在开始菜单中找到"画图"所需的软件并启动画图程序。

指名回答："你是怎样启动画图的？"

师生归纳：单击"开始"按钮，将鼠标依次指向"程序"→"附件"，单击"画图"程序，这样就打开了"画图"窗口。（板书步骤）

设计意图：把任务交给孩子们，也把完成任务的权利和动力交给他们，从而培养他们的探索精神。

2. 新建画布

开始画画时，我们要先新建一个文件也就是为自己展开一张画布。

方法：单击"文件"→"新建"。

3. 保存画布

新建的画布还没有名字，我们可以在窗口顶部标题栏看到"未命名—画图"，为了便于以后查找，要给我们的画取个名字。

方法：单击"文件"→"保存"。

介绍"保存为"对话框。

试一试：新建一个名为"乒乓球"或"pingpangqiu"的文件，并保存在"我的文档"中。

设计意图：通俗、形象地讲解文件的新建、保存操作，使学生以最短的时间进一步明确计算机是以"文件"管理硬件、软件等资源的这一重要概念。

4. 认识窗口

（1）认识画布

现在可以开始作画了，可窗口的哪一块区域是我们的画布呢？看窗口中间那块最大的空白区，就是画布，我们可以在这里作画。怎么样，这块画布够不够你画呢？如不够，可以拖动画布的边角，画布就可以变大了。

（2）窗口的组成

看一看"画图"软件窗口，跟以前学过的什么软件很像呢？（你知道哪几部分的名称？）

教师让同学们分组讨论，并由各组派一名学生归纳总结。（同学们根据以前学过的窗口的

组成,进行对照和讨论)

教师评价同学们的总结,并演示指明各部分的名称、区域及作用。同 Windows 的基本窗口一样,除了有标题栏、菜单栏、滚动条、最小化按钮、最大化按钮,还有画图工具箱、调色板、画图区等。工具箱提供了 16 种绘图工具。对画图的大部分操作都是在这里进行。在选定某一工具后,用工具状态选择器确定这种工具的类型、大小、范围等。调色板提供了 28 种不同的颜色。画图区是供画图用的。

设计意图:使用分组讨论学习,充分调动学生学习的积极性,使学生变被动学习为主动愉快的学习。

5．画图工具的基本应用

(1) 认识工具箱

(2) 认识调色板

实例:"画乒乓球拍"

(课件、范图演示)

讲解并演示作画步骤 { 画圆形 画矩形 画直线 涂颜色 }

设计意图:教师利用工具栏中典型的讲解启发学生对其他工具及一些辅助功能的认识。教学中以任务驱动的方式,让学生自己先动手操作,从而发现问题,教师指导解决问题。在同学们创作的过程中,及时发现问题、解决问题,做到对本节课学生的掌握情况心中有数。

三、总结

今天,我们共同学习了 Windows 系统中的画图软件,对画图软件的启动、界面操作、作品存盘、退出画图程序有了初步了解,并且利用画笔软件中部分工具绘制出了乒乓球拍,希望同学们在课后多做一些练习,试一试利用这些工具还能画出哪些图形。要使计算机绘出很多美丽图画,还需要进一步掌握画图程序的操作方法。

板书设计:Windows 的画图

一、启动"画图"软件

二、窗口组成

三、工具的选择和应用

四、实例:"画乒乓球拍"

作画步骤:

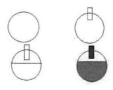

[教学反思]

1. 兴趣

兴趣永远是学生学习的最大动力。网络承载的东西是包罗万象的,这也正是吸引学生的地方,利用学生的兴趣是吸引其学习的关键。

2. 氛围

开始的课堂氛围较拘谨,学生不敢大胆发言或提出自己的想法,后来老师利用自己的情感带动学生,使得课堂活跃起来。因此,如何能较好地带动课堂氛围是教师应该思考的地方。

3. 个别化

学生个体差异较大是本班的现实情况。如何对待程度不同的学生并采用不同的教学方式和内容是目前急需解决的问题。

二、教学实施

教学实施是将教学设计付诸实施,是师生合作互动完成课堂教学计划的过程。在信息技术的支持下,教学实施需要考虑信息技术的特点及学生的差异和需求。学校智障学生校本课程为信息化教学提供了实施内容,其中信息技术校本课程是信息技术教学的主要实施内容;运用信息技术制作的生动形象的多媒体课件是教学实施内容的展现窗口;教学实施中需要注意运用合理的教学方法和策略,促进生生、师生合作互动;评价是教学实施的有机组成部分,信息技术及时反馈的评价特性有利于智障学生对知识的掌握。

(一)实施内容

实施内容主要是学校义务教育阶段智障学生信息技术校本课程内容,从四年级到九年级上下两个学期,共 9 个模块(见表 5-10),每章下面有各自分属内容。电脑绘画是以电脑代替传统绘画教学中的纸张、笔、颜料等作为学习的工具,利用鼠标的操作把自己所见、所闻、所想、所感用绘画的形式表现出来的一种新型绘画形式。通过电脑绘画,可以激发智障学生的学习兴趣,为发展学生的智力提供强有力的帮助。下面简单介绍电脑绘画的主要工具之一——"金山画王"的内容(表 5-11)。"金山画王"是深圳元平特殊教育学校信息技术校本课程四年级下学期模块二的内容,共 6 章 13 节内容。

表 5-10　智障学生信息技术校本课程内容

年级	模块	课程内容
4—5	一、信息技术初步	机房使用规则;计算机的应用;认识计算机;开机和关机;认识键盘(一)、(二);认识鼠标;认识多媒体;画图;使用固定电话
	二、用计算机画画——金山画王	奇妙的绘画工具——金山画王;使用金山画王;信手涂鸦;图形制作;图形着色;图形综合处理
	三、指法练习	键盘操作规则(一)、(二);打字好帮手——金山打字通;指法游戏
	四、操作系统	操作系统的基本知识;桌面管理;我的电脑;窗口操作;回收站和网上邻居;文件和文件夹;文件的基本操作;常用的Windows工具;移动电话的使用
6—7	一、汉字输入法——拼音输入法	认识汉语拼音;汉语拼音学习:(一)韵母、(二)声母;汉语拼音的规则;认识输入法;全拼输入法;全拼打字练习;中文输入法游戏
	二、写字板	好用的Windows工具——写字板;写字板的打开与关闭;写字板的使用——文档编辑(一)、(二);文件的打开与保存;利用写字板完成一篇儿歌的输入;数码相机的使用
	三、字处理软件——Word的使用	安装和启动;视图选择;文件操作;编辑操作;插入操作;格式编辑;表格制作与编辑;使用工具;窗口管理;使用制表工具栏;审阅;表格的应用——制作课程表;综合应用;打印机的使用
8—9	一、因特网知识	初识因特网;网络应用;个人主页;网络安全和自我防护;扫描仪和传真机的使用
	二、PowerPoint	PowerPoint入门;制作演示文稿;文字与版式的编辑;打印与放映演示文稿;复印机的使用

表 5-11 智障学生信息技术校本课程内容之——金山画王

年级/学期	所属模块	章	课程内容
四年级下学期	模块二：用计算机画画——金山画王	第一章 奇妙的绘画工具——金山画王	第一节 绘图工具——金山画王 第二节 金山画王的界面
		第二章 使用金山画王	第一节 金山画王的各个按钮，介绍金山画王各按钮的名称和使用方法 第二节 金山画王的基本操作
		第三章 信手涂鸦	用金山画王画画
		第四章 图形制作	第一节 学习画直线和曲线 第二节 学习画方形和圆形 第三节 学习画多边形
		第五章 图形着色	第一节 介绍图形着色的基本方法，学用填充、选取工具 第二节 练习图形着色
		第六章 图形综合处理	第一节 图形的修改 第二节 图形的复制 第三节 图形的组合

（二）实施载体

智障学生注意力稳定性较差，易被新颖的事物所吸引，所以在导入新课时需要利用信息技术手段吸引学生的注意力。精美、形象的多媒体课件和信息技术设施设备能帮助教师吸引学生的注意力，生动直观地呈现实施内容，方便学生理解、吸收知识，但需要注意以下几方面内容。

1. 贴近生活

课件以贴近学生生活，突破教学重点、难点为制作出发点。如言语障碍语言训练"他是谁"、音乐课课件"春天"等以动画表现形式和学生平时熟悉的人和事为内容，很快便会吸引智障学生的注意，激发学生兴趣。

2. 简约明了

如"认识三角形"多媒体课件以简洁的图案展现出具有三角形特征的实物，然后根据变化逐渐抽象出三角形的平面图。又如语训课《快要下雨了》在制作课件时，舍弃原图片中与故事不太相关的内容，使课件显示的内容集中、简约，便于智障学生理解。

3. 具体形象

智障学生思维的基本特点是思维的具体性，长期停留在直观形象阶段。因此，课件设计要体现具体形象的特点才容易被智障学生理解。比如数学课"比多比少"的课件把枯燥的数字用具体形象的实物或形状画面表现出来，有利于学生从具体的数字概念提升到抽象的数字概念。又比如常见的学字词的课件，文字与图画一一对应，也证实了直观、具体、形象的课件有利于学生理解和学习。

4. 声像兼备

多媒体技术把文字、图形、视频图像、动画和声音等运载信息的媒体结合在一起，通过计算机进行综合处理和控制，并完成一系列随机性交互式操作。学校交互式电子白板为教师制作和播放课件提供了充分的支持。视听结合为"听而不闻、视而不见"的智障学生提供视听结合的刺激，帮助他们正确地感知事物。[①]

（三）实施方法

利用多媒体课件导入新课是教学实施的第一步，在按照教学设计实施教学的过程中，教师采取何种方法进行师生互动、生生互动、人机互动是教学成功的关键。由于智障学生的认知能力偏低，需要多次重复和缓慢的步骤才能掌握些微的知识，在教学过程中既要注意树立智障学生的信心，又需要结合智障学生的认知能力，注意运用小步子程序教学法、多次重复法等。深圳元平特殊教育学校教师王文坚在《浅谈如何上好智障班信息技术课》中提到相关教学方法。

1. 寓教于乐

爱玩是孩子的天性，智障学生也不例外，信息技术的学习过程正具有能"玩"的特点。在信息技术课堂中，教师通过合理地改变教学的形式和时间安排，适当地加入一些趣味性、游戏性的内容，既可以保持学生的学习兴趣，又能够让学生尝到成功的喜悦，使他们对计算机的兴趣日益浓厚。

2. 情境创设

在教学过程中，根据教学内容创设一种有趣、生动的情境，使智障学生在特定的情境中不知不觉地掌握或者巩固了知识。加强师生互动和生生互动最易使用的方法就是情境创设法，一定的情境可以引发角色扮演，既让学生深入理解知识，又让学生在合作互动中成长。例如在教学"钟面的认识"时，教师可根

[①] 沙延秋.多媒体在智障教学中大有用武之地[J].中国教育技术装备，2011(31)：65-66.

据教学内容,利用多媒体制作课件,通过游戏、表演等形式,创设相关的教学情境:设计一个钟面多媒体课件,按照时间段分别插入音画展示。时针指到6时,出现起床穿衣的动画,指到8时出现读书的动画,指到12时出现吃饭的动画,学生也可以按照时间段做出相关动作……这样既激发了智障学生的学习兴趣,又教育了学生合理安排作息时间,养成良好的生活习惯。

3. 任务驱动

由于智障学生间存在差异,因此在教学中教师应根据学生的实际情况,以任务驱动法为指导,分层教学。在课堂上提出基本任务与扩展任务,只要学生完成基本任务就算完成了教学要求,这样肯定了绝大多数同学的成绩,使他们体验到成功的喜悦,有助于提高学生参与教学的积极性。同时为部分学生留下了更大的创作空间,完成所要达到的扩展任务,并且进行互相激励。[①]

(四)实施评价

按照教学设计将整个授课内容付诸实施,还需要对学生进行即时评价、对实施内容进行总结概括、对自我表现进行反思。智障学生接受正面表扬的能力强于接受消极批评,教师应更多给予学生积极肯定,对于不良行为进行正面引导。计算机及其网络的新鲜感使智障学生往往留恋游戏,推迟退出游戏的时间。这时教师既应该对学生在课堂和游戏中的优秀表现予以表扬,又要对其延缓时间进行批评教育。此外,利用信息技术可以对学生进行在线测评,如在学习金山画王时,教师可以记录学生在课堂上各自计算机的表现,要求学生根据教师的提示在教师演示完后完成一份任务,然后对学生的表现进行网上评价和反馈,促进智障学生消化吸收。

三、案例分析

信息技术在智障学生教育教学中的应用案例主要从两个方面来呈现:智障学生信息技术课程教学和非信息技术课程教学。信息技术课程是智障学生学习信息技术知识的重要途径。通过信息技术课程教学,智障学生掌握使用电脑的基础知识和技能,扩大与人沟通交流的视野,丰富生活和自立的渠道。信息技术在其他课程教学中的应用主要通过信息技术手段实现,学校教室配备的交互式电子白板等设备为教师实现信息化教学提供支持。

---

① 黄建行.教育·康复·职业训练相结合办学模式实践成果集(下册)[C].深圳:海天出版社,2012:122.

(一) 信息技术课程

绘画是智障学生潜能开发的强有力工具,而电脑绘画软件是智障学生通过计算机绘画的主要工具,金山画王是一种相对简单易学的绘画软件。下面以深圳元平特殊教育学校信息技术组教师李毅海的"金山画王——图库的调用"教案(见表5-12)为案例分析智障学生信息技术课程教学。

表5-12 "金山画王——图库的调用"教案

班级:R 四(1)　　教师:李毅海

教学目标	1. 认知目标:掌握卡通画库中贴图的使用方法,学会对贴图大小、位置进行调整。 2. 能力目标:通过和谐搭配各种贴图,充分发挥想象力和思维能力,培养发现问题、解决问题的能力。 3. 情感目标:在活动过程中激发学生热爱生活的情感,提高审美情趣		
教学内容	图库的调用	教学重难点	重点:熟悉软件界面,掌握常用按钮及工具的使用方法 难点:对图片的大小、比例、旋转、删除等的操作
教学媒体的选择	电脑、投影、交互式电子白板		
教学过程	1. 复习引入(广播)		老师:在上课之前,老师先要给同学们讲一个故事(出示四张图片并逐张讲解,兔子和乌龟各两张)。 老师:有没有同学知道这个故事的名称?(学生答:龟兔赛跑。可提示)小兔子就是因为太骄傲了,所以才输给了比它跑得慢的小乌龟。所以我们可不能学习骄傲的小兔子。 老师:那同学们有没有发现,这个龟兔赛跑的故事,是老师通过金山画王里的图库画出来的,同学们想不想学?(学生答)那我们今天就一起来学习金山画王——图库的调用(一边讲一边出示课题:"金山画王——图库的调用")
	2. 新授示范操作		老师:刚才说了,我们要用金山画王来画这幅图,所以首先打开金山画王(板书"金山画王"的图标);第二步选择"图库",图库在哪里啊?大家仔细观察一下,鼠标移动到每个按钮上都会有提示。找到图库,(板书"图库"的图标)点击看看有什么变化? (右边出现了3个按钮:背景、角色、动画。板书"背景、角色、动画") 老师:同学们仔细看好啦,老师是怎么用这些按钮来画的。 老师:首先,我们要帮兔子和乌龟找一个比赛的场地,比赛的场地要从哪里选呢?(学生答)

续表

		老师：那背景选好了，主人公的图片又会在哪里呢？ （演示：逐个点击背景、动画，最后点角色） 老师：看来主人公还得从角色里头选。好，我们一起来请出小乌龟。 老师：小乌龟出来了，可是总觉得哪儿不对劲，同学们有没有发觉呢？（……）哪儿呢？（引导学生说，并指出大小需要调整，位置也要调整） 板书"大小、旋转、位置、删除" 老师：怎么调整呢？（引导学生说，并指导要观察图片边上的工具） 教师在操作的时候可故意把图片的比例缩放得很不合谐，让学生来修改；故意作出拉不动图片的效果，让学生发现问题。 老师：还有一位主人公在哪里呢？怎么不见了？（点向下的箭头）哪位同学来把兔子请出来？（学生操作，包括图片的调整） 此时，教师故意把一张图片弄乱，让学生来删除。 学生操作正确，给予及时鼓励
3. 练习 （取消广播）		老师：同学们，现在你们知道怎么把故事画出来了吗？（学生答）等一下呢，同学们可以试着把第二张图画出来，看谁画得又快又漂亮，不过在操作前，老师还想提醒一下同学们，画图的时候要先选什么？再选什么？（先设背景，后设动物主角） （先投影出第二张图，过几分钟切换成多屏查看） （学生自由操作，教师巡视指导，如有个别学生操作有困难可利用电子教室切换让程度好的学生辅导和帮助以及操作） 完成作品后，教师用电子教室展示典型作品（巡视时确定），包括有问题的作品。 （因为学生智障程度不同，个别化差异较大，完成程度也不一样。未完成的继续指导完成。已完成的继续下一主题。）

续表

	4. 自选主题,设计创作(引入动画)	老师:其实呀,动物们经常会在不同的地方开运动会。想一想:动物们会在什么时间、什么地点开运动会?会有哪些动物参加? 学生展开想象:时间可能是白天、夜晚或傍晚;地点可能在草地上、森林里、沙滩边、沙漠中、太空、海底;参加的动物还有很多,如大河马、小猴子、猩猩、狮子、老虎等等。 (引导学生说,给学生几个关键词) 让学生根据自己的设想,画动物运动会的场景。教师巡视指导、点评
	5. 课堂小结	今天我们学会了怎么把故事用金山画王画出来,是不是很好玩啊? 金山画王软件里面还有许多有趣功能,我们将在以后的课里面继续学习
	6. 课后作业	小动物们开完运动会都回家了,那么它们的家都会是什么样子的?同学们先在练习本上画一画,下节课我们一起画动物的家。 最后,我们学校的运动会马上就要开了,老师希望同学们个个都能像聪明的小乌龟那样,发挥出自己最强的那一面,取得好成绩。今天的课就上到这里,下课!
教学反思		本课是学生在信息技术课上再次接触到使用计算机软件进行绘画。在设计本课教学时,考虑到智障学生的特点,主要利用学生对计算机绘画的好奇心理激发学生的学习热情,通过"金山画王"来巩固鼠标的练习,重点是练习拖动、移动。能让学生在玩中学,把基本的操作方法渗透在学生的操作活动中,让学生在绘画的过程中完成本节课的学习目标。 回顾整堂课的教学过程,为了避免无聊,所以我在让他们认识金山画王的时候选取了一些内容和工具来讲:怎样打开、怎样关闭、怎样换白纸、怎样使用图库。在学生基本懂得运用这些简单的工具之后,然后就可以自由贴画了。但还是有很多不完善的地方,没能完全体现课前的设计思想: 其一,对学生任务的设定依然局限在学会操作方法与完成单个作品的目标上,未能加以深化,无法达到与学生实际生活紧密结合的目标。

续表

	其二，在教学过程中过分强调了金山画王的界面与 Windows 自带的绘图软件的区别，而忽视了对二者之间相同点的比较，没有充分利用学生的知识迁移，限制了学生在学习中的主观能动性的发挥。 其三，没有充分把握教学时机，在各种工具使用的教学环节中，给学生的自主探索学习时间较少，造成学生在完成作品时使用工具单一，没能充分发挥学生的创造力和想象力。 其四，在教学评价中对学生的工具选择和操作技巧关注较多，对学生作品艺术性的评价不全面，未能在最大程度上提高学生的艺术鉴赏能力和审美情趣。 反思本节课中的失误，使我认识到在教学过程中不能只关注书本内容的传授，更要注重对学生能力的全面提高。在备课时要重视教学环节的细微之处，利用一切可用的教学时机恰到好处地引导学生，促进学生能力的全面提高。

"金山画王——图库的调用"教案在学生原有信息技术的基础上进行教学，课堂中重难点突出，合理选用信息资源。①导入新课环节，采取故事法和情境创设的方法，通过耳熟能详的"龟兔赛跑"的故事激起智障学生的学习兴趣，引出教学内容；教授新课过程中，采取示范法和操作法既让学生先从教师的示范中习得知识，又让学生在教师指导下大胆尝试，树立学生学习的信心；并且教师"欲擒故纵"，故意犯错，鼓励学生发现问题、解决问题，并对学生敢于向教师"挑衅"的行为作出赞扬，有助于发展学生的自主性和参与的积极性，这也是信息技术教学中一种良好的师生互动策略。②练习环节：采取分层次教学和"小先生制"，即对学生给予不同层次的指导和任务，程度较好的学生辅导和帮助操作困难的学生，有利于合作互动同伴关系的发展和信息技术知识及技能的牢固掌握。③在自主选题、设计创造的过程中，引导学生想象故事的背景，让学生根据自己的想法创作，既发展了智障学生的想象力、创造力，又巩固了所学知识。④课堂小结中，引导学生和教师一起总结回顾本课所学内容，加深印象，并告诉学生还有许多像本节课一样有趣的知识，激发学生学习信息技术的欲望。⑤课后作业环节，既给学生练习的目标，又提示下节课学习内容，"吊起"学生学习的"胃口"，并将所授内容生活化，鼓励学生积极参加学校运动会，与学生生活紧密联系，鼓励他们学以致用。值得一提的是在新课导入和教授时一直利用广播营造学习氛围，在练习环节取消广播，便于学生集中注意力练习所学内容。

（二）非信息技术课程

信息技术手段是信息技术和非信息技术课程沟通的桥梁,学校智障学生非信息技术课程包括生活语文、生活数学及特奥运动等。下面以深圳元平特殊教育学校教师高超的中度智障二年级校本教材生活适应课程"春天"(见表5-13)为例说明交互式电子白板在课堂教学中的应用。

表 5-13 生活适应课程"春天"

班级:R 二(2) 教师:高超

教学环节	教学内容	活动设计	活动目标	信息技术使用及分析 (交互式电子白板使用功能)
1. 情境导入,寻找春天	创设情境,欣赏春天的美丽图片,导入新课	课件播放图片:小草变绿、小树发芽、花儿开放、蝴蝶飞舞……	欣赏春天的图片,让学生初步感知春天的美丽,调动他们寻找美丽春天的盎然兴趣	利用翻转方法进行图片播放,连续性播放帮助学生集中注意力
2. 发现美丽,感受春天	(1)学生根据自己的兴趣,选择学习小组	课件播放音乐"小鸟小鸟",学生带小鸟头饰做飞翔动作,配合白板演示,依次飞过花园、田野和小河,学生根据自己的兴趣选择花园组、田野组或小河组进行学习	用欢快的歌声把学生带入美丽的大自然,学生扮成小鸟快乐飞翔,为教学注入更多活力,同时,学生根据兴趣选择小组,体现学生主动性	播放学生喜爱的歌曲,并配合做动作,调动学生的学习兴趣
	(2)学生分组讨论春天花园、田野和河边的景象特征,根据日常观察和体验,选出春天代表性的事物,完成花园、田野和小	课件分别呈现花园、田野、小河的背景图,旁边放置相关与不相关的事物,供学生选择,小组成员进行合作与交流,做出	借助课件强大的交互性,让学生摆脱空间的局限,用手中的操作笔,自主探究并选择春天的相关事物,在合作中完成美	利用容器的拖拉功能,让学生把春天相关的事物放置在背景图中,改变了传统交互操作的复杂性,学生灵活拖拽,兴趣较浓,容器中正确与否不同的反应,这可以帮助学生突破本课的学习重难点。

续表

	河的完整图画,进行汇报交流。教师引导鼓励学生用学过的知识(儿歌、古诗等)来赞美春天	选择,用操作笔拖至背景图中,观察图画变化	丽图画,进一步感受春天的景色特点	灵活的设计,也让不同层次的学生较好地参与了教学活动
3. 活动体验,触摸春天	(1) 小组交流讨论,选择春天进行的主要活动	出示各种带有活动图片的气球,学生将属于春天的图片拖到小熊的热气球上,选择正确后小熊可以升上蓝天	创设把小熊送上天空的情境,鼓励学生选出春天的活动图片,调动学生的积极性	利用了交互式电子白板的标签功能,让学生明确活动名称,利用拖动和组合功能,把小熊送上蓝天,学生在明确春天活动的同时感受交互式电子白板带来的乐趣
	(2) 每个小组选择喜欢的活动进行体验	借助操作笔,体验植树的快乐;用实物来组装风筝,进行春游前的物品准备	白板软件丰富的功能,让学生在课堂有限的时间里体验到逼真的活动场景,加上实物演示,真实的体验和触摸,把春天的美丽图景印在学生的脑海中	在课件中插入Flash文件,借助交互式电子白板拖动等功能,让学生对春天的活动进行真实的体验
4. 五彩斑斓,描绘春天	教师对本节课的知识点进行总结,巩固春天的景象特征,鼓励学生发挥想象,用手中的画笔描绘五彩斑斓的	利用插入课件中的涂色练习,学生尽情地描绘春天的色彩	本环节既是对春天景象特征的巩固,也是一种学生动手的实践,又是对学生想象力的激发	利用插入媒体链接的方式,插入涂色的Flash文件,让学生在较短的时间里完成图画的描绘,方便易行

续表

美丽春天。同时进行思想教育,让春天留在每个学生的心中			

  春季是个万物复苏、生机盎然的季节,但在亚热带气候的影响下,相比北方而言,南方的春天与其他季节之间的差异不是太显著,所以单一枯燥地讲解春天的绚丽斑斓对于智障学生来说犹如天书,而信息技术的出现巧妙地解决了这个棘手的问题。"春天"这节课中运用情境创设、合作学习小组、知识再现等方法促进学生学习,借助交互式电子白板强大的交互性,让学生摆脱空间的局限,用手中的操作笔,自主探究,在合作中完成对春天的描绘。①导入环节:制作与春天有关的图片课件,并利用电子白板的翻转方法进行图片播放,连续性播放有助于学生集中注意力;②感受春天环节:播放学生喜爱的歌曲,调动学生积极参与的高涨情绪,并指导学生互动成立学习小组,利用交互式电子白板容器的拖拉功能,让学生把与春天相关的事物放置在背景图中,改变了传统交互操作的复杂性,学生灵活拖拽,"容器中正确与否不同的反应"帮助学生突破本课学习的重难点;③触摸春天阶段:给学习小组交流讨论的时间,并选择喜欢的活动进行体验,利用交互式电子白板的标签功能让学生明确活动名称,借助操作笔体验植树,利用拖动和组合功能在明确春天活动的同时感受其带来的乐趣;④描绘春天环节:教师引导学生对本节内容进行总结,并利用插入媒体链接的方式,插入涂色的 Flash 文件,让学生在短时间内完成图画的描绘,在动手操作的过程中了解春天,热爱大自然,保护共同的家园。

第四节 信息技术在脑瘫学生教育教学中的应用

  脑瘫是指在出生前、出生时及出生后一月内,小儿脑组织在发育未成熟阶段受到损害,造成一种非进行性的、不可逆的病变,从而形成以姿势异常和运动障碍为主要表现的综合征。脑瘫学生的特点包括运动发育落后、肌张力异常等,除此之外,他们还有各种各样的其他问题,如学习困难、视觉损伤、听力损害等。总之这是一个非常特殊的群体,需要教师顾及到他们各方面的需要。虽然部分脑瘫学生智力正常,但是行动极为不便,在上信息技术课程时会面临操作困难的问题。深圳元平特殊教育学校为脑瘫学生开设信息技术课程,一些信息技术设备也应用到了脑瘫学生的康复训练当中。

一、教学设计

(一)教学内容分析

信息技术在脑瘫学生教育教学中的应用包括两个方面:一是专门的信息技术课程,二是信息技术作为辅助手段应用到其他类型课程之中,例如语文、数学等。信息技术课程对脑瘫学生来说也至关重要。脑瘫学生可以像普通学生一样进行常规的信息技术课程学习,但是他们在操作电脑的过程中存在着障碍,如他们行动不便,利用手进行抓握的能力也较差。因此,在脑瘫信息技术课程教学中,要关注脑瘫学生的特点,开发适合他们使用的电脑操作设备。

(二)教学对象分析

脑瘫学生具有特殊性,脑瘫带来的肢体功能障碍使学生在进行信息技术课程学习的过程中不是很便利,因此要使用合适的教学设备。另外,在信息技术教育过程当中不仅要注意进行个别化教学,还要注意培养脑瘫学生对信息技术的兴趣和意识,让学生了解和掌握信息技术基本知识和技能,使学生具有获取、传输、处理和应用信息技术手段的能力。在注重培养学生能力的基础上,要充分考虑到一切可能的差异,如生理差异、地域差异等。只有认识到这些差异,在制定目标时才能做到有的放矢,才能培养脑瘫学生良好的文化素养,为他们适应信息社会的学习、工作和生活打下必要的基础。

(三)教学理念分析

明确表达的教学理念对教学活动有着极其重要的指导意义。教学理念是人们对教学和学习活动内在规律的认识的集中体现,同时也是人们对教学活动的看法和持有的基本的态度和观念,是人们从事教学活动的信念。教学理念有理论层面、操作层面和学科层面之分。脑瘫学生的教学理念应该包括:(1)以学生为主体进行教学,教师是学生学习的引导者,以学生为主体进行教学,培养其操作能力和创新精神。(2)个性化教学理念。在教学过程当中,教师要明确学生的个性,对不同的学生使用不同的教学方法,培养学生独特的个性。(3)融合教育理念。在教学过程中应该渗透融合教育的理念,为学生将来参与社会打下基础。目前,学校脑瘫学生的信息技术课程标准参照智障学生信息技术校本课程,相关教学理念可参看本章第三节智障学生信息技术课程教学理念。

(四)教学目标分析

教学目标是一切教学活动的出发点和归宿,具有强烈的指向作用、激励作用和标准作用。信息技术课程的目标设置不但要充分考虑到学生心智发展水平和不同年龄阶段的知识经验和情感需求,还应结合脑瘫学生的特点,在不同阶段的教学内容安排要有各自明确的目标,要体现出各阶段的侧重点,各阶段都要注意培养学生利用信息技术进行学习的能力和探索、创新的精神。

(五)教学重难点分析

教学过程中要突出重点和难点,突出重点可以促使学生在有限的时间里掌握最重要的内容,突出难点可以帮助教师合理分配教学的精力。在进行教学设计时,教师应突出重难点,例如深圳元平特殊教育学校教师张和平的信息技术课程"Office Word 应用之——制作电脑小报"将"电子报的设计与设计思想的体现(制作)"作为教学重点,将"对电子报的评价"作为教学难点,并将二者加以突出。

(六)教学方法选择

1. 从问题解决出发,让学生亲历处理信息、开展交流、相互合作的过程

通过问题解决进行学习是信息技术教学的主要途径之一。教师要根据教学需要,尽量将信息技术课程安排在计算机网络教室等与教学内容相关的实践场所;教师要引导学生在探索过程中解决问题;教师不仅要结合实际,为脑瘫学生安排可以在课堂上完成的任务,也要注意把一些"课外"的实际问题交给学生去处理,如机房的建设与管理、校园网的建设与管理、学习资源的建设等。教师可以在教学过程中设置认知冲突,让学生自己发现问题并提出解决问题的方案;合理安排教学,让学生亲身经历处理信息、开展交流、相互合作解决问题的过程;指导学生学会选择与确立主题,分析需求并规划、设计内容,根据需要与创意获取并加工信息,准确表达意图或主题思想;引导学生通过交流,评价和反思问题解决的各环节及效果,在"做中学""学中做"的过程中提升他们的信息素养。

2. 培养学生对信息技术发展的适应能力

教师应在认识信息技术基本特征、把握信息技术发展变化规律的基础上，注重引导学生掌握具有广泛迁移意义的知识和方法，使其在有效迁移发生的基础上适应技术的变化。在教学过程中，要注意总结和归纳不同工具和平台的使用方法、不同问题解决过程的共通之处，引导学生借助已有经验，通过合理的探索，发展完成对新工具和新任务的适应，从而达到利用有效迁移的发生促进学生发展的目的。教师还应引导学生将应用需求与发展变化相结合，主动适应信息技术的发展。事实上，每一类新的工具都是为解决某些特定问题而设计的，而这类工具的新版本或更新换代产品，都是为满足新的需求或提供更有效的方法而设计的，所以应引导学生在具体工具的使用中认识其优点、发现其不足并提出富有创造性的改进建议，养成主动地适应发展变化的习惯。

3. 合理选用并探索新的教学方法与教学模式

首先，可以学习、借鉴其他科目的成功经验，根据教学需要恰当地采用讲解、观察、讨论、参观、实验等方法，做到兼容并蓄、取长补短；其次，可以吸收国内外信息技术教学的成功经验，在继承的基础上大胆改革，探索新的教学方法与教学模式；再次，从教学实际出发，根据不同的教学目标、内容、对象和条件等，灵活、恰当地选用教学方法，并善于将各种方法有机地结合起来。

（七）教学媒体的选择和使用

脑瘫学生信息技术课程教学的信息技术手段是指信息技术设备。上课前需要提前准备的信息技术手段包括：①本地（局域网）资源：教师事先从因特网、VCD光盘中收集有关"电子报"主题的文字、图片、影像资料等，分类别存放在服务器上供脑瘫学生使用；②远程资源：本地的局域网连接Internet，脑瘫学生通过上网检索可以直接找到需要的资料。除此之外，由于脑瘫学生用手操作电脑不方便，可以考虑使用特制的操作设备。

（八）教学过程设计

教学过程设计是整个教学设计中很重要的一部分，针对特殊学生的教学过程设计不仅要进行科学合理的布局，还要符合特殊学生的个别化特点。教学过程一般有"课程导入—复习—新授课—总结—练习"等步骤，步骤间要环环相扣。

（九）教学反思

教学反思是教师经过教学实践后得出的教学经验反思，这种教学经验反思很宝贵，有利于教师在今后的教学过程中少走弯路、错路，也可以供其他教师参考。例如"Office Word 应用之——制作电脑小报"中教师的反思是"首先要把握课的重点，找到突破难点的方法，而在细节的设计上，不要太局限，上课时可灵活处理；其次在每个教学子任务完成后，教师都要及时评价脑瘫学生的劳动成果，通过展示脑瘫学生作品，师生共同评析，促使脑瘫学生更深入地理解各知识点，进一步完善作品，同时也增加了脑瘫学生的自信心和学习的动力"。

下面以深圳元平特殊教育学校信息技术组教师张和平对脑瘫学生的信息技术课程"Office Word 应用之——制作电脑小报"为例，呈现脑瘫学生信息技术课程教学设计的具体内容。

Office Word 应用之——制作电脑小报

深圳元平特殊教育学校　信息技术组　张和平

[教学内容分析]

本节所涉及的是集成办公软件 Word 2003 操作的内容。脑瘫学生不仅要学会如何制作 Word 文档，还要学会制作电脑报，通过制作电子报刊更好地掌握 Word 文档的制作，并能利用电子报形式来表达思想或信息。

[教学对象分析]

"制作一份电子报"是《智障信息技术校本课程》七年级所涉及的内容，他们经过一段时间的学习（脑瘫学生完成了 Word 文档制作五个任务），基本掌握了 Word 2003 的基本操作技能：文稿的编辑、文字与段落的设计、艺术字与图片的插入、表格的输入、对象框、页面设置等。但对于大部分脑瘫学生来说，还没有真正地把信息技术知识和所掌握的关于 Word 操作的基本技能应用到实际问题中去。故组织该项活动旨在让脑瘫学生在电子报制作的过程中去发现 Word 操作中还存在的问题，以期进一步学习；同时，能够利用所学信息技术知识应用于实践问题的解决与表达，做到信息技术与其他学科或知识的整合。

[教学目标分析]

1. 知识与能力领域

（1）能综合运用 Word 2003 的知识和操作技能创作一份电子报；

（2）学会设计电子报；

（3）学会评价电子报；

(4)能利用信息技术进行信息获取、加工整理以及呈现交流。

2. 情感领域

学会综合运用信息技术的知识与技能解决实际问题,激发学习信息技术的兴趣。

3. 发展领域

(1)掌握协作学习的技巧,培养强烈的社会责任心,学会与他人合作沟通;

(2)学会自主发现、自主探索的学习方法;

(3)学会在学习中反思、总结,调整自己的学习目标,在更高水平上获得发展。

[教学重难点分析]

重点:电子报的设计与设计思想的体现(制作)。

难点:对电子报的评价。

[教学方法分析]

1. 组成合作学习小组

从第一学期开始,教学中即要求脑瘫学生组成 2 人小组进行协作学习,小组内成员较为熟悉,并已逐渐适应协作学习,但协作学习的技巧、与他人的沟通能力还有待进一步提高。在教学过程中,教师要实时监控脑瘫学生的协作学习情况,并组织成果交流会,让脑瘫学生交流学习心得与体会,使小组的协作学习走向成熟。

2. 以"任务驱动式"为教学原则,确定协作学习的内容

围绕"电子报制作"任务把各教学目标和内容有机地结合在一起,使脑瘫学生置身于提出问题、思考问题、解决问题的动态过程中进行协作学习。脑瘫学生通过协作完成任务的同时,也达到的学习目标。

[教学媒体的选择和使用]

1. 本地(局域网)资源:教师事先从因特网、VCD光盘中收集有关"电子报"主题的文字、图片、影像资料等,分类别存放在服务器上供脑瘫学生使用;

2. 远程资源:本地的局域网连接 Internet,脑瘫学生通过上网检索可以直接找到需要的资料。

[教学过程设计]

表 5-14

教学阶段及所用时间	教师活动	脑瘫学生活动	学习情况反馈	信息技术的应用
引导阶段(3分钟)	提出问题:宣传和传达信息有哪些比较好的方法?(引出本节课的教学内容)	思考并提出可行性方案		多媒体教学软件广播教学

续表

介绍小组协作学习任务（13分钟）	提供3个主题让脑瘫学生任选一个，并利用已学Word 2003知识和操作技能，设计、制作一份电脑报（3分钟）	根据个人喜好，选择制作主题		幻灯展示3个主题及相关制作内容
	通过展示优秀电脑报，解释电脑报的设计要点（5分钟）： 1. 主题鲜明突出、内容健康； 2. 表现形式多样，富于创意； 3. 形式和内容和谐统一	记录要点，思考如何围绕主题进行设计	让个别脑瘫学生简单自己的构思，了解脑瘫学生掌握情况	幻灯展示作品及制作要点
	指导搜集资料的方法与途径（5分钟）： 1. 本地共享中的资料使用； 2. 远程资源：如何在因特网上搜寻自己需要的资料	观察教师演示的两种方法，动手实践	观察脑瘫学生是否能够正确地找到想要的资料，对有困难脑瘫学生进行适当指导	教学软件演示获取信息的方法
分组协作，完成作品设计（20分钟）	布置任务：分组协作，讨论完成任务。以同桌两人为一小组，确定制作的主题并初步制订小组活动计划、制作方案及小组成员分工情况	分组合作交流，完成作品设计	巡视脑瘫学生制作情况，观察是否按要点进行设计	
成果交流，评价阶段（8分钟）	展示2—3份脑瘫学生作品，先让脑瘫学生自我评价，然后进行其他学生评价和教师点评	交流展示作品的优点及不足，找到更好的方法等		多媒体展示作品
小结、推广（1分钟）	简单小结电脑报制作过程及注意点，引导脑瘫学生学会解决实际困难			

附：3个可供选择的主题包括：(1)步入信息时代：可介绍信息技术的分类、发展；介绍信息技术的应用及影响；介绍我国信息技术的发展现状、介绍获取信息的方法与途径、网络信息检索的

主要策略与技巧、信息资源管理的基本方法等。(2)网络与我:通过使用网络的亲身体验,可介绍网络虚假信息及防护、网络安全与措施、网络道德与法律等知识或感受。(3)我的多媒体作品:可介绍媒体及其分类、多媒体技术的特征、多媒体技术的运用、多媒体作品的一般制作步骤、多媒体素材的收集与整理、赏析多媒体作品等。

[教学反思]

本节课是在建构主义学习理论指导下,利用网络环境下的多媒体教学系统呈现教学内容和控制教学过程,并采用"任务驱动"的教学方法进行组织教学的。建构主义学习理论转变了过去以教师教为主的教学观念,而以脑瘫学生学为主,在教学中以脑瘫学生为中心,教师主要是组织者、引导者的角色,这更有利于培养学习的探索精神和自主学习的能力。

通过本节课的教学实践,我认为教师在进行教学设计时,首先要把握课的重点,找到突破难点的方法,而在细节的设计上,不要太局限,上课时可灵活处理。其次在每个教学子任务完成后,教师都要及时评价脑瘫学生的劳动成果,通过展示脑瘫学生作品,师生共同评析,促使脑瘫学生更深入的理解各知识点,进一步完善作品,同时也增加了脑瘫学生的自信心和学习的动力。

二、教学实施

(一)实施内容

信息技术课程是脑瘫学生的选择性课程,以学习简单的通信工具运用、计算机操作、互联网络运用以及其他现代信息技术应用为主。帮助学生运用信息技术学习知识,了解各种信息,更好地适应生活和社会发展,提高生活质量。学校信息技术教育内容分为三个学段:4—5年级为第一学段;6—7年级为第二学段;8—9年级为第三学段。下面以五年级模块分布和章节知识要点为例介绍脑瘫学生信息技术实施内容(见表5-15)。

表5-15 五年级模块分布和章节知识要点

年级与学期		知识领域
五年级上学期	一、键盘操作规则(一)	操作键盘的正确姿势;手指分工图;认识基本键;基本键的操作
	二、键盘操作规则(二)	G键和H键的指法;中排字母键的指法;上档字母键;上档字母键的指法;下档字母键;下档字母键的指法
	三、打字好帮手——金山打字通	认识金山打字通;使用金山打字通练习指法
	四、指法游戏	金山打字——激流勇进游戏;金山打字—拯救苹果游戏;金山打字——鼹鼠的故事游戏;金山打字——太空大战游戏;金山打字——生死时速游戏

续表

五年级下学期	一、操作系统的基本知识	认识菜单；认识对话框；介绍常用操作系统 Windows XP 等
	二、桌面管理	认识图标了解桌面的概念、认识 Windows XP 桌面；了解图标的概念，认识常见的图标及其作用；学会排列图标、学会移动图标、图标改名；认识任务栏及任务栏的各组成部分
	三、我的电脑	我的电脑图标、我的电脑的功能、我的电脑的窗口界面
	四、窗口操作	窗口的概念、了解 Windows XP 窗口；窗口的组成，认识窗口的各组成部分；窗口的打开和关闭；了解窗口菜单的基本操作；认识窗口工具栏中的常用按钮及其用法
	五、回收站和网上邻居	了解回收站的概念、回收站的基本操作及用途；了解网上邻居的概念
	六、文件和文件夹	了解什么是文件和文件夹；认识文件夹的图标
	七、文件的基本操作	文件的复制；文件的剪切、文件的粘贴；文件的删除；文件的重命名
	八、常用的 Windows 工具	了解 Windows 播放器；计算器的使用方法
	九、移动电话的使用	基本知识、开始使用（电池的安装、SIM 卡安装、开关机操作）、基本操作（拨打电话、接听电话、建立电话簿、拨打特殊号码、时间日期设置、查看通信记录、收发短信、电话卡充值、给手机充电、手机保养须知）

（二）实施原则

1. 分类教学原则

教师需要根据学生的生理差异、能力差异、水平差异有针对性地实施分类教学；对于基础较差的学生，可以采用补课的方法为其奠定必要的基础，消除他们对信息技术的神秘感或恐惧感，增强其学习的信心；也可以采用异质分组的方法，变学生的个体差异为资源，让学生在参与合作中互相学习并充分发挥自己的长处，协同完成学习任务；对于少数冒尖的学生，给予专门辅导，使其"吃饱吃好"，早日成才。

2. 个别化原则

脑瘫学生存在生理差异和认知特点的不同，要承认每个学生个性的存在，鼓励个性化发展。教师可以通过设立多级学习目标和多样的学习方式，让不同的学生都能根据自己的实际需要选择合适的内容;教师还应给学生提供多样化的自主探索空间,鼓励不同意见和创造性思路、多样化的问题解决方式和方法。脑瘫学生在信息技术学习的过程中起点水平参差不齐的同时往往分化很快,给教学带来诸多不便。教师应该在教学中充分了解脑瘫学生的智力状况,关注学生的学习特点、个性发展需求等方面的差异,灵活设计与组织教学活动,进行个别化教学,制订个别化教育计划,最大程度地满足学生的需要。

3. 游戏化原则

游戏化原则就是在教学过程中渗透趣味性游戏,培养学生的学习兴趣,营造有利于学生主动创新的信息技术学习氛围。学校教师应努力创造条件,为学生营造良好的学习信息技术的环境,在引导学生把握知识体系的基础上,适当放手,让学生通过自主探索,掌握技术工具的操作方法与应用技巧,在过程中认识和理解相关概念和原理,陶冶心性,形成健康人格。

(三)实施工具

1. 交互式电子白板

和其他特殊学生一样,脑瘫儿童一般性课程的课堂教学也会使用交互式电子白板。在语文、数学、英语以及其他学科课堂中,交互式电子白板被广泛应用,这种工具的使用大大便利了教师的教学,提高了课堂效率。

2. 计算机操作系统

脑瘫学生在信息技术课程中会使用计算机操作系统。为脑瘫学生能够方便地操作电脑和进行信息技术课程学习,学校可以计划采购一批计算机操作配件(见表5-16)。

表5-16 脑瘫学生信息技术机房采购清单

序号	名称	图样
1	轨迹球鼠标	
2	单键大鼠标	
3	摇杆鼠标	

续表

4	发夹式水银开关	
5	手腕式水银开关	
6	外接开关鼠标	
7	可调掌式键盘敲击器	
	腕套式键盘敲击器（尺侧式）	
	腕套式键盘敲击器（握持式）	
	掌套式锤形键盘敲击器	
	腕套式连指键盘敲击器	

表 5-16 中这些辅助设备可以应用于脑瘫等肢体功能障碍者，下面以鼠标为例说明这些设备的使用方法：(1)轨迹球鼠标：轨迹球鼠标采用加宽加长手掌区，外形曲线合理流畅，无论左手还是右手使用，都能感受到舒适。手指轻轻拨动轨迹球，便可实现快速精确的光标移动。这款鼠标几乎能够在任何表面上进行流畅精准的追踪，提高操作效率。(2)摇杆鼠标：当放开控制杆时，光标会停留在原来位置，功能包括：点击、双击、拖曳、横向/直向移动及速度均可以按钮控制。

3. 康复训练系统

(1)言语认知训练仪。学校在康复训练中配置了言语认知训练仪，主要对脑瘫学生进行言语、认知方面的训练,由于该设备采用动画的形式,很受学生们欢迎,训练效果较好。

(2)虚拟运动游戏平台。虚拟运动疗法是指在治疗师的指导下,利用虚拟运动游戏平台(Wii、Xbox 360、互动投影等)虚拟出各种体育运动游戏(网球、高尔夫、保龄球、棒球、赛车等)提高患者训练的针对性、趣味性、定量性和实用性,并结合运动疗法进行训练,对脑瘫学生身体功能障碍和功能低下,起到预防、改善和恢复作用的一种特殊疗法。特殊教育学校可以在脑瘫学生训练的时候使用一些模拟训练的设备,如 Wii、Xbox 虚拟成像游戏等,配置模拟运动训练设备,通过软件模拟高尔夫、网球、足球等训练项目,使学生们的训练变成了一种游戏,极大程度地激发了学生的学习兴趣,提高了注意力,通过评测结果可以看出学生的认知功能水平、语言表达能力、手部精细运动能力均有提高。

三、案例分析

信息技术在脑瘫学生中的教育教学应用有三个方面:在一般性教学中的应用、在信息技术课程中的应用以及在康复训练中的应用。下文将以学校信息技术课程和康复训练中应用为例,分析信息技术在脑瘫学生教育教学中的应用。

(一)信息技术课程

从当前的现状来看,信息技术发展速度快、知识更新周期短,仅靠学校的有限学习是远远不够的;从未来的发展趋势来看,信息技术不仅是学习的对象,更是信息时代公民进行终身学习不可或缺的工具和环境。因此,培养脑瘫学生不断学习信息技术,既是当前教学的需要,也是培养信息时代公民的需要。下面以深圳元平特殊教育学校信息技术组教师张和平的"QQ 邮箱的基本使用"教案(见表 5-17)为例分析脑瘫学生信息技术课程教学。

表 5-17 "QQ 邮箱的基本使用"教案

班级:CP8　教师:张和平

教学内容	QQ 邮箱的基本使用
教学目标	1. 学会使用 QQ 邮箱收发邮件、删除邮件和转发邮件; 2. 学会使用 QQ 邮箱发送带有附件的邮件,并能下载对方发送邮件中的附件; 3. 个别学生能使用 Outlook、Foxmail、Gmail 等专业软件收发邮件

续表

教学重难点	重点:收发邮件、删除邮件、邮件中附件的插入和下载	
	难点:使用专业邮件软件收发邮件	
教学方法	提问法、实践法、交互式教学、总结法、任务驱动法	
教学媒体的选择	交互式电子白板	
课前准备	文字素材、图片素材各一份	

教学过程

	教师活动	学生活动
1. 提问	同学们,你们都在使用QQ这个工具吧?现在老师问你们,平时你们用到了QQ的哪些功能啊?	思考、理解
2. 引入课题,板书课题	QQ邮箱的基本使用	学生聆听
3. 复习	带着同学们复习上节课有关电子邮箱的基本知识,并进一步认识电子邮箱的书写格式	练习、准备
4. 新授	介绍QQ邮箱工具的界面	学生观看老师演示后自己实践
	示范写信的操作步骤: (1) 点击左边导航中的写信; (2) 依次输入收件人地址、主题、正文,然后点击左下角的发送按钮	
	示范收信的操作步骤:点击左边导航中的收信字样,邮件服务器自动接收邮件	
	示范发送附件的操作步骤: (1) 点击左边导航中的写信; (2) 依次输入收件人地址、主题、正文; (3) 点击主题下面的添加附件字样,在查找范围中找附件的路径地址,鼠标选择具体的附件文件; (4) 点击右下角的打开按钮;如果还有其他附件,点击主题下面的继续添加字样; (5) 最后点击左下角的发送按钮	
	示范下载邮件中的附件的操作步骤: (1) 打开相应的邮件; (2) 页面的下方会看到普通附件字样; (3) 点击预览就使用浏览器直接打开; (4) 点击打开或者下载就会弹出下载另存为窗口; (5) 在下载到中选择保存的位置,文件名也可更改,然后点击下载按钮	听讲、理解

续表

5. 巩固	提出问题： 请同学们思考，如果你收到一封邮件，想直接把这封邮件发给其他联系人，怎么做呢？引出"转发邮件"这个问题，让学生自己去解决	消化、运用
6. 课堂练习	让同学们互发邮件，并练习附件的发送和邮件转发	
7. 课后作业	如果邮件较多，而且经常会收发邮件，老师建议使用专业的电子邮件收发软件，这里老师推荐大家使用 Foxmail 或者 Outlook，下面老师留给一部分同学的课后作业是，上网下载并安装 Foxmail，并自己建立账号，比较一下和 QQ 邮箱使用的优缺点。有问题的同学可以周末在网上和老师进行交流	
教学反思	教学内容电子邮箱的使用，为减少学生因填写大量资料注册的麻烦，我选择了学生使用广泛的 QQ 工具，直接使用 QQ 邮箱，收到了较好的效果。在教学中充分调动学生的主动性，让他们去探索。在分组练习中让学生间互发邮件，建立同学邮箱地址簿，大大地丰富了教学内容。不过，学生对邮件地址理解有较大困难，还需在以后的教学中不断加强和渗透。	

"QQ 邮箱的基本使用"以实用为导向，目的在于使学生掌握 QQ 邮箱的基本使用，这对于脑瘫学生来说很有必要，也是必须掌握的基本的信息技术知识。教师在授课过程中使用了提问法、实践法、交互式教学、总结法、任务驱动法等。在导入新课时提问"QQ 有哪些功能"引起学生学习的兴趣，在课程中提问"如何转发邮件"让学生主动思考和操作。在新授课时采用实践法，教师首先一步一步的示范，学生模仿教师的操作步骤，并及时巩固复习。课后教师布置了作业让学生进行实践操作，进一步巩固新学知识。

（二）康复训练课程

信息技术在脑瘫学生康复训练过程中发挥着极为重要的作用，脑瘫学生肢体存在不同程度的运动障碍，因而需要进行不断的康复运动训练。下面以深圳元平特殊教育学校信息技术组教师王树毅"脑瘫'虚拟网球游戏'训练——上肢功能训练"（见表 5-18）为案例分析"虚拟网球训练"在脑瘫学生康复中的应用。

表 5-18 "脑瘫'虚拟网球游戏'训练——上肢功能训练教案"

班级:CP6   教师:王树毅

教学目标	1. 认知目标:让学生了解网球的基本知识和认识上肢(肩部)关节功能, 2. 技能目标:让学生基本掌握坐位和站立位的正、反手击球练习, 3. 情感目标:感受运动带来的愉悦,接受勇敢、顽强的思想品质教育		
教学内容	虚拟网球训练	教学重难点	重点:网球游戏的正、反手击球(肩关节前屈、后伸、外展、内收)
			难点:反手击球训练(肩关节外展)
教学媒体的选择	1. 虚拟游戏平台(Wii 游戏机) 2. 教具器材准备:MP3 播放机、愉悦舒缓的音乐音频,海绵垫子若干		
教学过程	1. 准备部分(时间:4分钟,强度:小)	(1) 课的内容 ① 班长集合、整队、报告人数,检查学生站姿 ② 师生问好 ③ 宣布课的内容并示范网球正、反手击球 ④ 热身运动(上肢配乐儿歌关节操): 大楼、手指动动、运动、小猴子 (2) 教师活动要求 (3) 教师检查学生身体情况 (4) 教师做示范 　A. 坐位正、反手击球 　B. 站立位正、反手击球 (5) 学生活动 ① 听教师介绍 ② 学生分两行横队坐好 ③ 学生学会盘腿坐 ④ 关节操要认真,并能仔细听口令跟教师完成 ⑤ 队形要求 　　　　　两列横队 　　　　　　▲ 　　　　××××××× 　　　　○○○○○○○	
		(1) 课的内容:虚拟网球"Wii Sport 网球"正、反手击球 ① 正手击球练习(肩部的外展—内收练习) 坐位单臂由外展再内收:先将右臂外展,保持 8 秒,快速内收。口令:伸出右手,手伸直,伸直,伸直,坚持1,…,8,挥手内收,快!换手	

续表

2. 基本部分(时间:25分钟,强度:中)	② 反手击球练习(肩部的内收—外展练习) 坐位单臂由内收再外展:先将右臂内收,保持8秒,快速外展。口令:伸出右手,抓住肩膀,抓住抓住再抓住。坚持1,…,8,换手 (2) 学生分层练习 一层:轻度上肢功能障碍,完全独立进行双人对抗练习 二层:中度上肢功能障碍,在辅助下进行双人对抗练习 三层:重度上肢功能障碍,在辅助下进行单人练习 (3) 教师活动要求 ① 在学生练习之前,教师都要完整做一遍示范动作 ② 讲解动作的要点 ③ 辅助和纠正学生的错误动作 (4) 学生活动 ① 基本坐位姿势:做各项训练动作前,先将臀部贴紧凳子,双腿踏实地面,双脚分开比肩稍宽,双目平视,腰挺直,双手自然下垂,全身放松 ② 基本站位姿势:做各项训练动作前,先自然站立,双目平视,双脚分开与肩同宽,双手自然下垂,全身放松 ③ 学生队形(分成两行,面对面坐下): ××××××× △ ○○○○○○○
3. 结束部分(时间:5分钟,强度:小)	(1) 放松活动 ① 呼吸操练习 学生听音乐平躺在地毯上,双手平放于腹部自然放松;教师用缓和的语气引导学生进行放松协调的呼吸 ② 呼吸操队形 ▲ ×××××× ○○○○○○ (2) 小结、表彰鼓励 (3) 收回器材
教学反思	本课运用信息技术手段和康复设施设备并采用多种教学方法,学生学习兴趣较浓,但康复训练中学生怕痛,难于坚持较长时间,在今后的训练中应教育学生不怕苦不怕痛,要有自强不息的精神

虚拟网球是模拟网球比赛的体育电子游戏,能进行单人及多人的游戏,肩关节是人体运动范围最大而又最灵活的关节,它可做前屈、后伸、内收、外展、内旋、外旋以及环转等动作。虚拟网球游戏是一项能综合锻炼肩关节功能的体育游戏项目。该课程坚持以生为本,改善功能为主,从整体出发,增强学生的身体机能。在游戏中进行康复训练,一方面可以使学生了解网球的相关知识,提升学生运动的兴趣,另一方面还可以帮助脑瘫学生进行功能恢复训练,培养学生不怕吃苦的运动精神。

第五节　信息技术在自闭症学生教育教学中的应用

自闭症学生普遍存在人际交往障碍、言语障碍和兴趣与活动异常等问题。自闭症产生的原因至今不明,也很复杂。自闭症教学一直是特殊教育教学的一大难点,轻度自闭症学生可以进入普通学校进行随班就读,但是中重度自闭症学生由于认知能力的严重缺损,导致教育教学有很大的难度,需要教师充分发挥因材施教和个别化的教学方法,针对自闭症学生的特点对其进行语言、认知、人际交往和行为方面的干预。

一、教学设计

(一) 教学内容分析

深圳元平特殊教育学校目前并没有开设针对自闭症学生的信息技术课程,信息技术一般应用到课堂上或者自闭症学生的康复训练中。特殊教育教师在对自闭症学生进行教学的过程当中,其教学内容并不是固定的,而是穿插了很多其他的教学内容。例如,在教生活语文的时候,教师不仅教生字、词等,还会教生活技能,如在学习课文时,教学生勤洗手,自己洗手绢、袜子等。由于自闭症学生注意力不能集中,教师上课的内容经常需要重复讲解,教学效率偏低,信息技术如多媒体设备(音视频)的使用使自闭症学生的课堂更富有趣味性。

(二) 教学对象分析

自闭症学生的身体发育特点与普通学生无异,已有研究表明,他们在身高、体重、脉搏、血压等的指标上与普通学生大体一致。[1] 在心理发展上他们与普通学生有很大的差异:感知觉方面,视觉符号和听觉符号的感知速度落后于普

---

[1] 陈云英.中国特殊教育学基础[M].北京:教育科学出版社,2004:231.

通同龄学生;记忆力方面,缺乏有意注意的能力,机械记忆能力强;语言方面,或多或少的存在语言障碍。[①] 特殊教育教师不仅要掌握自闭症学生所具有的普遍特点,还要把握自闭症学生的个性特点,不同学生表现出很多不同症状,如有的智力非常低下、刻板行为严重,有的有一定认知能力,甚至还具备在美术或者音乐方面的天赋,需要抓住每位自闭症学生的特点,还要善于在生活中、教学中发现他们的优点与长处,从而更好地因材施教和进行个别化教育。

（三）教学理念分析

对自闭症学生进行信息技术课程教学目前来说还存在一定的困难,因此,信息技术在自闭症学生中的应用目前主要体现在教育教学和康复训练之中。在教育教学中,针对自闭症学生的教学理念是以生活适应为主,训练生活自理能力。在生活适应课程教学中应用信息技术,使学生较快掌握生活技能。某些学生存在认知潜能,应该以信息技术为辅助增强认知训练,从而激发他们的潜能。

（四）教学目标分析

针对自闭症学生的教学目标包括:知识与技能、情感与态度以及康复目标。例如自闭症学生三年级生活语文"常见蔬菜"一课的教学目标如下:(1)知识与技能:通过本节课的学习,学生在自己原有的基础上学习能力均有所提高,享受到学习带来的快乐;(2)情感与态度:培养学生主动参与学习的意识、主动表达自己的意愿,并认识到蔬菜对身体的重要性;(3)康复目标:通过康复训练,自闭症学生敢说、能说、会说,并将语文知识真正运用到生活当中去。

（五）教学重难点分析

针对自闭症教学的重难点分析也必不可少。例如自闭症学生三年级生活语文"常见蔬菜"一课中,教学重点是句式表达:"我想吃……"教学难点是自闭症学生语言理解、语言表达以及语用技能的掌握。

（六）教学方法选择

自闭症学生与普通学生存在很大差异,需要采用特殊的教育方法,如结构化教学计划(以下简称 TEACCH),为每一位学生设计一个适合个别需要的教育计划,根据学生的学习特点,有组织、有系统地安排学习环境、学习材料和学习程序,从设计好的结构中学习的一种教学方法。[②] 它强调的是将教学空间、教学设备、教学方法等进行有机结合,全方位地帮助自闭症学生进行学习。其

[①] 陈云英.中国特殊教育学基础[M].北京:教育科学出版社,2004:231-232.
[②] 王梅,张俊芝.孤独症儿童的教育与康复训练[M].北京:华夏出版社,2007:157-158.

他诸如应用行为分析法、感觉统合训练法、人际关系发展干预（RDI）等都可以用来对自闭症学生进行教育，训练其认知、社会交往以及适应行为等。在信息技术教育环境下，教师可以利用图片、声像等结合 TEACCH 教学法发挥作用，引起学生的注意力，培养学习的兴趣和动力。

（七）教学多媒体的选择和使用

在自闭症学生教学过程中，除了一般性的信息技术设备如投影仪、交互式电子白板等的应用外，也会使用其他专有的信息设备，如智能沟通训练仪，训练自闭症学生的语言与沟通能力，促进自闭症学生的康复发展。

（八）教学过程设计

教学过程是教学设计的重要环节。对于自闭症学生而言，一般每堂课是 40 分钟，由于其注意力难以集中，课堂前 5 分钟需要安定学生的情绪，吸引学生的注意力，中间 25 分钟用来做康复训练或者授课，最后 10 分钟进行课堂练习，以巩固学到的知识。所以说在设计教学过程时，要充分考虑到自闭症学生的需要，利用信息技术吸引学生的注意力是很重要的一个方法，可以设置游戏化的教学环境，将信息技术融入教学过程中，提高课堂效率。

（九）教学反思

特殊教育教师对自己的教学进行反思，并以此促进教学行为的发展，对特殊教育教师的专业发展有着重要的意义，可以从教学设计、课堂组织与管理、言语和非言语沟通、反馈与评价等方面来进行。其中最重要的是教师对学生发展情况的反思，自闭症学生是教学活动的主体，教育教学的最终目的是使自闭症学生全面发展，特殊教育教师只有在不断的反思过程中，才能使教学更适应自闭症学生的发展要求，达到最终的教学目标。下面以深圳元平特殊教育学校自闭症教研组教师邓景秀针对自闭症学生的生活语文课"常见蔬菜"为例，呈现自闭症学生生活语文课教学设计中涉及的信息技术内容。

集体教学——"常见蔬菜"

深圳元平特殊教育学校　自闭症教育康复教研组　邓景秀

［教学内容分析］

本节课选自我校自闭症学生校本教材三年级生活语文第一学期第二单元"常见蔬菜"，这一课主要讲的是在生活中如何根据自己的喜好去表达自己想吃或者喜爱的东西。教材编写以色彩鲜艳又形象的图片配上简洁的字、词、句来引导学生表达自己的意愿；课文内容活泼、亲切、生活化并且充满了童真童趣，符合自闭症儿童的心理特点，能引起学生们强烈的内心感受，根据课文亲切自然、生动有趣的特点，这一课我共分了 6 个课时，前 2 个课时是认识各种常见的蔬菜名称以及外貌特征,后4个课时分别是字词句表达、课文分析和作业练习,本节课是第3课时,主要内容是:(1)复习常见的六种蔬菜:黄瓜、大白菜、红萝卜、白萝卜、茄子、辣椒;(2)学习词语:蔬菜;(3)认识生字:菜;(4)学习句式:我想吃……

[教学对象分析]

本次上课的对象是9名三年级自闭症学生,年龄分别在8—10岁。总体来说,这9位学生性格都较为开朗活泼,喜欢新鲜事物,并且有比较强的表现欲。尽管如此,他们在语文方面的学习能力和学习程度上仍存在差别,大致可以分为三个层次:第一层有一定的识字基础,语言能力较好,理解能力较强;第二层具备简单的识字基础和认读能力,但语言能力较弱;第三层学生语言能力弱,课堂注意力不集中。

设计意图:引进了智能沟通训练仪这种康复设备,以此激发学生敢于表达自己的内心感受。

[教学目标分析]

(一)知识与技能:通过本节课的学习,使学生在自己原有的基础上学习能力均有所提高,能享受到学习带来的快乐。根据班级学生能力状况共分3组:

第1组(3名学生):正确朗读字、词,看图懂意,理解词义并组词,掌握生词"蔬菜"的音形义;认识生字"菜"的音形义。通过智能沟通训练仪和教具操作培养学生自我表达能力:"我想吃……"

第2组(3名学生):基本上能正确朗读词语,看懂图意,理解词义,在教师的指导下掌握生词"蔬菜"的音形义;认识生字"菜"的音形义。并在教师的指导下完成智能沟通训练仪口语表达,最后集体完成语言三段卡的训练。

第3组(3名学生):理解词语的意思,看懂图意,发音基本正确。在教师的指导下能读出字和词,并能在教师的指导下进行智能沟通训练仪的训练以及小组合作完成语言三段卡的训练。

(二)情感与态度:引导学生主动参与学习的意识、培养学生主动表达自己的意愿,并让学生了解蔬菜对人身体的重要性。

(三)康复目标:(1)通过智能沟通训练仪,培养自闭症学生敢说、能说、会说。(2)通过智能沟通训练仪里的情境设置,让学生能将语文知识真正运用到生活当中去。

设计意图:将智能沟通训练仪引进课堂,是为了增强课堂的生活性、趣味性、功能性和可操作性,提升学生的沟通技能,发展其交流意愿和能力。

[教学重难点分析]

教学重点:句式表达:"我想吃……"

教学难点:自闭症学生语言理解、语言表达以及语用技能的掌握。

[教学过程分析]

(情境创设:今天喜羊羊和懒羊羊要去蔬菜园运蔬菜,可是去蔬菜园必须经过三道关,为了帮助喜羊羊、懒羊羊早日收回新鲜脆嫩的蔬菜,我们赶快一起来冲关吧)

第一关是词语关:蔬菜

老师:我们一起来看看第一关是什么?

学生:词语关……

老师:哇!这么多的蔬菜啊,同学们还记得它们的名字吗?让我们一起大声叫出它们的名字吧!

学生:辣椒、洋葱、胡萝卜、西红柿、黄瓜、茄子、白萝卜、花菜、小白菜。

老师:同学们知道吗?它们有一个共同的名字:蔬菜。

1. 读一读

(1) 集体读

(2) 分组读

(3) 个别读

2. 找一找

老师:我们刚刚认识了"蔬菜"这个词,接下来请同学们从智能沟通训练仪里找出你所学过的蔬菜。

3. 说一说

请2—3位学生说一说在智能沟通训练仪里找到的蔬菜名称。

老师:同学们一定找到了很多蔬菜吧?下面老师点名请同学来说一说,都找到哪些蔬菜?

学生:……

4. 配一配

老师:同学们都找到了这么多的蔬菜品种,你们真厉害!老师刚刚也找到了一些蔬菜图片,下面老师请同学们帮我一起来读一读这些蔬菜的名字吧!三段卡配对(分组)

老师:这么多的菜,它们的共同名字是什么?(引出"蔬菜"这个词)

学生:蔬菜(教师将"蔬菜"这个词贴到黑板上)

5. 闯关成功

第二关是生字关:菜

老师:蔬菜这个词我们已经学过了,那第二关就是学习蔬菜的"菜"字。我们先来看看"菜"字的结构……

1. 课件出示生字:蔬菜词语

老师:这个词我们刚刚学习过了,同学们一起读一读。

学生:蔬菜。

老师:今天我们要学习的就是这个"菜"字。

(1) "菜"的读音。

(2) 菜字的笔顺:书空写、桌面上写。

(3) "菜"字的结构:上下结构。

(4) "菜"字的部首:艹字头。

2. 练习:电脑里找出"菜"字或者是找出艹字头字。

3. 闯关成功

第三关是学习句式(我想吃……)

老师:我们还剩下最后一关,同学们加油啊,我们马上就要到蔬菜园了,第三关是句式关,这个句子是:我想吃……

1. 引出句子:我想吃……（板书"我想吃……"）

2. 找出句子:我想吃……

老师:这次我们还是要借助智能沟通训练仪,请同学们在里面找到这个句子。

3. 结合实际生活说出句子:我想吃……

老师:同学们刚才都找到了"我想吃……"的句子,也跟着一起朗读了句子,接下来请同学们看看电脑,每个同学说出一种你最想吃的蔬菜（课件出示蔬菜的图片）。

老师:这里有这么多的蔬菜,一定有你们想吃的,下面请同学们说一说你想吃哪种蔬菜。

学生:我想吃大白菜。

学生:我想吃西红柿。

……

4. 闯关成功

5. 喜羊羊和懒羊羊终于在同学们的帮助下来到了青青菜地,他们也迫不及待地想吃这些新鲜脆嫩的蔬菜了,我们来听一首《蔬菜进行曲》来庆祝它们闯关成功吧。

设计意图:抓住学生喜爱动画片的心理特点,本次课特意引入了学生们喜爱的动画片《喜羊羊与灰太狼》里的人物——喜羊羊和懒羊羊,用它们要去蔬菜园闯关的过程来贯穿整个课堂。

[教学反思]

语言表达对于自闭症学生来说是一件非常困难的事情,本节课主要借用语言沟通的康复仪器让学生复习已知的知识,然后引入字、词、句的学习让学生自己主动的表达。说话不仅要训练观察能力和想象能力,更主要的是让学生主动参与到说话的实践中。

在自闭症的低年级教学中,使学生主动参与学习过程,按要求有意识地表达,做到说通顺、说具体、说完整。因此,我在教学"常见蔬菜"的课中,根据自闭症低年级学生的年龄特点和心理特征,在教学中尽量避免抽象的说、教和课堂气氛的枯燥和单调,采用直观形象的语言沟通仪器和多媒体课件启发学生,激发起学生自己表达的兴趣。

在教学中我有意识地将学生分成小组,为的就是避免自闭症学生有的"喂不饱"、有的又"喂不了"的现象,分组达标是自闭症学生课堂中的重要组成部分。

本节课让我意想不到的是学生与学生之间的互动,众所周知自闭症学生的社会交往能力相对薄弱,本节课上有一位学生的康复训练仪出现了一点小状况,但是他的同桌看到后立刻帮忙解决,然后还将自己的康复训练仪与他一起分享,这种现象在自闭症班级是难能可贵的。

本节课不足的地方是对程度稍弱的学生关注不够;第二层学生的教学目标可以再提高点,比如让他们将水果和蔬菜进行分类;还有一点是物体从平面到抽象的过渡把握得不是很到位。

二、教学实施

（一）实施原则

信息技术教育环境下,教师需要充分利用信息技术的优势进行教学。自闭症学生信息技术教学需要体现主体性教学原则、差异性教学原则、过程性教学原则、开放性教学原则、兴趣性教学原则。[①]

1. 主体性教学原则

主体性教学原则是指在信息技术教学过程当中,由于计算机的操作是要学生本人亲身操作和体验的,学生的主体性地位是应该被保证的,因为这样他们才能习得技能。教师在教学过程中需要适量讲解,更多的时间留给学生进行操作和练习巩固。

2. 差异性教学原则

差异性教学原则是指在信息技术教育过程中,每个学生的层次不尽相同,对知识的掌握情况不一,因此要根据学生的具体情况进行教育辅导,满足不同学生的学习需要。例如,一些学生由于家里有计算机,在学习之前已经掌握了计算机的一些基础知识,有的学生甚至参加过计算机竞赛,而有的学生从来没有接触过计算机,对计算机一点都不了解。或者有的学生天生就对计算机有着浓厚的兴趣,而另一些学生对计算机一点兴趣都没有。这些都反映了学生在计算机学习方面的差异,教师应该捕捉到这些差异,对教学进行适时调整,满足不同学生的学习需要。

3. 过程性教学原则

过程性教学原则是指在信息技术教学过程当中,不仅要教给学生知识,还应该教给学生学习知识的方法、知识形成的过程。在现代社会,信息技术高速发展,学生不可能学会所有的信息技术,但是应该掌握学习的方法,不仅重视结果,还要重视过程。例如,学生不仅要学会如何打字、画图或制作多媒体课件,还要学会如何积累经验,如何在以后的学习过程中克服困难。

4. 开放性教学原则

开放性教学原则是指在信息技术教育过程中,要创造一个开放性的教学环境,即为学生创造一个教学内容、教学过程、教学组织形式开放的环境。在教学中,鼓励学生敢于动手、大胆操作,激励学生独立思考解决问题的办法和途径。让学生自己去寻找学习的材料,给他们时间和空间上的自由进行创新创作。

5. 兴趣性教学原则

兴趣性教学原则是指在信息技术教学过程中需要激发学生学习的动机,培养学生适度的兴趣和良好的学习态度,提高教学的质量和效率。在信息技术课程中,有的学生只对计算机中的游戏和聊天感兴趣,这时候教师需要积极引导

---

① 张丽霞,郭清水. 中小学信息技术教学原则体系初探[J]. 电化教育研究,2004(6):68-72.

学生回归到正确的学习道路,使学生意识到不仅可以从信息技术中得到休闲娱乐,而且还可以从信息技术中获取信息资源、提高学习效率,从而培养他们学习的兴趣。

(二)实施工具

目前,学校尚未针对自闭症学生开设信息技术课程,其信息技术的应用主要是体现在学科教学和康复训练当中。康复训练中应用了很多先进的信息技术设备,如OT-SOFT认知评估训练系统、儿童潜能开发系统、孤独症教学电脑化训练设备、索马托系列音乐震动治疗仪等。在自闭症教育方面,学校使用信息化程度较高的训练设备,增强康复教育训练的效果,如听觉统合治疗仪、注意力训练软件、启智博士等信息技术相关的软硬件设备。

1. 听觉统合治疗仪

听觉统合治疗是由法国医生伯纳德(G. Bernard)创立的,通过让患儿聆听经过特殊仪器调配和过滤的音乐,矫正患儿听觉系统对声音处理失调的现象,并刺激脑部活动,从而改善患儿情绪、行为,并促使患儿的言语等发育的一种治疗形式。其组成部分包括播放器(CD机)、立体声均衡器(可调节)、线(耳机)、CD碟20张。听觉统合治疗用于治疗儿童孤独症、儿童学习困难、儿童多动症等病患存在的听知觉障碍(Hearing Distortion)。

2. 儿童认知训练系统

儿童认知训练系统是对儿童的认知进行评估和训练的系统。学校可以将该系统用于对自闭症学生进行个别化的认知训练。该系统训练内容比较广泛,包括物体概念、象征性语言、知觉关系、认识数字、认识颜色、拼图等。由于环境安静、系统人性化、画面形象生动,做出解答后系统会发出人声对学生的应答结果做出判断和鼓励,自闭症学生普遍比较感兴趣。

3. 儿童注意力测试分析仪

儿童注意力测试分析仪是对6—16岁儿童进行注意力集中程度的测量以及训练的医学测试仪器。学校可以将该仪器应用于自闭症学生,分为四个诊断维度:稳定性诊断、广度性诊断、分配性诊断、转移诊断,主要通过鼠标和游戏手柄进行测试,测试项目分为十级,由易到难。

4. 北辰音乐治疗系统

学校可以为特殊学生构建一间音乐治疗室,室内装修可以以蓝色为基调,这样利于稳定学生情绪。该音乐治疗室包括大屏幕放映器、电脑音乐播放器、音响设备以及可以震动的音乐床等,所播放的音乐包括催眠的、治疗抑郁的等不同种类,既可以进行个人治疗,也可以进行集体治疗。

5. 日日新心理健康综合软件

日日新心理健康综合软件包括自闭症专业评估类、自闭症评定量表、自闭症及相关障碍的心理教育评估量表,特殊教育学校可以使用该软件对学生进行心理评估。

6. 启智博士

启智博士是学生早期语言评估与干预仪。该仪器通过选取核心词语、词组、句子、短文,采用循序渐进的方式对早期语言的理解、表达、认知、韵律能力进行评估和训练。

三、案例分析

在所有特殊学生类型当中,自闭症发病原因比较复杂,多是从外部环境着手对自闭症学生进行教育或者干预治疗。自闭症学生广泛存在认知、语言以及行为上的问题,如何提高自闭症学生的认知水平、促进自闭症学生的语言发展、处理自闭症学生的行为问题是很大的难题。特殊教育学校可以在课堂和康复训练中积极利用信息技术软硬件对自闭症学生进行康复训练。

(一)信息技术在自闭症学生课堂教学中的应用案例

自闭症学生注意力难以集中,在课堂教学中较难进行集中而有组织的教学活动。为了吸引自闭症学生的注意力,课堂教学中的多媒体技术应用显得格外重要。下面以深圳元平特殊教育学校自闭症教育康复教研组教师陈静生活数学课"加减法计算"(见表5-19)为例分析信息技术在自闭症学生课堂中的应用。

表5-19 "加减法计算"教案

班级:A9—1 教师:陈静

年级/班级	A9—1	任课教师	陈静	教学时间	第1周
教学主题	"加减法计算"				
教学内容	"10以内的加法口诀表"				
教学目标	1. 学会10以内的加法和减法计算 2. 培养有条理地思考问题 3. 通过活动培养观察和解决问题的能力,体会生活中处处有数学				
教学重难点	重点:10以内的加减法正确和熟练地计算				
	难点:训练学生有条理按顺序思考				

教学方法	启发法、示范法、练习法
教学准备	方块积木、PPT 课件
教学过程	1. 组织教学 师生起立问好。 2. 复习 数字 1—100 的认读。 沙龙游戏：同学数字接龙，每个同学数 10—20 个数字，从 1—100。 3. 新授课 (1) 课件展示 小明家住在一个小村子里，这里有碧绿的草地、芬芳的鲜花，漂亮吗？他还养了小鸡和小鸭，看一下总共有多少只小鸡？多少只小鸭？ (2) 情境创设 把积木拿出来，看哪些数字能加起来等于 10；哪些数字加起来等于 9，以此类推教学。先由老师示范教，再由学生自己单独学习加减法。老师在黑板上板书 10 以内的加法和减法口诀表。 (3) 实践体验 口算笔算：看谁能快速正确地说出加法和减法口诀表里面的算式答案； 猜数游戏：每个人拿 10 个积木，放在两只手里，一只手出示几个，由另外一个同学来猜还剩下几个。 4. 活动延伸 动物联欢会开始了，请同学们看一看，每种动物再各来几只就是 10 只了？ 5. 结束部分 总结课堂，给学生鼓励； 师生再见

"加减法计算"一课教给自闭症学生 10 以内的加减法，使自闭症学生在生

活中可以进行简单数学应用,培养他们的思维能力。"加减法计算"使用多媒体设备进行教学,教师使用 PowerPoint 课件展示教学内容,课件中通过实物图片,采用情境教学法、游戏法等训练学生加减运算的能力,有利于他们认知的康复。

（二）信息技术在自闭症学生康复训练中的应用案例

自闭症学生存在语言障碍、情绪行为问题,对自闭症学生进行语言康复以及情绪行为干预极为重要。学校为自闭症学生语言和情绪行为的干预配备专门的仪器设备,下面以深圳元平特殊教育学校自闭症康复训练教研组教师邓永兴等人利用听觉统合治疗仪器干预自闭症儿童行为问题为例,介绍信息技术在自闭症学生康复训练中的应用。

听觉统合治疗与孤独症儿童问题行为个案研究[①]

邓永兴　郭俊峰　徐小亲

听觉统合治疗是通过让受试者聆听经过调制的音乐来矫正听觉系统对声音处理失调的现象,并刺激脑部活动,从而达到改善语言障碍、交往障碍、情绪失调和行为紊乱的目的。本研究根据听觉统合治疗的标准操作模式,以个案的方式对孤独症儿童的攻击性行为进行试验研究,以期对孤独症康复研究起到一定的启发作用。

[治疗对象]

一、一般情况

××,男,1995 年 9 月出生,顺产,12 个月时开始走路,自幼哭叫较多,5 岁半入幼儿园,因情绪问题多、无语言、坐不住、不听指令而被迫退出幼儿园。家庭条件较好,照顾甚佳。生活能力发展较慢,饮食起居均需照顾。曾因情绪行为日益严重而在某儿童医院精神科住院治疗近一年。因为辗转治疗等原因,12 岁时才入读特殊学校。

二、入学时基本情况

情绪行为严重;无语言;刻板;做事的持续性短;对要求的执行差;对声音尤其是噪音比较敏感;易烦躁、不耐烦;无法等待;人际互动差;攻击性行为严重,尤其是咬人、撕他人头发和衣服、跺脚、撞头、咬手等行为频繁,持续时间长,爆发力、破坏性强。

经过近半年训练后,该生问题行为都有不同程度的改善;语言进步很大(能说简单的叠语、单词);但攻击性行为仍然持续,并严重影响训练;能够在教室或其他教学活动环境中与教师或父母配合。为避免别的学生影响他的情绪并防止他攻击其他学生,一般都让他独自坐在单独的工作间内,教学内容通常是串珠、描红等精细运动和跑步、滑板等粗大运动。

---

① 邓永兴,郭俊峰,徐小亲.听觉统合治疗与孤独症儿童问题行为个案研究[J].中国民康医学,2010(12):3086－3087.

三、心理评估和诊断

5岁半时,经医院诊断为孤独症;无法进行智力评估;孤独症儿童行为评定量表得分108分;社会适应评估(儿童社会适应行为评定量表,姚树桥、龚耀先编写)为社会适应行为重度缺损;儿童期孤独症评定量表(CARS量表)为重度孤独。

[资料收集过程]

一、通过教师的直接观察和父母的讲述,如实地用文字记录该生的问题行为发生的时间、地点、持续时间、行为内容等。

二、该记录采取时间取样,属时间样本。记录从11月1日起至11月28日止,历时28天。其中11月1日至14日为治疗前的观察阶段(基线),共两星期;11月15日至28日为治疗中的观察阶段,共两星期。

三、根据记录,把该生出现的问题行为进行了归纳,分为前兆行为、自伤行为和伤人行为三类。其中前兆行为包括不耐烦、哼哈、情绪激动、哭闹、乱跑等;自伤行为包括咬手、跺脚、撞头等;伤人行为包括撕扯他人衣物、头发,抓咬他人等。

四、数据整理采用SPSS 10.0的相关方法进行统计、分析。

[治疗与训练过程]

一、听觉统合治疗仪由法国医师G. Bernard发明,后来被美国引进。

二、本实验研究使用广州市忆明科学仪器有限公司生产的"天郎之星数码听觉统合治疗系统(AIT)"。该系统由播放器(CD机)、立体声均衡器(可调节)、耳线(耳机)、专用CD碟20张和变压器组成。

三、听觉统合治疗适合四到十六岁的特殊需要儿童,如患孤独症、言语及语言发育障碍、学习障碍(阅读困难)、精神发育迟滞(弱智)、多动症、注意缺陷障碍、情绪障碍等病症的儿童。本个案为孤独症儿童。

四、疗程训练。一个疗程20次,每天2次,每次30分钟。在接受治疗时有家长辅助督促被试安坐30分钟,并戴上耳机听音乐。

[治疗与训练结果]

一、治疗期间问题行为次数分布图(见图5-1)

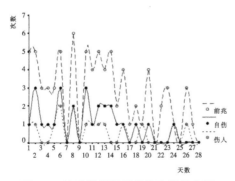

图 5-1 治疗期间问题行为次数分布图

二、治疗前与治疗中问题行为频数比较(见表5-19)

治疗时间	治疗前			治疗中		
问题行为	前兆行为	自伤行为	伤人行为	前兆行为	自伤行为	伤人行为
N	14	14	14	14	14	14
Mean	3.79	1.57	.79	1.71	.36	.29
Mode	5	1	1	1	0	0
Std Deviation	1.85	1.02	.70	1.38	.50	.47
Variance	3.41	1.03	.49	1.91	.25	.22
Minimum	0	0	0	0	0	0
Maximum	6	3	2	4	1	1

表 5-20　治疗前与治疗中问题行为频数比较表

三、从表5-20看出该生在治疗前后前兆行为、自伤行为和伤人行为都有明显改善。

四、该生的问题行为主要集中在哭闹、不耐烦等前兆行为中,比例非常高;治疗前平均每天出现3.79次,甚至一天出现5次以上的有一个星期;治疗中平均每天出现1.71次,一天内前兆行为控制在4次(最多一天出现过4次)以内的超过一个星期,但与自伤行为和伤人行为做横向比较的话可以看出,该数据仍非常高。

五、相对前兆行为而言,治疗前和治疗中自伤行为与伤人行为的平均次数、众数等都有大幅度的降低。

六、从原始记录可以发现该生问题行为遵循如下规则:某一目的(如想回家、逃避学习任务等)未遂时,先出现不耐烦、哭闹等前兆行为,再发展为咬手、跺脚等自伤行为,在目的仍未达到的情况下,会出现抓妈妈的头发、咬阿姨手等伤人行为。

七、自伤行为和伤人行为与前兆行为的出现频率成正比,也就是说前兆行为出现的频率高,则自伤行为和伤人行为出现的频率也高;反之亦成立。在治疗中该生的前兆行为大幅度的降低,自伤行为和伤人行为也得到相应降低。

八、治疗前与治疗中问题行为持续时间次数比较(见图5-2)

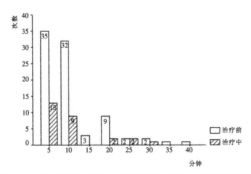

图 5-2　治疗前与治疗中问题行为持续时间次数比较

1. 在观察期间的28天中,该生问题行为共出现过112次,问题行为发生的持续时间主要控制在十分钟以内,有89次,占总数的79%;超过十分钟的有23次,其中治疗中问题行为仅出现过5次。

2. 该生的问题行为主要发生在治疗前,有85次,占总数的76%;治疗中问题行为出现较少,持续时间也短,其中持续时间在十分钟以内的问题行为约相当于治疗前的31%。

3. 治疗前问题行为持续时间有2次超过半个小时,治疗中问题行为持续时间未超过半小时。

[治疗与训练反思]

由此可以得知,在排除和忽略人为因素控制问题行为的前提下,该生在进行治疗的两个星期中,问题行为不论从次数还是持续时间上都有十分明显的改善,可以说听觉统合治疗对该生的问题行为的效果非常明显。

深圳元平特殊教育学校教师利用听觉统合治疗仪干预自闭症儿童的行为问题,技术相对成熟,取得了一定的效果。教师经过实践总结了很多治疗经验,并且通过发表文章跟其他同行分享成果,促进了信息技术在特殊教育领域的运用。该校利用信息技术对自闭症学生进行康复训练不仅取得康复效果,还取得了一系列研究成果,对其他学校有一定的参考意义。

第六章　信息技术在特殊教育中的应用成效

信息技术在特殊教育中的应用有助于学生进步,例如促进学生的信息素养、学习能力提高、生活技能进步以及社会适应发展;信息技术促使教师取得了一些成就,例如促进教师信息运用能力提高、教育教学效能优化以及评价反馈意识提升;信息技术可以帮助学校取得一些成绩,例如促进学校信息管理系统完善、信息交流机制健全以及教育教学模式创新。信息技术的应用成效还可以得到如政府、家长以及专业机构等社会力量的认可。

第一节　学生的进步

信息技术在教育中的应用成效首先应该体现在学生身上。学生是学校的主体,是教育的对象。信息技术在特殊教育中的应用对学生信息素养的提高、学习技能的发展、生活技能的进步以及社会适应的发展有着极其重要的作用。学生在信息化环境下改变了传统的被动学习状态以及被动地位,成为学习的主体。学生主动学习从而提高了自己发现问题、解决问题的能力,有利于锻炼思维,提高创新思维能力。

一、学生信息素养的增强

信息素养(Information Literacy)的概念是从图书馆检索技能发展和演变过来的,最早是由美国信息产业协会主席保罗·泽考斯基(Paul Zurkowski)在1974年提出的,当时将信息素养定义为:人们解决问题时利用信息工具或主要信息源的技术与技能。[①] 具体来说是指信息意识、信息道德、信息知识以及信息能力等几个方面所组成的综合能力。信息素养不仅仅包括诸如信息的获取、检索、表达、交流等技能,而且还包括独立的学习态度和方法,将已获得的信息

---

① 邵川.信息素养教育与文献检索课[J].彭城职业大学学报,2004(4):97.

用于信息问题解决、进行创新性思维的综合信息能力。[①]

（一）学生信息素养的内容

学生信息素养具体包括以下几个方面：(1)信息意识。信息意识是指对信息的敏感程度，是人们从信息角度对自然界和社会的各种现象、行为、理论观点等的理解、感受和评价。通俗地讲，面对不懂的东西，能积极主动地去寻找答案，并知道到哪里、用什么方法去寻求答案，这就是信息意识。信息时代处处蕴藏着各种信息，能否很好地利用现有信息资料，是人们信息意识强不强的重要体现。使用信息技术解决工作和生活问题的意识，这是信息技术教育中最重要的一点。要培养学生积极使用、善于使用信息的意识，培养学生在工作、学习、生活中自然的、守法的使用信息技术的意识。(2)信息道德。在信息道德方面，必须培养学生高度的社会责任感。因为信息技术可以传播有利于人类的信息，但同时也存在有害的信息，学生应该注意甄别，并且主动抵制和消除那些有害信息的传播。必须培养学生负责任地引用和创造信息，应该在一定的协议的监督下引用和创造信息，即在网络上下载或者引用别人的成果之后要注明出处，在自己的研究成果中应该保证有理有据，不进行虚假信息传播。(3)信息知识。特殊学生作为信息社会的一员，应该掌握有关信息技术的基本常识，了解信息技术的基本术语，知道信息技术对人类有哪些影响及局限性。信息知识既是信息科学技术的理论基础，又是学习信息技术的基本要求。通过学习信息技术知识，才能更好地理解与应用信息技术，这不仅体现着学生所具有的信息知识的丰富程度，而且还制约着他们对信息知识的进一步掌握。(4)信息能力。信息能力包括信息系统的基本操作能力，信息的采集、传输、加工、处理和应用能力，以及对信息系统与信息进行评价的能力等，这也是信息时代重要的生存能力。身处信息时代，如果只是具有强烈的信息意识和丰富的信息常识，而不具备较高的信息能力，还是无法有效地利用各种信息工具去搜集、获取、传递、加工、处理有价值的信息，不能提高学习效率和质量，无法适应信息时代对未来的要求。

学生信息素养增强的核心内容是学生信息技术应用能力的增强。特殊学校通过开设信息技术教育课程，促进学生增强信息意识，了解信息技术的一些基本常识，学会主动应用信息技术，并且获得信息收集、加工和分享的能力。学生要掌握信息系统的基本操作能力，虽然现代信息技术的进步使得信息系统的使用方法越来越简单，但是一些自行操作是必不可少的，包括信息系统的启动

---

① 郭兴吉,刘毅.信息技术教育基础[M].成都:西南交通大学出版社,2006:24-25.

与关闭、软件的启动与关闭、硬件的安装与测试、移动存储设备的安装与卸载等。现行信息技术环境下有很多软件，各种软件都有其优缺点，学生可以根据自己的兴趣和能力选择适合自己的软件，掌握如何获取和利用信息资源，形成自己的学习环境。现行信息技术环境下，信息资源十分丰富，学生学会如何在广阔的信息资源中获取信息非常重要。在获取信息的过程中，需要注意如何有效地搜索，即如何在最短的时间内搜集最多、最有价值的信息。搜集完信息之后，要学会如何对所搜集的信息进行正确的分析和运用，产生对自己实际有用的效果。

（二）深圳元平特殊教育学校学生信息素养

深圳元平特殊教育学校课程内容以计算机的基本操作（系统软件）和使用（文字处理、数据处理、网络应用、多媒体制作、常用应用软件等）为主。对部分学习能力较强、对信息技术有兴趣的学生可安排选修课，以充分发展学生的特长、兴趣和潜能。目前，学校主要为视障、听障、智障和脑瘫学生等四类特殊学生开设信息技术课程。课程内容根据特殊学生的不同特点而有所不同：对视障学生比较注重信息技术教育，从较低年级就开始开设信息技术课程，其中涉及一些使用盲用语音软件等有特点的信息技术教学；听障学生重点学习图像、动画、视频等多媒体处理和网页制作；考虑到智障学生的智力障碍会教一些操作比较简单的实用性的知识；对脑瘫学生主要是注重康复，对部分有需求和能力的学生进行信息技术的应用教育。通过信息技术课程，学校学生的信息素养得到了极大的提高，学生在信息获取、处理和运用方面的能力大大增强。

在深圳元平特殊教育学校已考取大学的几十位听障毕业生中，所学专业大多与信息技术有关。2002年至2013年，学校共有五十多名听障高中毕业生分别参加了天津理工大学特殊教育学院、北京联合大学特殊教育学院和广州大学市政技术学院等多个高等学院的单招单考入学考试，其中4人考取计算机专业本科，22人考取计算机专业专科，30人考取电脑美术设计、艺术设计等专科，其中彭某和邹某分别获得2008年和2012年的广州大学市政技术学院入学考试的计算机单科状元，陆某和夏某分别获得2010年和2012年的入学考试的计算机单科第二名。深圳元平特殊教育学校听障教育职业高中的计算机应用专业，先后有几十名听障学生获得了全国计算机"图形图像处理""办公软件应用"操作员级证书，其中13名学生获得"双证"后走上了工作岗位。

二、学生学习能力的提高

学习能力是所有能力的基础。从不同的角度来讲学习能力有不同的解释，概括来讲,学习能力是指学习的手段和方法,表现为利用一定的方法和技巧独立地获取信息、加工和利用信息,并且在实际应用中解决问题。它通过一些基本的活动表现出一系列的能力,如记忆能力、观察能力、抽象概括能力、注意能力、理解能力等。

特殊学校学生学习能力的进步不仅表现在信息技术促使学生在学习方面的能力增强,还表现在通过信息技术的教育教学,学生的学习成绩不断进步和学习兴趣越来越浓。通过信息技术的教育,学生在学习方面更加善于搜集、加工和利用网络上的知识信息,丰富了学生的学习手段,而不再仅仅局限于坐在教室里听教师单调、枯燥的演讲,丰富的学习手段让学生可以随时随地自学,从而培养了学生的自学能力,一定程度上有利于其创新思维的培养。例如电子词典可以随时随地学习单词;手机上网可以方便地搜集所需学习资料;电子书使阅读更为方便等。教师在课堂上使用信息技术进行教育教学,例如教师将多媒体设备(如 Authorware 课件、PowerPoint 课件、其他音视频资料)应用到课堂中,配合教材的使用,能够突出重难点,教材与多媒体设备相得益彰,可以起到为课堂增加趣味、促进学生更好地理解课堂内容、提高课堂质量和效率的作用。

特殊学生由于其特殊性,媒体的运用会各有不同。针对不同类型的课程,如课堂教学、生活技能教学以及职业技能教学等,信息技术的运用会有所差别,但也有共通之处。课堂教学利用多媒体展示课堂知识性内容,同时使用图片、声像等帮助学生理解较抽象的内容;生活技能教学利用多媒体展示生活技能的一般步骤,辅以图片说明,能够更加凸显其直观性,使学生更容易理解;职业技能教学利用多媒体展示某一种职业技能的学习内容、一般步骤和过程,学生可以根据其展示反复地学习其内容直到掌握,这对智障学生来说尤其重要。特殊学生通过教师布置任务,如在网络上搜集资料,然后将所搜集的资料用 PPT 呈现出来。或者课前预习的时候,如学习历史的时候,先从网上找到有意思的历史故事与大家分享,或者几个同学成为一个小组,以某一专题为讨论对象,搜集资料、讨论并呈现最终结果,这种学习方式有利于增强学生独立学习能力,培养学生探究性学习能力。通过信息化技术的集中学习,深圳元平特殊教育学校学生不仅提高了信息搜集能力,还进一步增强了学习能力,锻炼了创新性思维,形成了独立学习的态度,提升了自学能力,有利于终身学习。

三、学生生活技能的进步

广义的生活技能是指一个人有效地处理日常生活中遇到的各种挑战的能

力,并且在与他人和周围社会环境打交道时能够以积极的心态来应对。它包括社会和人际交往技能、认知技能和情绪处理技能。人际交往技能主要体现为交流、拒绝技巧以及同理心等;认知技能包括作决定的能力、批判性思维以及自我认识能力;情绪处理技巧是指调节压力和提高自我内部控制等。狭义的生活技能是指学生应对日常生活的能力。

(一)特殊学生的生活技能

从广义方面来讲,特殊学生的生活技能的提高是指特殊学生在社会和人际交往技能、认知技能和情绪处理技能的提高。特殊教育学校可以利用多媒体技术,将社会上人们沟通和交流方面的视频反复播放给学生看,教会他们应该如何与人打交道并提醒他们在打交道的过程中应该注意的事项。学生可以利用信息技术展示自己的学习成果,如制作一个课件来展示自己想要表现的东西,让别人更加形象直观地了解自己的个性,既促进了同伴交流,又在制作课件的过程中提高了自己的认知技能。网络系统的发达使得各种社会信息展现在人们面前,对网络信息的甄别判断可以促进学生批判思维的发展;信息技术的发达也使学生的情绪表达方式多样化,他们可以在网络上自由地发表观点,或者在通信软件客户端(如微博、微信等)上抒发自己的情感。

从狭义方面来讲,学生生活技能的提高是指学生解决生活中遇到的基本问题的能力增强。由于特殊学生的特殊性,很多学生面临的问题恰恰是生活技能的狭义方面,即基本生活问题的解决,信息技术可以帮助他们。例如自闭症学生认知能力缺乏,可以利用图片交流沟通法,将日常生活技能的步骤用数码相机拍摄出来,做成图片展示给自闭症学生看。例如现今人们热衷于在网络上购物,如果教会特殊学生在网络上购物,会大大方便他们的生活,尤其是对于出行困难的学生。再如利用搜索引擎在网络上寻找百科知识,或者利用地图软件找路,这些便利的网络应用可以减少特殊学生在生活中遇到的基本问题。生活技能与信息技术相联系,要注意在信息技术教学中的生活化,即在信息技术教育过程当中,贯穿生活内容,将生活实际与教育联系起来,能更好地唤起学生的共鸣,在信息技术教育过程中提高学生的生活技能。

(二)深圳元平特殊教育学校学生生活技能

深圳元平特殊教育学校学生生活技能通过信息技术的运用得到了提高。对于障碍程度较重的学生或低年级的学生,使用图片或声像进行沟通比较重要而且有效,因为障碍程度较重尤其是认知障碍学生的认知特点决定了沟通交流的方式必须直观具体,枯燥的说教根本不利于他们掌握基本生活技能。学校采用多媒体手段,利用电脑、数码照相机、数码摄像机等将生活当中的情境拍摄下来,让学生直观的感受基本的生活技能的操作。如在讲解如何铺床的时候,会把铺床的每一个基本步骤拍摄下来,然后对学生进行讲解,或者拍摄学生熟悉的人如家长铺床的全过程,展示给学生看,让他模仿并掌握这一项生活技能。

信息技术在生活技能方面的应用包括言语认知的训练、精细动作方面的训练等。例如,深圳元平特殊教育学校在康复训练中配置了言语认知训练仪,主要对脑瘫学生进行言语、认知方面的训练,由于该设备采用动画形式,比较受学生欢迎,训练效果很好。学校还配置模拟运动训练设备,通过软件模拟高尔夫、网球、足球等训练项目,使孩子们的训练变成了一种游戏,极大程度地激发了学生的学习兴趣,提高了注意力。通过一段时间的应用,教师发现学生普遍乐于接受这种活泼的教学方式,并且通过评测的结果可以看出,学生的认知功能水平、语言表达能力、手部精细运动能力均有提高,这有利于生活技能的进一步发展。又如学校在自闭症学生的康复训练中引入启智博士、听觉统合治疗仪、注意力训练软件、手眼协调训练软件、增智能训练软件等与信息技术相关的软硬件设备。经过一段时间的使用,教师发现信息技术的介入可帮助智障学生增强对声音的注意力、提高对日常信息的记忆力,使学生在社会行为方面有所加强,如目光接触增多、交流兴趣增加,尤其对自闭症学生、多动症学生、智障学生等多种残疾类型学生的行为改善有一定的帮助,有利于其社会交往能力的发展和生活技能的提高。

四、学生社会适应的发展

社会适应过程是个体以自身的各种心理资源组成的自我系统与各种刺激因素组成的社会情境系统交互作用的过程。[①] 简单来说,社会适应就是个体如何适应不断发展变化的社会环境的过程。人们在社会适应过程当中遇到冲突和挫折时,就会利用心理机制进行调节,以减少冲突和挫折带给自己的无助感和无控制感,从而达到社会适应的目的。

(一)特殊学生的社会适应

特殊学生由于缺陷和社会偏见的存在,经常产生挫折感和无助感,极容易导致社会适应困难,甚至出现心理健康问题,因此应该积极培养他们的社会适应能力,提高其社会适应性,从而使他们拥有更好的生存状态。在社会适应方

---

① 陈建文,王滔.关于社会适应的心理机制、结构与功能[J].湖南师范大学教育科学学报,2003(7):90.

面,普通人尚且需要耗费一定的心理资源才能很好地应对所面临的压力,对特殊学生来说就更加不容易。其中原因在于特殊学生存在各种不同的身心缺陷,如自闭症学生存在语言障碍、沟通和交流障碍,在人际交往方面很难适应;智障学生由于智力商数较低,本身就缺少自信心,没有较强的心理优势感,而且情绪控制能力较差,导致社会适应能力不足;视障和听障学生由于其视力以及听力的缺损,感受世界的感觉通道与普通人不同,其心理状态也有变化,也会出现自尊心和自信心的不足,社会适应较困难。

特殊学生与普通学生比较难以融合,与整个社会融合更难。提倡融合教育,即强调特殊学生在学校就读时能有一个与普通学生融合的环境,让他们生活、学习在一起,增强彼此的沟通交流,提高特殊学生的社会适应性。然而,来自同伴的歧视仍然存在,这跟整个社会大环境关爱残疾人的意识不强有关。因此要提倡学前特殊学生的融合教育,即融合要在幼儿园时期就开展,让特殊学生与普通学生从小就进行融合,树立普通学生关爱特殊学生的意识,减少同伴对特殊学生的歧视,为特殊学生社会适应性的发展提供良好的环境。

(二)深圳元平特殊教育学校学生的社会适应

学校一直重视学生社会适应能力,教育类、康复类、职业培训类课程以生活适应能力的提高为核心目标,信息技术的应用提高了特殊学生的社会适应能力。学校致力于开设生活适应类校本课程,组织开发了《中度智力残疾儿童九年义务教育生活适应课教材(1—9年级)》,截至2012年共出版了18册教材。学校教育类课程包括生活语文、生活数学、生活适应、劳动技能、绘画与手工、体育等,这是学校的基础课程,目的是让学生掌握基本的语文知识、数学知识、劳动技能知识和体育知识,为今后其他课程的学习打下基础。在进行这些课程的过程当中普遍会应用到信息技术,例如,利用多媒体展示课程内容,让学生更好地理解课堂内容,或者学生使用电脑上的绘图功能进行绘画。而学校的康复类课程包括物理治疗、作业治疗、运动功能治疗、感知觉治疗、感觉运动康复等,这些治疗都离不开信息技术的辅助。例如,信息技术课上训练学生的打字能力能很好地锻炼学生的手指灵活性、手眼协调、视觉灵敏性等,可以提高低视力学生的残余视力。学校通过开设信息技术课,让学生掌握了计算机的基本操作,学会如何操作办公软件,如何使用打印机、复印机,提高其办公能力,有利于其将来的社会适应。

信息技术课程教会特殊学生如何使用网络与人进行交流,例如使用聊天工具、利用网络收发邮件、在网络上发表评论等,拓宽了学生与他人交流的渠道,让其练习如何与他人进行有效的沟通,同时锻炼了其语言表达能力、阅读能力、社会交往能力,提高了特殊学生适应社会的能力。

总之,生活适应类课程的开展以及信息技术课的应用都在很大程度上拓宽了特殊学生与社会交流的范围,学生交流愿望得到实现,交流心理优势感进一步增强,拥有与其他人进行交流的动力和力量,情绪的控制力得以增强,心理压力得以宣泄,增强了特殊学生在与人交往时候的自尊心、自信心,有利于特殊学生的身心健康。特殊学生表现得更加的乐群,能与人很好地进行交流与合作,并进一步增强了对普通人群的信任感。这些都有利于特殊学生与社会的融合。另外,与周围人群的广泛交流还可以起到语言补偿的作用。

第二节 教师的成就

在信息技术环境中,教师的成就是指教师信息运用能力的提高、教学效能的优化和评价反馈意识的提升。教师信息运用能力是指教师在信息技术环境下如何使用信息技术设备丰富自己的教学手段;教师教育教学效能的优化是指在信息技术环境下,教师在教学过程中如何使用信息技术提升教学效果;教师评价反馈意识的提升是指教师如何使用信息技术进行评价和反思。

一、教师信息运用能力的提高

广义来讲,教师的信息运用能力要求教师利用信息技术手段解决教育中的相关问题的能力,即信息时代教师的能力。从狭义上来讲,教师的信息运用能力要求教师在信息化环境下顺利完成学习过程与学习资源的设计、开发、利用、管理与评价所需的个体心理特征,是通过不断的信息化教学实践形成的一种新的教学能力。

(一)教师信息技术运用能力

深圳元平特殊教育学校校长黄建行认为根据教师工作岗位的性质,其信息素养应该包括:(1)基本信息素养。教师必须了解信息技术的基本理论、知识和方法,了解现代信息技术的发展与学科课程整合的基本知识;必须掌握电脑基本知识与系统维护、使用文字处理软件、会 Photoshop 图像处理、音频处理、视频处理等。只有具备了基本的信息素养,才能培育信息处理的能力。(2)多媒体素养。信息时代为我们的教学提供了丰富的媒体。为提高教育教学质量,教师应根据不同的学科特点和教育对象,围绕教学目标、授课内容选择和使用合适的媒体。除此之外,教师还应当掌握计算机教学的基本过程,并学会使用扫描仪、数码相机、数码摄像机、电教设备等,会使用 PowerPoint、Frontpage 或 Dreamweaver、Authorware、Flash、几何画板等多媒体平台制作相关教学课件。(3)网络素养。目前教育领域中,网络学习成了学习的主要方式之一,网络信息更成为教育的主要资源。无疑,作为教育活动中重要角色的教师决无法回避网络的巨大冲击,而冲击最大的莫过于对其旧有角色的挑战,网络时代势必呼唤着教师必须具备网络素养。(4)课程整合素养。信息技术与课程整合过程中,信息技术主要作为一种工具、媒介和方法融入教学的各个层面中,包括教学准备、课堂教学过程和教学评价等。教师要努力推进信息技术与学科课程的整合,就必须具备这方面的能力和素养,真正发挥信息技术的作用,从而提高教育教学质量。[①]

教师应该具备的信息素养体现了教师应该具备的信息技术运用能力。教师应该具备信息处理能力、信息化教学能力、信息化学习能力以及信息技术与课程整合能力。通过信息处理能力掌握基本的信息技术知识,通过信息化教学能力学会运用基本的信息化教学设备,通过信息化学习能力掌握最新的信息化教学方法,通过信息技术与课程整合能力把握信息化教学准备、教学、评价、监控等教学程序。

(二)教师信息运用能力的实践

在特殊教育中,信息技术设备运用不仅包括在一般课程和信息技术课程中运用的信息技术和设备,还包括在康复训练过程中运用的信息技术和设备。关于康复训练过程中运用的信息技术和设备可以参考第五章的内容,在教学中普遍使用的信息技术硬件设备(例如多媒体设备)可参考第二章的内容。以下主要讲述教师的信息化学习能力,即通过"专题学习网站"来进行教学方式和教学内容的实践。

1. 专题学习网站的基本介绍

专题学习网站的本质是一种基于网络资源的研究性学习系统,通过在网络学习环境中向学习者提供协作学习交流工具和大量的专题学习资源,让学习者自己选择和确定研究课题,自己搜集、分析并选择资料,运用知识和使用工具去解决实际问题。专题学习网站不仅可以整合不同课程和不同体系的相关内容,

---

[①] 黄建行.教育·康复·职业训练相结合办学模式实践成果集(上册)[C].深圳:海天出版社,2012:2—6.

形成以某一项或多项专题为核心的新知识体系,而且能够创造良好的网络学习条件,为新知识体系的教学营造研究性、协作性、创新性的学习环境。教师可以利用专题网站,制作专题内容,使用网站资源,不但可以有效地帮助自己备课和上课,而且在一定程度上提升自己的信息运用能力。

2. 专题学习网站的开展现状

网络的迅速普及和广泛应用为特殊教育学校的教育改革和发展提供了新的环境和技术。校外网络与校园网的接轨,为特殊教育学校的教育教学提供崭新的教学模式和丰富的教育资源。目前,有关专题学习网站建设的项目有中央电化教育馆的"中小学专题学习网站的建设"、广东省高等学校现代教育技术"151工程"(在"十五"期间广东省高校要重点建设一百个专题学习网站、五十个专业公用资源库和开展一百项基于网上资源利用的教学改革试验)、广东省深圳市的"330工程"(深圳市教育局将在三年内,建设30个中小学专题学习网站)等。另外,据统计,全国教育科学"十五"规划教育部重点课题"网络教学的设计与评价研究"的实验学校已开发的专题学习网站就有近100个。这些专题学习网站,覆盖各个学科,涉及许多专题,大部分设计精美,功能强大,素材资源丰富,在网络教学资源占有相当的比例。[①] 教师可以大量应用这些专题网站的知识内容来组织教学,丰富课堂内容。

(三)深圳元平特殊教育学校教师信息运用能力

深圳元平特殊教育学校教师积极建设专题学习网站,例如教师沈光银的视障教育主页[②](见图6-1),其中包括视障教育、家庭教育、行为研究、定向行走、经验交流、经典读物等栏目。其中视障教育一栏详细介绍了视力障碍的概念、产生的原因、视障儿童的身心发展、感知觉发展与训练、生活能力培养、基础盲文等内容,这些内容形成了一个视障教育的专题网页,可以给关心视障教育的人士提供知识信息。

从该专题网站的内容来看,此专题整合了视觉障碍相关的内容,方便教师、家长或其他人员集中了解视障的特点,从而更好地对视障学生进行教育和训练。另外,沈光银对专题学习网站还颇有研究,成果如他2014年5月和7月发表在《网络科技时代》上的《利用专题学习网站开发盲校历史校本课程(上)——利用专题学习网站开发盲校历史校本教材》和《利用专题学习网站开发盲校历

---

① 谢幼如,余红,尹睿.基于专题网站的开发性学习模式的试验研究[J].第八届全球华人计算机教育应用大会会议(香港)论文集,2004.

② 沈光银视障教育主页[EB/OL].http://www.szyptx.net/gerenzhuye/shen/index.htm。

史校本课程(下)——利用专题学习网站开展盲校历史校本课程教学》。以下展示其部分研究成果。

图 6-1　沈光银的视障教育主页

利用专题学习网站开发盲校历史校本课程(下)
——利用专题学习网站开展盲校历史校本课程教学[①](节选)

沈光银

　　受盲文制作困难、盲文出版社较少的限制,盲校不易制成适合盲生使用的盲文教材,因而盲校自主开发的校本课程一直尚未起步。信息技术的快速发展、多媒体应用于盲校教学水平的提高和盲用读屏软件的出现,为盲校开发校本课程提供了一定的技术环境。盲校可成立课程开发小组,在明确学校教育理念和办学方针的前提下,选择国家课程体系中可开发的学科,由心理专业教师组织校本课程开发小组成员使用问卷调查、座谈等方式调查学生的需求,确定研究专题。在商定了开发工具和方法、选择了课程材料和组织形式后,运用校本课程开发的补充、改编、整合和创新等策略,从文字、图片、音频和视频等多方面搜集课程材料,按照规定的组织形式编写历史校本课程。深圳元平特殊教育学校首先在历史学科上以专题学习网站的形式开展了校课程的开发,将实施历史校本课程开发的成员分成两组并按照以下程序开展工作。

　　● 第一组以历史、心理、中文等专业教师为核心,选编电子版历史校本教材,制作专题学习网站并编写各专题的教学方案。程序是:选定历史专题→小组成员选题→确定专题中的章节→搜集各专题资料→以 Word 文档的形式整理成规定模板的电子教材→设计教学方案。

　　● 第二组以计算机、美术等专业教师为核心,制作适合盲生浏览的网站。程序是:制作网页模板→将电子教材整编成专题学习网站→网站发布。

盲校历史校本课程的学习方法

---

　　① 沈光银,王颖.利用专题学习网站开发盲校历史校本课程(下)——利用专题学习网站开展盲校历史校本课程教学[J].网络科技时代,2007,(7):60—64.

依据历史新课标对听障学生学习目标的要求,在历史校本课程的教学中,为帮助听障学生逐步掌握知识与技能、情感态度与价值观及过程与方法三方面的具体目标,可引导听障学生运用以下三种学习方法。

1. 快速阅读法

快速阅读法不只是快速浏览,而是一种快速理解(在阅读中尽快理解文章的深刻含义)、快速想象(对文章中事物形象的想象和背景的理解能与阅读同步)和快速记忆(伴随阅读进程,迅速记住文章的要旨、重要数据和事实)的思维方法。听障学生运用此方法能快速、高效地完成历史专题中的知识与技能目标。

以《清朝的文化》为例,这一专题是改编九年义务教育三年制初级中学教科书中国历史第三册第19、20、21课即自然科学的成就、进步的思想家和新教育制度以及文学和艺术的发展等三课内容而成。本专题在知识与技能上的要求是掌握清朝自然科学技术的成就,进步的思想家和新教育制度,文学和艺术的发展等基础知识点。

指导盲生借助如下表格对专题内容进行快速阅读学习,能帮助盲生快速、高效地筛选出清朝文化中的重点内容。同时,借助这些表格,盲生能迅速记忆清朝文化要点,有效完成本专题知识与技能的目标内容。

(1) 自然科学技术的成就(见表6-1)

表6-1 自然科学技术的成就

课题	专家类别	人物	代表作
自然科学技术的成就		王锡阐	
	植物学家		《植物名实图考》
	数学家	李善兰	
	科学家		中国第一台蒸汽机木壳轮船"黄鹄号"
			京张铁路
	飞机设计师		制成世界领先水平的飞机

(2) 进步的思想家和新教育制度(见表6-2)

表6-2 进步的思想家和新教育制度

课题	进步思想家(政派)	代表作(进步思想、新制度)
进步的思想家和新教育制度		主持编纂《四库全书》
		揭露封建制度的腐朽,预言社会改革的必然
	魏源	
		《天演论》;物竞天择,适者生存;世道必进,后胜于今
	洋务派	
		时务学堂
		奏请停止科举,兴办学校,迫使清廷拟定《奏定学堂章程》

(3) 文学和艺术的发展(见表 6-3)

表 6-3　文学和艺术的发展

课题	专家类别	人物	代表作(特征)
文学和艺术的发展	文学家	蒲松龄	
		吴敬梓	
			《红楼梦》
	诗人		《乙亥杂诗》
	诗人	张维屏	
	诗人		提出"诗界革命"口号
	诗人		《哀旅顺》《哭威海》《台湾行》
		朱耷、石涛	突破成规的山水花鸟画
		扬州八怪	追求个性，立意新奇
	画家		仕女花鸟画

在盲生运用快速阅读法的过程中，教师不能简单地布置学习专题内容的任务，要制作能有效帮助盲生提取专题基本事实、知识和技能的媒介，如表格、图示等。

2. 小组学习法

小组学习法是指在教学中根据盲生在历史学习中的优势，组建一个学习小组。如：有的盲生对历史基础知识掌握牢固，可使其成为专题内容的主讲手；有的盲生擅长操作电脑，可使其成为阅读和搜索资料的助手；有的盲生分析理解能力强，可使其成为研究学习的发问释疑者；有的盲生能了解其他盲生的优势，可使其成为分享交流的组织者。在这样的学习小组的支持下，每个学生都发挥自己的优势，分工合作，探讨学习教师根据情感态度与价值观这一目标而设计的教学内容和问题，旨在借助集体的力量引导盲生发现和规范各种社会责任，克服自卑心理，树立残而有为、立志成才的理想，形成崇尚科学的态度和可持续发展的观念，以及终身学习的愿望，增强社会责任感。

3. 质化研究法

质化研究的渊源同文化人类学、社会学、心理学、社会语言学科相关联，是站在被研究者的角度来描述和分析文化、人及群体行为特征的学习方法。盲生在学习历史专题的过程中，必定会遇到感兴趣或有疑问的内容，主动尝试从不同角度、综合多种知识探究并用历史的、辨证的眼光观察、评价这些问题，最后整理成研究报告的过程就是实现过程与方法这一目标的实践过程。

以《我是客家人》为例，这一专题是盲生在日常生活中思考和解决为什么自己是客家人而形成的。教师组织盲生从"客家山歌""客家民俗""客家围屋"这些社会现象开始研究，了解了客家先民(人)的迁徙和客家民系的形成过程，认识了客家称谓的由来，然后通过对"客家名人"和"客家精神"的搜集与分析,解决了"为什么我是客家人"这一疑问。最后,教师组织盲生整理这一研究过程,并按照"客家山歌""客家民俗""客家围屋""客家名人"和"客家精神"等目录做成专题学习网站。

在这一研究过程中,盲生通过观察、搜集、调查等方式获得了对"为什么我是客家人"这个问题的理解,并依据搜集和整理的相关材料,对所探究的问题提出了自己的观点,最终用专题网站这一恰当的方式呈现了研究成果,有效地完成了过程与方法这一目标。

深圳元平特殊教育学校通过20多年的发展,在信息化建设方面进行了积极探索和实践,取得了较好的成效,推进了学校特殊教育现代化进程,促进了学校特殊教育的跨越式发展。学校强化教职工信息技术应用能力培训的同时,还组织一系列的信息技术基本功比赛,不断提高教师的信息素养,教师的信息技术应用水平与学科教学整合的能力不断加强,在近几年的全省、全国性的教学技能大赛中,学校教师取得了十分优异的成绩。学校最近几年连续在信息技术方面斩获大奖,反映了学校在教师教育信息化方面取得了巨大成功,教师的信息化运用能力很强,这有利于特殊教育教师专业化的发展,也有利于提升新时代特殊教育教师的素养,对特殊教育事业的发展也具有推动作用。

二、教师教育教学效能的优化

教学效能是指教师在先进教育理念指导下,通过规划有效的教学环节,整合教学内容,选择有效的教学方法,营造良好的学习环境,以促进学生有效学习,提升学习成效,创造高品质的教育绩效。[1] 教学效能关注学生进步发展,促进师生学习,为课堂创造一个和谐的环境,并且对教师教学效果进行反思和创新。

(一)教学效能的优化

优化教学效能就是教师用心观察、追踪与探索教学问题,以开放的心态,不断反思、完善课堂教学行为,改进教学设计,追求更好的教学效果,实现教师专业素养的整体发展。[2] 因此,教师要从以下几个方面来优化教学效能。

1. 使用高效的教学方法

教学方法有很多种,如情境教学法、合作教学法、多媒体演示教学法等。什么样的教学方法最有效,需要教师在实际教学过程当中去摸索,寻找最适合学生并且行之有效的方法。在信息教育环境下,由于多媒体的运用让学生的感

---

[1] 谢尔.教学效能与教师发展[J].广西教育,2008(14):10—12.

[2] 同上。

官得到良好的刺激,多媒体呈现的内容直观具体,学生更容易理解课堂内容,也更容易吸引学生的注意力。因此教师要对信息技术善加利用以提高教育教学效能。但是需要避免滥用信息技术,即信息技术在教学过程中占据了过大的比例,不利于对教材的深入学习,对教学效果起到了反作用。所以在教学过程中,教师需要在教材和信息技术运用当中做一个权衡,以求更高效的课堂。

2. 促进学生有效学习

教师不仅在课堂上要进行有效的教学,在课后还要对学生进行监督,了解其知识巩固情况,这样才能让教学内容有效地在学生头脑中储存,从而提高自己的教学效能。促进学生有效学习还包括对学生进行有效的评价,可以利用信息技术来制定更为合理的评价标准,从而促进教育教学整体上的高效化。

3. 反思和完善教学过程

在对学生进行有效教学之后,教师要对自己的教育教学过程进行积极的反思。有学者将教师教学反思的内容划分为一般性背景性问题和具体性确切性问题。所谓一般性背景性问题,包括教育教学的目的、目标和价值观、学生观、师生观等理念和教师自身所拥有的哲学、社会学、心理学基础等方面的问题。具体性确切性问题是指,教育教学目标和教师的现实关心与特别关照,尤其是与课堂内的事件紧密相关,包括课堂内的行为选择、方法选择等侧重行为方面的问题。例如,教师经常会这样问自己:

> 课前问:
> 我期望学生从这节课学习到什么?
> 我为什么要上这节课?
> 课堂中应该有什么样的活动?
> 课后问:
> 这节课成功吗?为什么成功?如果不成功,原因是什么?
> 这节课哪些地方上得好?哪些地方还要改进?
> 学生在课堂上的参与情况怎么样?学到了该学的内容吗?
> 或者会问:
> 我的教学信念是什么?
> 这些信念对我的教学有何影响?
> 我用什么标准来评价我的教学?
> 在我的课堂上有什么样的互动形式?

为了回答这样的问题,有必要客观地看待教学,并对其进行批判性的反思,从而进一步提高自己的教学效能。特殊教育教师的教学效能同普通教师一样也需要从有效的教学方法、学生有效的学习和完善教学反思几个方面来努力。但由于特殊学生的特点,特殊教育教师不仅要具备普通教师的教育教学效能,还要具备更多的其他方面的教学手段来提高自己的教育教学效能。在信息化环境下,特殊教育教师利用信息技术处理课程,利用信息技术评价学生的成绩,利用信息技术进行教学反思等,这些都反映了信息技术在特殊教育教学中的应用大大提高了教师的教育教学效能。

(二)深圳元平特殊教育学校教师的教学效能

1. 利用多媒体技术或交互式电子白板教学法提高课堂教学效能

深圳元平特殊教育学校不仅要求教师使用现代多媒体设备,还要求每个教师要学会使用交互式电子白板进行教学。学校对教师进行了信息技术方面的培训,教师基本都掌握了其使用,而且许多教师还在信息技术大赛中屡屡获奖,参赛作品受到广大同行的好评,课堂也变得更加直观易懂,提高了教育教学效能。

2. 利用信息技术对学生进行教育评价

利用信息技术对学生进行学业评价的应用非常广泛。例如对学生进行形成性评价和终结性评价。形成性评价有:自查清单、记分表、电子版单元作品集和评价量规;终结性评价包括传统的竞赛(测验)和考试。评价可以利用计算机来帮助实现,如光电阅读机处理答题卡、网络在线客观题测试等。

3. 利用信息技术对教学进行反思

教师利用信息技术对教学进行反思的途径有:网络平台、教学网站、BBS、Blog、即时聊天工具、教育博客等。利用这些工具,教师可以发表自己的教育见解,有利于他们对教育教学进行反思,并且反思的过程可以分享给其他教师,这样有利于教师之间的沟通,同时优化教学效能。

三、教师评价反馈意识的提升

所谓教学评价,是指运用一系列可行的评价技术和手段评量教学过程的活动,以确定教学状况与教学期望的差距,确定教学问题的解决对策。其根本目的是确保改善学与教的效果。这一定义说明了评价行为贯穿整个教学活动的始终,而不只是在教学活动之后。事实上,尽管"评价"一词早就在我国的教育文献中出现,但是所谓教学评价到底是指什么,它背后的先进的教育理念一直不为众人所知。不少人还认为教学评价不过就是给学生以考试或测验,其实,考试和测验只是教学评价的表现形式之一,而且教学评价的对象和范围也不仅局限于学生,而是包括整个教学过程的所有环节和对象,例如教师对教学的评价,即教学反思。因此,在信息化教学环境下,教师的评价反馈意识包含了教师对学生的信息化教学评价意识和教师对自身的信息化教学反思意识。

(一) 教师的评价反馈意识

1. 教师的信息化教学评价意识

信息化教学评价在建构主义的学习观和多元智能主义的人才观的指导下,强调以学生为中心,认为学生是具有不同能力偏向、不同学习风格的个体;并强调学习是个体在外界支持下主动建构的过程。信息化教学对评价的功能定位是改进或形成,而不是鉴定或选拔。它的直接目的是为教师改进教学或为学生后续学习提供全面而具体的依据,而不是把学生分为三六九等;它的最终目的不仅仅是管理、选拔,更是让受评人不断发现自我并学会自我评价。信息技术条件下,学校通过加强学生的信息素养,让学生能够主动探索知识、搜集信息,并且能够制作多媒体课件来展示自己获得的信息,从而获得在信息技术方面的评价,这样能更加全面地反映学生的综合素养。学校教师运用信息技术评价方面的最新理念对学生进行综合评价,反映出信息技术环境下教师的评价反馈意识的提升。

随着信息化时代的到来,教学评价充分体现了教育、教学目标,对学生评价的内容是多方面的,克服了以前仅凭考试成绩来评定学生的弊端。它包括学业成绩、创新能力、实践能力、情感体验、合作意识等。比如在英语教学过程中,评价内容主要包括学生是否有浓厚的学习兴趣;在进行任务型学习时是否有主动学习的态度和合作学习的能力;是否能根据不同的学习任务调整自己的学习策略;当然也包括通过测验的形式来判断学生掌握教学的情况。评价内容的广泛性还认同个体差异,注重对个体发展相异性的认可,充满了人文关怀,体现了信息化教学评价的多元性、多样性与可选择性。

2. 教师的信息化教学反思意识

教师的评价还包括教师对教学过程的评价,即教师的自我反思。利用信息技术进行教学反思的手段很多,其中一种是目前比较流行的教育博客。随着博客作为一种工具运用于教育领域,越来越多的教育者纷纷建立个人博客,并将教育经验和教育资源上传发布在博客上,使其成为信息共享、思想共享和生命历程共享的平台,从而衍生出促进教师专业发展的教育博客。教育博客是博在教育领域的专业化产物,是以教师、教育管理者和研究者为主体,利用 Web 技术定期发布教育感悟、教学心得、教案设计、课堂实录和课件等经验和资源,从而生成的以文字、图像、音频和视频为媒介的网络空间。教育博客能超越时空的限制,有效地将教育工作者的隐性知识显性化,并实现与同行的交流和共享。

(二)深圳元平特殊教育学校教师的评价反馈意识

1. 对学生进行教学评价

深圳元平特殊教育学校除了对特殊学生的一般课程进行评价之外,还有对信息技术课程的评价,如听障学生信息技术课程包括诊断性评价、形成性评价和总结性评价(表 6-4、表 6-5 和表 6-6)。

表 6-4 是对学生进行诊断性评价的表格,可以在学习之前了解学生的基本情况、身体状况、家长期望等信息,还可以了解学生目前的能力,是一个有针对性的、个别化的诊断性评价。它的模块包括计算机基础知识、图形图像处理、汉字输入技能、办公软件应用、网络应用、二维动画、视频处理等,反映了整个计算机教学内容,可以通过此表了解听障学生目前在哪一领域还存在不足,从而及时地进行补救教学。

表 6-4 听障信息技术课程诊断性评价表

学生基本情况	姓 名	性 别	出生年月	班 级	残疾类别	照 片
身体状况			病 史			
家长期望						
学 生 目 前 能 力							
领 域	描 述					
计算机基础知识	
图形图像处理	
汉字输入技能	
办公软件应用	
网络应用	
二维动画	
视频处理	

填表日期: 年 月 日

形成性评价表（见表6-5）是在计算机基本知识掌握过程中进行评价的。这个表格模块清晰、细致，能够详细地对学生学习掌握的情况进行评价，让教师实时掌握学生的学习状态，有利于教学的进一步开展和学生基础知识的巩固。

表6-5　听障信息技术课程形成性评价表

评价领域	模　块	项　目	完成情况	备　注
计算机基础知识	认识计算机	开机与关机		
		鼠标操作		
		键盘操作		
		基本指法		
	操作系统	桌面操作		
		图标操作		
		窗口操作		
		文件和文件夹操作		
		回收站操作		
		网上邻居操作		

A. 独立完成　　B. 提示下完成　　C. 协助下完成　　D. 不能完成

填表日期：　　年　　月　　日

从表6-6中可以看出，对学生信息技术课程的总结性评价包括信息技术课各个领域的评价，评价方面包括：评价描述、评价等级和努力方向。这种评价是对所学的信息技术知识的总结，并且指明了未来努力的方向。

表6-6　听障信息技术课程总结性评价表

领　域	评　价　描　述	评价等级	努力方向
计算机基础知识			
图形图像处理			
汉字输入技能			
办公软件应用			
网络应用			
二维动画			
视频处理			

评价等级：根据完成情况划分"优秀、良好、合格、合格待努力"四个等级，分别用"A、B、C、D"进行标记。

填表日期：　　年　　月　　日

以上三种评价环环相扣、紧密结合,能够全方位、合理、清晰地评价学生的学习情况,有利于教师掌握学生学习的情况,更好地开展教学工作,也有利于学生了解自己的学习情况,更好地进行信息技术课程的学习。

2. 对自身进行教学反思

教师除了对学生进行评价之外,还要对自己的教学进行反思。深圳元平特殊教育学校有很多教师建立教育博客,如郭俊峰教师、沈光银教师(如图6-2),通过教育博客对自己的教育教学过程进行反思。下面以沈光银教师的教育博客①"盲文书与明眼文书"为例说明教师对教学进行反思的过程。

图6-2　沈光银视障教育博客

盲文书与明眼文书②

沈光银

我是从二年级开始接手盲二班数学的,那时的岚岚,用的是盲文教材。岚岚是个很清秀、可爱的小女孩,视力不大好,但照顾自己的日常生活还是够用的。

不知从什么时候开始,突然注意到她上我的课,喜欢把盲文书和明眼文都打开来。起初,我不大理会她这样的行为,想的是她喜欢的可能只是明眼文书里的插图罢了。她不怎么能识字,估计谈不上使用明眼文书吧。

后来,她越来越频繁地看明眼文书,经常在我教完一部分内容后,迅速地打开明眼文书看一看,又赶在我讲下一段内容之前把书推到一边。

大概是觉着她的举动比较可爱,加上一些图片她确实可以看懂的缘故,我慢慢地会在忙得过来的时候,照顾一下她的需要,也给她解释一下明眼文书里的图意。

---

① 沈光银视障教育博客[EB/OL]. http://blog.sina.com.cn/s/articlelist_1238075293_1_1.html。
② 沈光银视障教育博客[EB/OL]. http://blog.sina.com.cn/s/blog_49cb879d01008myl.html. 2007－10。

再后来,她也比较自觉,习惯性地把明眼文书放在眼前,盲文书放在手可以迅速够得着的位置,当我讲的内容不能方便地从明眼文书里看出来的时候,她便会把托着书的手快速而紧张地移到盲文书上去摸找。当她发现我在注意她的不安时,她常常涨得满脸通红,话都说得结巴起来。

这学期一开始,我就遇到一个很棘手的问题,预定的三年级盲文书没有及时寄到,翻找图书馆的库存,刚巧少一本。实在没办法,想到让岚岚试用明眼文教材。当我征求她意见时,她很坚定地说好,说她可以。

尽管我也担心她是否能用明眼文教材,但碍于现状,也只好一试。现如今,差不多半学期过去了,她学习的热情高了许多,理解的速度也明显快了些。虽然,需要妹妹把汉字抄写得很大很大,她仍然学会了不少的汉字,差不多能独立地使用明眼文教材了。

当我打算真正介入她的汉字学习时,我制作了"低视力儿童识字手册",并在封面上兴奋地加了一行字——为李岚专门制作。

回复:

Re:盲文书与明眼文书[2009—9—17 09:43 By:lixia6231066]
沈老师您好!请教一下对这种低视力的孩子,教明眼文和盲文哪个好呢?谢谢!
Re:盲文书与明眼文书[2009—9—18 09:05 By:萤火之光]

对于低视力儿童,我们要有两手准备:如果入学初期就已经学习和使用明眼文教材,且学习效果良好,那么就可以长期使用;如果是后期学习汉字,就可以用学习盲文保证其常规学习,兼带通过"个别化教育"教学明眼文,帮助他快速学习汉字,以正常使用明眼文书。

以上只是一般的方法,具体情况要看学生本身的情况,教师的整体的教学对象,以及家长的配合程度等因素。如有需要,我们再做进一步交流。

这篇文章是沈光银教师根据日常教学场景延伸的对于盲文书和明眼文书的思考。后面回复部分是读者向沈光银教师进一步询问盲文书和明眼文书的有关问题,沈老师对其做了详细的回复。这种形式的记录一方面有利于教师对日常教学进行反思,另一方面也有利于与同行或其他相关人员进行交流。

通过不懈的努力,深圳元平特殊教育学校教师的信息运用能力都有了较明显地提高,信息技术与学科教学整合的能力也不断加强。

第三节 深圳元平特殊教育学校的成绩

深圳元平特殊教育学校取得的成绩包括信息技术促进学校信息管理系统更加完善、学校信息交流机制更加健全和学校教育教学模式实现创新。在信息技术环境之下,深圳元平特殊教育学校也取得了很多成绩,向社会交了一份满意的答卷。

一、学校信息管理系统的完善

(一) 学校信息管理系统的目标

学校管理是一项耗费人力、物力、财力的烦琐、复杂的工作。传统的学校管理浪费了很多的人力物力,同时也不能适应新时代快速发展的要求。在信息教育环境下,使用信息技术对学校进行管理大大提高了学校的管理质量和效率。深圳元平特殊教育学校就是大量采用信息技术对学校进行管理的一个很好的例子,以数字化校园为建设目标的学校"十二五"规划中明确提到:(1)加大力度推进"数字化"校园建设,加快推进学校信息化综合管理系统平台的应用,实现无纸化办公目标;着力加强教学、科研、管理和服务信息系统建设,建立结构合理、层次分明、性能优良的学校数据共享中心及以校园网络信息技术为基础的公共服务体系。重视网络安全,建立网络和信息安全机制,确保校园网络高效、安全、健康运行。(2)开展教师信息技术水平的培训,特别是在互动教学方面,采用"以点带面"的方式提高教师信息技术能力;建设公开课堂数字化的录播系统。(3)完善校园安全和教学管理信息化监控系统。(4)完成校园一卡通系统的建设工程,推进物联网的应用,通过信息传感设备,实现对学生的智能化识别、定位、监控和管理,提高校园管理的信息化水平。(5)进一步做好《中国特殊教育资源库(智障版)》的补充完善工作,继续为全国特殊教育学校提供培智教育资源服务,强化信息技术特色。

(二) 学校信息化管理系统的完善

深圳元平特殊教育学校近年加快了校园网环境的信息化综合管理系统平台的建设开发进程,结合学校教学和管理的实际情况,建成了集协同办公系统、学校网站系统、教育教学资源库系统、数字化图书馆、视频点播系统、校园一卡通管理系统、校园监控系统、定位管理系统和基础数据平台等应用功能为一体的智慧校园。学校的教务、科研、人事、档案、工资、财务、固定资产、学生学籍以及食堂就餐 IC 卡管理等各方面的信息化程度不断提高,学校被评为"省特级档案综合管理单位"。

二、学校信息交流机制的健全

深圳元平特殊教育学校全面推进数字化校园建设,建设了校园网平台,大力提升校园网的应用效率和效益。1999 年 9 月学校网站正式开通,成为学校与学生、教师、家长、社会及兄弟学校间沟通、交流的桥梁,是当时国内最早拥有自己网站的特殊教育学校之一;2002年9月,学校校园网一期建设工程完工,现有遍布校园各处的有源网络信息点1184个;2004年9月,学校建成学生电子阅览室,方便学生上网学习;2006年8月,学校建成第三个电脑网络教室;同年9月,基于校园网络环境建设了一套结合教学过程质量监控和校园安全信息监控的综合监控系统(一期工程);2007年11月学校全面完成校园安全和教育质量视频监控系统(二期工程);2013年,学校全面推进智慧校园建设,校园网络环境下的信息化综合管理系统平台的建设开发进程取得阶段性成果。

(一)学校与学生的交流机制

深圳元平特殊教育学校通过校园网站,将学生相关信息录入,方便学生从网上下载资料以及查看相关信息。学生可以充分利用网络资源,培养独立学习的态度和能力,培养学生的创新思维和创新能力。教师通过电子邮件跟学生联系,给学生布置任务或作业,这种交流方式很便利,布置任务也很清晰,有利于学生更好地完成任务。

学校正在筹划建设校园无线定位系统,对障碍程度较重、发生危险几率较高的学生有很大的作用。这种定位系统设备简单,只需要在学生身上安装一种用于定位的芯片,如可以佩戴在手上类似于手表的东西,或者挂在胸前的挂牌,通过这种简单的设备,可以追踪学生的位置,以防有的学生在不为人知的情况下跑出校外或在校园某一个角落,方便教师和管理人员找到他们,防范危险的发生。

(二)学校与教师的交流机制

在教学方面,目前深圳元平特殊教育学校在校园网服务器上的教育教学资源主要有全国特殊教育资源库(智障版、听障版、视障版)、K12资源库、超星电子图书馆以及其他各种多媒体的教学资源,较好地满足了教学的需要。为方便教职工学习和培训,学校还把专家讲座、优秀课例、手语讲座、信息技术讲座等众多视频资料放在校园网上,供教师们随时学习和调用。在通知下达方面,信息技术改变了传统的书面通知,现在很多通知都是通过电子文本的方式通过邮箱或者学校的网站下达,教师可以查阅邮件或者在网络上浏览有关新闻来获取信息,既节约了能源损耗,又提高了信息传达的效率。

(三)学校与家长的交流机制

家长可以通过校园网与学校进行紧密的联系,通过登录互联网查询网上有关学生的信息,浏览学校通知、班级通知、学生标语,进一步拉近学校、教师和家长之间的距离。

家长如果想要更好地在家里辅导孩子的作业,也可以登录校园网,查阅校园网中的有关学习资源,分享最新的教学方法以及教育方法。如校园网中有家长学校这一栏,里面有关于自闭症学生的康复训练讲座,自闭症与药物,助听器基础知识,如何让孩子感知声音,脑瘫学生的家庭康复等内容,这些内容通俗易懂,可以让家长对自己的孩子有一个很基础的认识。家长还可以通过校园网了解学校的情况以及新闻,这些都可以帮助家长更好地理解学校的政策法规,加强彼此的沟通。

学校与家长的紧密交流还体现在家校互联系统的使用上。家校互联系统与校讯通功能无缝融合,实现学生到校或离校刷卡,即时短信通知家长。学生到校和离校能够很快的让家长知道,这样能有效地保障学生的安全,方便学校和家长共同对学生进行管理。

(四)学校与兄弟院校的交流机制

深圳元平特殊教育学校是中国特殊教育的窗口学校,很多先进的软硬件配置可以供其他学校吸收利用。兄弟院校可以吸收学校校园信息化管理的优点,将其应用到自己的特殊教育信息化建设当中去,加强彼此交流,还可以将校园网比较优秀的栏目应用到自己的实际中。

兄弟院校通过各自的校园网发布其他院校的链接,方便特教同行或者关心特殊教育事业的人们共享资源信息,有利于特教事业在全国的开展,开辟了社会各界关心特殊教育的渠道,有利于加强人们对特殊教育的了解及理解,提高社会关心残疾人的良好意识,在全社会形成扶残助残的良好风气。

三、学校教育教学模式的创新

不同的学校除了相类似的一般的教育教学模式外,还会有各自不同的教育教学模式。特殊学校的教育教学模式是根据不同类型学生的特点来进行的,尤其要注意教育教学方法的恰当,否则难以收到良好的教学效果。传统的教育教学模式比较难以调动特殊学生的学习兴趣,在信息技术教育环境下,新的教学模式正在积极影响着特殊教育的教学效果。以深圳元平特殊教育学校为例,特殊教育教学模式在信息技术的辅助下产生了很好的教育效果,诸如交互式电子白板教学模式以及信息技术课游戏化教学模式都体现了创新。

(一)交互式电子白板教学模式的应用

深圳元平特殊教育学校很早开始使用交互式电子白板进行教学,注意对教师进行交互式电子白板培训,在全校进行全员扫盲培训和骨干教师培训,骨干教师以点带面,面向全体教师培训,善于总结,形成培训记录,收集整理教师们对交互式白板使用效果的反馈信息,为交互式白板系统及软件系统的持续改进提供原始素材,通过各种、各级教学应用竞赛提高教师们学习的自觉性,并且组织校内外的课堂教学观摩活动,使教师们在交流和反思中进步,目前都能熟练地运用交互式电子白板教学法,在全国举行的很多教师信息技术能力大赛中也获得了很多奖项。现在,学校已经进入到了变革阶段,学校教师全面掌握了交互式电子白板教学法,他们针对不同学生的特点进行教学,提高了教学效能,促进了学生学习的进步。交互式电子白板特别适合特殊教育对象使用,针对特殊学生不同的特点来进行教学,但不同的特殊教育对象的需求侧重点也不尽相同。(1)视障学生:教学反馈系统的应用;(2)听障学生:设计丰富的互动活动画面,引导他们积极动手、动脑,发挥他们的视觉特长感知外界,补偿听力缺陷;(3)智障学生:容器功能的应用;(4)脑瘫学生:无线手写板的应用;(5)自闭症学生:设计丰富的多媒体的互动活动,利用黑屏、放大镜、聚光灯等功能创设情境,吸引他们的注意力。

(二)信息技术课游戏化教学模式

学校信息技术教研组从2007年4月开始对校级课题"中小学阶段聋生信息技术课中游戏化教学模式的实践与应用"进行研究。该课题研究的游戏化教学模式有两种含义:一是利用和开发一些具有游戏性质的学习软件或课件,通过课堂教学和其他多种途径,使其与信息技术学科内容相结合,在充分调动学生的主观能动性的基础上,全面提高教学效益和学生综合素养。二是在课堂教学中借鉴和引入游戏中模拟、探险、互动、协作等能使游戏者"痴迷"的特性,使听障学生在学习信息技术的时候同样"痴迷",从而提高听障学生的学习兴趣,达到提高信息素养的目标。

在该课题研究中,学校首先对学生开展了"电脑游戏"的问卷调查,调查发现:(1)大部分学生了解并喜欢玩电脑游戏;(2)中年级听障学生更容易着迷于电脑游戏;(3)大部分学生玩游戏的时间适中;(4)绝大多数的学生不会去网吧玩游戏;(5)学生玩游戏的目的主要是为了娱乐与竞争;(6)大部分学生认可辅助教学游戏;(7)大多数学生认为玩游戏会影响学习,但是家长对学生玩游戏的监管力度不强;(8)游戏最吸引学生的是它的娱乐性、竞争性及成就感。经调查,听障学生认为理想中的信息技术课堂是:有用、有趣的课堂;能学到更多、更新的东西的课堂;民主、宽松的课堂。在此调查基础之上,学校信息技术教师了解了电脑游戏对学生的巨大吸引力和影响力,更加坚定了他们进行游戏化教学模式创新性研究的信念。

在研究的第二阶段,学校教师积极探索游戏化教学的策略,"中小学阶段听障学生信息技术课中游戏化教学模式的实践与实用"课题组发现在听障学生信息技术课中运用游戏化模式教学,能激发听障学生的求知欲和学习兴趣,开阔听障学生的眼界,同时使听障学生长时间把精力集中在信息技术学习上,能显著提高学习效率。实际教学表明适当应用"游戏化"教学策略,可以使信息技术课达到事半功倍的效果。游戏化教学的策略有:(1)通过游戏创设积极的教学情境激发听障学生的学习兴趣。实践表明教师能巧妙地引入游戏,出示与教学内容相关的电脑游戏,通过游戏创设一种积极的教学情境,这样就能立刻吸引听障学生的注意力。(2)通过游戏的竞赛形式提高听障学生课堂参与的主动性。听障学生一般都有很强的好胜心理,面对扣人心弦的竞赛类游戏时,他们往往表现出很强的参与意识。(3)通过游戏进行强化训练,提高听障学生的基本技能。例如,教师让听障学生使用学校信息技术教师自行开发的一款游戏("五笔字根打字训练游戏软件")来进行五笔输入训练,经过一段时间的游戏训练,听障学生的汉字输入能力得到很大提高。学校教师还积极搜索相关教学游戏(见表6-7),这些教学游戏对于开展游戏化教学起到很好的推动作用。

表6-7 教学游戏

游戏名称	知识点	功效
鼠标球	鼠标操作练习	掌握鼠标的相关操作:左键单击和鼠标移动等
三角动物拼图	鼠标操作练习	训练观察能力和鼠标的相关操作
晶莹水晶七巧板	鼠标操作练习	训练观察能力和鼠标的相关操作
美丽韩服	鼠标操作练习	训练学生审美能力和鼠标的相关操作
特种任务	键盘指法练习	训练学生的键盘指法的相关操作
机械战警	键盘指法练习	训练学生的键盘指法的相关操作和反应能力
跑跑卡丁车	鼠标操作和键盘指法	提高学生的鼠标操作和键盘指法操作
完美台球	鼠标操作练习	提高学生的学习兴趣,熟练掌握鼠标的相关操作
小键盘游戏	小键盘指法练习	熟练掌握小键盘指法操作和纵横码的键盘操作
纵横码游戏测试	纵横码的练习和测试	训练纵横码的单字和词组的输入,测试纵横码的输入速度

续表

游戏名称	知识点	功效
五笔字根游戏	五笔字根	不仅能让学生熟练掌握五笔字根,还可以让学生进行键盘盲打练习
五笔打字员	五笔字根和键盘、鼠标练习	让学生掌握五笔字根的知识,同时对鼠标、键盘的操作进行训练
简易计算器	Flash动作语句AddDigit("N")函数、DoOperator("M")	提高学习兴趣,深入对知识点的掌握
简单打靶游戏	Flash动作语句"_root"、startDrag()函数的使用	提高学习兴趣,深入对知识点的掌握
猜字母游戏	按钮触发事件next.onPress=function()语句	提高学习兴趣,深入对知识点的掌握
涂鸦板	循环语句、鼠标跟踪的动作语句	提高学习兴趣,深入对知识点的掌握
枪战匪徒	用Flash绘图	提高学习兴趣,深入对知识点的掌握
三国演义	鼠标、键盘的操作上网搜索和下载	熟练网络搜索与下载的操作,同时提高学生对《三国演义》的了解

最后,学校信息技术教研组对游戏化教学模式的研究结果表明:(1)通过游戏化教学,听障学生学习信息技术的兴趣有了明显提高。由于游戏创设了一种全新的情境,给听障学生带来了奇妙的体验,因此游戏化教学模式充分激发了听障学生学习信息技术的兴趣。(2)通过游戏化教学,听障学生学习信息技术的效率大幅提高。课题组曾做过对比实验,在讲授鼠标的操作内容时,实验组引入鼠标操作游戏《卡通拼图》,对比组则不引入游戏。结果显示,实验组听障学生比对比组听障学生掌握鼠标的操作要缩短一半时间。(3)游戏化教学模式使听障学生的自学能力得到进一步加强。由于很多游戏具有较强的人机交互功能,因此这些游戏比较适合探究式学习,有助于培养学生的自学能力。课题组在进行游戏化教学时,也有意地使用了这样的游戏,使听障学生的自学能力得到进一步加强。(4)通过游戏化教学,听障学生的合作意识得到加强,人际交流能力得到提高。游戏化教学还促进了听障学生的合作学习。很多游戏都需

要多人合作来完成,这样的游戏有效地促进了听障学生之间的相互交流、共同发展,也促进了师生之间的教学相长。

第四节 社会的认可

深圳元平特殊教育学校得到的社会认可,包括政府的认可、家长的认可和专业机构的认可。来自这些方面的认可使深圳元平特殊教育学校在信息技术管理学校、辅助教学和康复学生的路途上更加有信心。

一、政府的认可

政府对深圳元平特殊教育学校的认可主要体现在对资源库建设成果的认可和对国家级课题研究的认可。

(一)资源库建设得到政府认可

2005年6月,教育部在长春召开的"全国特殊教育资源库"专家评审会上,深圳元平特殊教育学校开发研制的《全国特殊教育资源库(智障版)》(第一版)通过了教育部组织的专家评审,专家们对学校汇报的开发建设情况给予了充分的肯定。2005年10月31日,由教育部基础教育司、中国教育学会特殊教育分会主办的"全国特殊教育资源库建设与运用培训会议"在江苏省铜山聋校召开,学校作为资源库智障部分的开发单位为与会的特殊教育实验学校的骨干教师进行了培训,并发放了40套《全国特殊教育资源库(智障版)》(第二版)。每套资源库由10张DVD光盘组成。2006年5月,学校教师的论文《资源库的建立与管理》在广东省教育学会组织的2006年广东省智障儿童教育研讨会上被选为大会发言论文。同年12月,教育部基础教育司副司长李天顺、特教处处长谢敬仁领导和专家向各省教育厅发放了由深圳元平特殊教育学校研制开发的《全国特殊教育资源库(智障版)》(第三版),正式在全国的一千六百多所特殊教育学校中推广使用。2008年6月,学校完成了最新版的《全国特殊教育资源库(智障版)》(第四版),每套共45张DVD光盘,总容量为147G,资源记录总数为72000条。在中国教育学会特殊教育分会组织的第三届"全国特殊教育学校教师信息技术综合应用能力大赛"中《全国特殊教育资源库(智障版)》被指定为比赛专用资源库。2009年6月,《全国特殊教育资源库(智障版)》申报参评深圳市首届教育教学科研优秀成果奖,获一等奖。2010年6月,《全国特殊教育资源库(智障版)》荣获广东省第七届普通教育教学成果二等奖。

（二）课题研究得到政府认可

"十五"期间,由深圳元平特殊教育学校独立承担的国家级课题"现代信息技术在特殊教育中的应用"顺利结题并获教育部"十五"特殊教育科研课题评审A级的好成绩。由学校开发建设的《全国特殊教育资源库(智障版)》是该课题的主要研究成果。

学校目前有纵横信息数字化学习教学实验研究课题,已被列为国家"十二五"课题重点专项研究项目。所谓纵横信息数字化学习,是一种在信息技术支持下,将"纵横码"技术与认知心理学原理、语文学科教学(识字、阅读、写作)有机融合的创新学习方式。而纵横信息数字化学习教学实验研究课题是一项以培养学生快乐学习,主动探索,提升信息素养与学习能力的公益性群体协作研究项目,课题研究的目标是探索纵横信息数字化学习对于听障学生认字识字所起的积极作用,探索纵横信息数字化学习如何能优化听障学生识字过程,探索纵横信息数字化学习怎样能提高听障学生的认字识字效率。

二、家长的认可

家长对学校的认可主要体现在家长对课程与教学认可、对校园网络的认可以及对校园管理的认可上。

（一）对课程与教学的认可

深圳元平特殊教育学校的信息化建设非常完备,教学也很有特色,如交互式电子白板的应用。教师在信息技术环境下,其信息技术运用能力很强,进一步加强了其教师专业化发展,对学生的学习和将来的就业有很大的作用。另外,学生信息技术素养的提高增强了学生的社会适应能力,学生通过优秀的信息技术技能考上了理想的学校,这对家长来说是一种安慰,对于学校来说增进了家长对学校的信任和认可。

（二）对校园网络的认可

深圳元平特殊教育学校网站可以让家长随时了解学生的动态,家长也可以从中学到很多知识,了解最新的特殊教育信息和特殊教育方法,有利于家长对学生进行家庭教育。同时学校的资源库也对外开放,家长可以了解学校的教育理念和教育方法,把握学生的发展方向,增加了家校的相互理解,有利于进一步加强家长对学校的认可。另外,校园电视台电视电影的成功拍摄无疑给家长带来了一丝希望之光,让家长在思想上有所改变,增进了家长对学校的认可。

（三）对校园管理的认可

家长认可深圳元平特殊教育学校,还因为其完备的校园信息管理系统。学校的一卡通系统集门禁管理系统、纸质图书馆管理系统和食堂消费管理系统于一体,极大地便利了特殊学生在学校的生活,使学生的人身安全得到保障,从而解除了家长的后顾之忧。同时,家校互联系统增强了家长与学校的联系,有利于家长更方便地了解学生在校信息,轻松掌握学生的动态,也进一步保障了学生的安全。

三、专业机构的认可

专业机构的认可体现在专业机构对学校的认可、对教师的认可和对学生的认可上。这些认可一般是以专业机构对学校、教师、学生进行奖励的形式体现出来。

(一)对学校的认可

2007年12月,学校成立校园电视台,目前已经为全校各部门提供了教育教学影视资源两T多,有关教育的电影、电视、动画千余部,自拍自导节目五十余期,有关教育教学纪录片、微电影十余部,在全国校园电视大赛中获得了两项金奖、五项银奖、多项铜奖。另外,校园电视台还与中央电大残疾人教育学院展开合作,共同开发聋教育大专学历教育网上课程。中央电大残疾人教育学院在学校设立聋教育资源制作中心,配合中央电大残疾人教育学院制作了十多门多媒体网络课程。

2009年10月,在中国教育技术协会中小学专业委员会特殊教育协作研究会2009年年会上,学校作了题为《信息技术在特殊教育中的应用》的大会发言,受到与会者的一致好评。

2012年4月,学校被中国教育技术协会中小学专业委员会和中国教育学会特殊教育分会授予"全国特殊教育信息化先进单位"称号,并在"首届全国特殊教育信息化高层论坛"上作为获奖代表做了大会发言,介绍了学校特教信息化工作的经验和成绩,受到与会领导和专家的好评。

2013年10月,第二届全国特殊教育信息化年会在北京召开。本次会议的主题是:"特殊教育数字化学校建设的现状和未来"。会议由中国教育学会特殊教育分会主办,国家教育部基础教育二司司长李天顺、中国教师发展基金会副秘书长谢敬仁、中央电教馆研究部主任陈庆贵等领导和专家出席了本次会议。学校在年会上做了题为"如何开展特殊教育学校教师交互式白板应用培训"的大会发言,受到与会领导和代表的关注和好评。

2013年11月,由中国教育电视协会、中央电化教育馆主办,中国教育电视协会中小学校园电视专业委员会承办的第十届中国中小学优秀校园影视奖颁奖活动在无锡举行。学校选送的专题片《希望之光》获得金奖,专题片《梦·飞翔》获得银奖。

2013年12月,在中国教育电视协会、中央电教馆主办,中国教育电视协会城市教育电视委员会具体承办的《中国人民教师》大展播活动中,学校选送的专题片《希望之光》获得一等奖。在由深圳市教育学会、深圳市教育学会现代技术专业委员会、深圳广电集团《鹏城教育》栏目举办的首届深圳"校园奥斯卡"校园微电影大赛中,学校首部公益微电影《李琦的奖学金》喜获最佳制作奖和最佳男演员奖(柯泽伟,小学组)。本次微电影大赛收到全市五十多所中小学校的185部作品,涉及千余名演职人员。

(二) 对教师的认可

深圳元平特殊教育学校教师的信息技术能力在近些年来不断得到专业机构的认可。这种认可可以从专业机构举办的一系列比赛活动中窥见,近些年来(2006—2013年)学校教师屡屡在信息技术参赛活动上获奖。以下是2006—2013年来学校教师参加各种信息技术比赛的获奖情况(见表6-8)。

表6-8 教师获奖情况一览表

获奖时间	教师	获奖等级	内容	活动	举办单位
2006年11月	郑迎辉	一等奖	课堂教学、网页制作、课件制作	首届全国特殊教育学校教师信息技术综合应用能力大赛	中国教育学会特殊教育分会
	周媛				
	沈光银	二等奖			
	王太华	三等奖			
	陈丽江	三等奖			
	林晓敏	单项奖			
	刘丽	优秀奖			
	高超				
2008年9月	邓小红	一等奖		第二届全国特殊教育学校教师信息技术综合应用能力大赛	中国教育学会特殊教育分会
	陈丽江	二等奖			
	邓锦秀				

续表

获奖时间	教师	获奖等级	内容	活动	举办单位
2010年11月	林晓敏	一等奖	专题网站	第十四届全国多媒体教育软件大奖赛	教育部、中央电教馆
2010年5月	陈丽江	一等奖	课件	2010年新媒体新技术教学应用观摩研讨活动	深圳市教育局、深圳市电化教育馆、深圳市各区教育局电教站(信息中心)
2010年5月	陆瑾	一等奖	论文	2010年新媒体新技术教学应用观摩研讨活动	深圳市教育局、深圳市电化教育馆、深圳市各区教育局电教站(信息中心)
2010年5月	李红梅	二等奖	课件	2010年新媒体新技术教学应用观摩研讨活动	深圳市教育局、深圳市电化教育馆、深圳市各区教育局电教站(信息中心)
2011年4月	高超	一等奖	教学	第四届全国中小学新媒体新技术教学应用研讨会暨基于交互技术的教学观摩活动	中国教育学会中小学信息技术教育专业委员会、中央电教馆、中国电化教育杂志社
2011年5月	高超	一等奖	现场说课	第四届全国中小学交互式电子白板学科教学大赛暨新媒体新技术教学应用研讨会	中国教育学会中小学信息技术教育专业委员会、中央电教馆、中国电化教育杂志社
2011年10月	张怡	特等奖	课堂教学、网页制作、课件制作	第三届全国特殊教育学校教师信息技术综合应用能力大赛	中国教育学会特殊教育分会
2011年10月	刘国忠	一等奖	课堂教学、网页制作、课件制作	第三届全国特殊教育学校教师信息技术综合应用能力大赛	中国教育学会特殊教育分会
2011年10月	陈志荣	一等奖	课堂教学、网页制作、课件制作	第三届全国特殊教育学校教师信息技术综合应用能力大赛	中国教育学会特殊教育分会
2011年10月	高超	三等奖	课堂教学、网页制作、课件制作	第三届全国特殊教育学校教师信息技术综合应用能力大赛	中国教育学会特殊教育分会
2011年12月	陈建杰	一等奖	论文	2012年纵横信息数字化创新学习课题实验综合活动	纵横信息数字化学习研究教学实验总课题组
2012年4月	陈建杰	二等奖		第二届华师京城杯全国教育技术装备与实验教学优秀论文评选活动	教育部教学仪器研究所、中国教育装备行业协会

续表

获奖时间	教师	获奖等级	内容	活动	举办单位
2012年5月	陈志荣	三等奖	课例	全国第五届电子白板大赛	中央电教馆、全国中小学计算机教育研究中心、中国电化教育杂志社
2012年5月	李梦婳	一等奖	教学课例	第五届全国中小学新媒体新技术教学应用研讨会暨基于交互技术的教学观摩活动	中国教育学会中小学信息技术教育专业委员会、中央电教馆、中国电化教育杂志社
	刘艳清	二等奖			
2013年5月	陈建杰	二等奖	信息数字化"创新作品"	2013年教师学生实验技能网络测评	中国教育学会、中国教育技术学会、纵横信息数字化学习研究教学实验总课题组
		二等奖	知识竞赛、名篇默打		
2013年10月	黄建伟	二等奖	授课	第一届中国微课大赛	教育部教育管理信息中心
	廖剑芳				
	邹瑜红				
	王军霞				
2013年11月	陈志荣	一等奖	课例	第十七届全国教育教学信息化大奖赛	中央电教馆
	林晓敏				
	武红岩	二等奖			
	刘艳清				
	王建	三等奖			
	徐小亲				
	刘国忠				

从表6-8中可以看出,2006—2013年间学校教师不间断地积极参加全国各类信息技术比赛,取得了优异的成绩。这一方面反映了学校教师强大信息技术能力以及学校信息技术优秀人才的储备,另一方面可以看出学校对于信息技术在特殊教育中的应用极为重视,以后也必将更加重视。信息技术可以帮助特殊学生,使学生能更加便利地接受教育,同时也有利于缺陷的康复和补偿,学校教

师信息技术能力的提高使教育教学和康复训练更有希望。

(三) 对学生的认可

由于学校储备了大量信息技术的优秀人才,学生的信息技术能力才得以发展。学校的信息技术教育是特殊学生课程教育的一个极为重要的部分,而优秀的教师成就了优秀的学生。学校学生信息技术素养也在不断增强,学生不仅凭借信息技术能力考上了大学,发挥了信息技术专长,而且还在各类比赛中获得了奖项。例如 2013 年 2 月,在深圳市中小学电脑制作活动中,冯某《动物•生命》作品荣获高中组艺术设计一等奖,黄某《爆炸头》和《爱护动物》作品荣获高中组艺术设计二等奖。在第四届全国中小学信息技术创新与实践活动大赛中,学生谭某 DV 短片作品《木棉花开》获大赛一等奖;梁某漫画作品《无声的音乐》获大赛二等奖;黄某主题网页《粤韵情怀》和陆某主题网页《我是客家人》获大赛三等奖。首届中国校园电视节暨第六届全国中小学校园电视评选活动中,学校选送的两个节目分别获得银奖和铜奖。在第八届中国中小学校园电视奖评选中,学校选送作品《小宝,你在哪里……》获得 DV 类银奖。

深圳元平特殊教育学校教师、学生频频在各种赛事上获奖,反映了学校信息化建设取得的巨大成果,教师信息化教学能力比较强、学生信息技术素养较高,获得了来自政府、家长以及专业机构的认可。不得不说深圳元平特殊教育学校在信息化的教育环境里取得了特殊教育的巨大成效,在特殊教育领域的模范带头作用推动了特殊教育信息化的巨大进步。

参 考 文 献

[1] 蔡筱英,金新政,陈氢.信息方法概论[M].北京:科学出版社,2004.
[2] 陈冰鸣.信息技术在现代职业教育中的应用[J].鞍山师范学院学报,2010(2).
[3] 程佳铭,金莺莲.美国教育信息化概览[J].世界教育信息,2012(6).
[4] 陈俊珂,孔凡士.中外教育信息化比较研究[M].北京:科学出版社,2008.
[5] 陈晓艳.两种图像呈现方式下留学生看图写作任务的对比研究[D].上海:华东师范大学硕士学位论文,2007.
[6] 陈孝斌.教育管理学[M].北京:北京师范大学出版社,1999.
[7] 陈建文,王滔.关于社会适应的心理机制、结构与功能[J].湖南师范大学教育科学学报,2003(7).
[8] 陈雪斐,刘菁,韩骏.家校通系统之比较研究[J].中国电化教育,2011(5).
[9] 陈云英.中国特殊教育学基础[M].北京:教育科学出版社,2004.
[10] 崔玲玲.聋校教师教育信息技术应用现状、问题及对策的研究[D].西安:陕西师范大学硕士学位论文,2007.
[11] 崔玲玲,张天云.中国特殊教育资源网听障资源建设探析[J].中国教育信息化,2011(14).
[12] 崔少仪.信息技术对中小学教育发展的促进作用分析[J].金卡工程,2007(12).
[13] 达理.吹响集结号——来自第二届全国特殊教育学校教师技术综合应用能力大赛的报道[J].现代特殊教育,2009(1).
[14] 达理,云海.风劲正是扬帆时——来自第三届全国特殊教育学校教师技术综合应用能力大赛的报道[J].现代特殊教育,2011(11).
[15] [美]丹尼尔·P.哈拉汗,詹姆士·M.考夫曼,佩吉·C.普伦.特殊教育导论[M].肖非,等译.北京:中国人民大学出版社,2010.
[16] 邓永兴,郭俊峰,徐小亲.听觉统合训练与孤独症儿童问题行为个案研究[J].中国民康医学,2010(12).
[17] 丁俊霞.多媒体环境中呈现方式和背景音乐对中学生认知负荷的影响[D].开封:河南大学硕士学位论文,2010.
[18] 费龙,马元丽.英国基础教育信息化发展研究[J].中国电化教育,2008(8).
[19] 冯小东.浅析网络教育信息资源的特性与应用[J].甘肃科技,2010,26(15).
[20] 冯学斌,孟祥增.现代教育技术[M].济南:山东人民出版社,2002.
[21] 符福峘.信息资源学[M].北京:海洋出版社,1997.
[22] 高琳琳.信息技术应用于聋校语文教学的研究与实践[D].曲阜:曲阜师范大学硕士学位论

文,2010.
[23] 高琳琳.信息技术在聋校语文教学中的应用研究[J].软件导刊(教育技术),2010(2).
[24] 郭海军.浅谈现代信息技术在幼儿园教育中的应用[J].教育革新,2009,9(15).
[25] 郭金美,吴丹凤.《听力语言康复训练软件系统》研究应用介绍[J].中国听力语言康复科学,2007,1(30).
[26] 郭立红.基于高中聋生学习特征的信息技术与课程整合策略研究[D].北京:首都师范大学硕士学位论文,2008.
[27] 郭兴吉,刘毅.信息技术教育基础[M].成都:西南交通大学出版社,2006.
[28] 关志强.利用信息技术进行学生管理的研究[J].沈阳教育学院学报,2005,2(15).
[29] 和汇.信息化教育技术[M].北京:科学出版社,2008.
[30] 何亚力.漫步英国基础教育信息化[J].教育信息化,2006,7(10).
[31] 洪秀华.在信息技术环境下开展幼儿游戏活动[J].中国信息技术教育,2011,7(50).
[32] 胡耀宗.信息技术课程评价研究[J].山东教育学院学报,2003(4).
[33] 胡永斌,唐慧丽.聋校开发多媒体课件的策略[J].中国教育信息化,2008(4).
[34] 黄德群.基于网络的教学评价研究[J].远程教育,2005(4).
[35] 黄建行.教育·康复·职业训练相结合办学模式实践成果集(上册)[C].深圳:海天出版社,2012.
[36] 黄建行.立足校本培训,促进教师发展[J].现代特殊教育,2007(7—8).
[37] 黄建行,雷江华.智障学生职业教育模式[M].北京:北京大学出版社,2011.
[38] 黄松爱,唐文和,董玉琦.日本基础教育信息化最新进展述评[J].中国电化教育,2006(8).
[39] 黄翔,史文津.特殊教育学校信息化建设的影响因素分析——以江西省为例[J].职教论坛,2012(27).
[40] 黄小玉,王相东.从市场角度谈教育教学与网络游戏的结合[J].中小学信息技术教育,2005(4).
[41] 黄旭明.中小学信息技术教学法[M].长春:东北师范大学出版社,2007.
[42] 贾君.吉林省特殊教育信息化现状调查与发展策略[D].长春:东北师范大学硕士学位论文,2004.
[43] 蒋珊珊.动画呈现策略对多媒体学习效果的影响[D].长沙:湖南师范大学硕士学位论文,2011.
[44] 江玉欣.搭建网络平台建构家校共育的和谐乐章[J].中国教育技术装备,2010(3).
[45] [美]柯克,加拉赫.特殊儿童的心理与教育[M].汤盛钦,银春铭译,天津:天津教育出版社,1989.
[46] 邝瑞仪.运用现代信息技术提高培智语文教学效果[J].现代特殊教育,2012(3).
[47] 赖燕萍.浅谈数学教具在盲校计算教学中的有效运用[J].现代特殊教育,2011(10).
[48] 黎永碧.基于网络技术的教学评价系统研究[D].南京:南京理工大学硕士学位论文,2010.
[49] 李葆萍,王迎,鞠慧敏.信息技术教育应用[M].北京:人民邮电出版社,2004.

[50] 李凡,陈琳,蒋艳红.英国信息化策略"下一代学习运动"的发展及启示[J].中国电化教育,2011,6(10).

[51] 李梅.利用教育博客促进初职教师专业发展的探讨[J].中国电力教育,2009(10).

[52] 李天顺.加快信息技术教育工作步伐,实现特殊教育跨越式发展[J].现代特殊教育,2004(1).

[53] 李天顺.特殊教育信息化的机遇与挑战[J].现代特殊教育,2007(7-8).

[54] 李文英.日本教育信息化发展及对我国的启示[J].外国教育研究 2003,30(2).

[55] 李彦群.浅议特殊教育学校行政管理中的问题与对策[J].现代交际,2010(2).

[56] 李优治.网络游戏对《历史与社会》课题教学方式的启示[J].课程教材教学研究,2005(5).

[57] 李媛.借助计算机技术拓宽盲生语文学习渠道[J].现代特殊教育,2003(11).

[58] 梁孝涛.信息技术课堂师生互动探讨[J].中小学电教,2006(5).

[59] 梁裕,秦亮曦.一个校园一卡通系统的设计与实现[J].广西职业技术学院学报,2010,3(1).

[60] 刘皓,樊强.数字化校园与校园一卡通平台设计研究[J].黑龙江科技信息,2009(4).

[61] 刘惠苑,廖慧.信息无障碍技术在残疾人教育中的应用及前景研究[J].社会福利(理论刊),2012(2).

[62] 刘建华.谈信息技术与网络在中学教育中的融合[J].信息与电脑(理论版),2010(3).

[63] 刘悦.聋校校园网语言训练资源库的构建[D].长春:东北师范大学硕士学位论文,2005.

[64] 卢小宾.信息分析[M].北京:科学技术文献出版社,2008.

[65] 罗惠聪.探讨多媒体在幼儿教学中的应用[J].现代阅读(教育版),2012,12(30).

[66] 马建荣,章苏静,李凤.基于体感技术的亲子互动游戏设计与实现[J].中国电化教育,2012(9).

[67] 马忠虎.基础教育新概念:家校合作[M].北京:教育科学出版社,1999.

[68] 南国农,李运林.教育传播学[M].北京:高等教育出版社,1995.

[69] 倪旦姬.论现代信息技术在幼儿园管理教学中的有效运用[J].中国科教创新导刊,2011(6).

[70] 宁丽静,贾君,王丽.吉林省特殊教育信息化现状与对策[J].中国电化教育,2010(9).

[71] 齐延平.人权与法治[M].济南:山东人民出版社,2003.

[72] 钱民辉.校长与教育变革关系的研究述评[J].高等教育研究,1997(5).

[73] 钱小龙,邹霞.美国信息无障碍事业发展概况:Section 508 解读[J].电化教育研究,2007(12).

[74] 乔贵春,李娜,彭文辉.特殊教育中的信息技术的应用初探[J].现代远程教育研究,2005,12(15).

[75] 沙延秋.多媒体在智障教学中大有用武之地[J].中国教育技术装备,2011(31).

[76] 申仁洪.计算机技术:特殊儿童康复的重要手段[J].现代特殊教育,2000(5).

[77] 申仁洪,许家成.基于信息技术的特殊教育服务传递系统[J].中国特殊教育,2006(1).

[78] 沈光银.信息技术在盲生历史教学中的应用[J].现代特殊教育,2006(12).

[79] 盛永进.特殊教育学基础[M].北京:教育科学出版社,2011.

[80] 施良方.学习论[M].北京:人民教育出版社,1994.

[81] 陶建华.特殊教育学校信息技术课程边缘化成因探析及对策研究[J].中国教育信息化,2010,10(20).

[82] 汤玉平.语文多媒体课件中文本呈现的误区及对策[J].写作与阅读教学研究,2011(1).

[83] 王春蕾,刘美凤.影响信息技术在中小学教育中应用的有效性的关键因素的调查研究[J].中国电化教育,2005(6).

[84] 王梅,张俊芝.孤独症儿童的教育与康复训练[M].北京:华夏出版社,2007.

[85] 王琦.科学运用信息技术提高聋校数学课堂教学实效性[J].现代特殊教育,2011(6).

[86] 王少君.任务型教学课堂同伴互动的研究[D].武汉:华中师范大学硕士学位论文,2005.

[87] 王一清.家校通 通家校:网络与通信共建的社会教育平台[J].现代远程教育研究,2005(4).

[88] 王颖,孙玉琴,孙海英.如何通过信息技术教学提高智障儿童的数学学习能力[J].中国现代教育装备,2012(12).

[89] 王瑛.以信息为基础的康复[J].中国特殊教育,2003(1).

[90] 王玉峰.现代信息技术与小学语文课程整合研究[D].兰州:西北师范大学硕士学位论文,2007.

[91] 王玉珠.信息技术环境下学校管理方式及其变革探究[J].金田(励志),2012(15).

[92] 吴安艳,熊才平,黄勃.网络通信环境下的师生互动变革研究[J].远程教育杂志,2011(3).

[93] 肖黎.信息技术手段在特殊教育中的运用[J].河南教育学院学报:哲学社会科学版,2007(2).

[94] 肖伟.建构主义在特殊教育学校信息技术课程中的应用研究[J].商业文化科教纵横,2011(12).

[95] 谢尔.教学效能与教师发展[J].广西教育,2008(14).

[96] 谢幼如,余红,尹睿.基于专题网站的开发性学习模式的试验研究[C].第八届全球华人计算机教育应用大会会议(香港)论文集,2004.

[97] 徐洪妹.运用现代化教育技术进行视力缺陷补偿的研究[J].中国特殊教育,2000(4).

[98] 徐建福.运用信息技术提高学校管理效能[J].中国信息技术教育,2010,8(23).

[99] 徐建利,刘凤娟.新课背景下信息技术对中小学教学的影响[J].咸宁学院学报,2012,32(8).

[100] 许蕾.信息技术与语文课程整合的研究[D].上海:上海师范大学硕士学位论文,2008.

[101] 严冰,胡新生,于靖熙,瞿炜,赖小乐.面向残疾人的远程教育实践探索与思考[J].中国远程教育,2007.

[102] 杨宁春,李凤琴.特殊教育信息化构架分析与实施措施[J].中小学电教,2011(5).

[103] 杨永丽.浅谈信息技术对聋生思维发展的作用[J].新课程研究,2011(9).

[104] 叶圣军.信息技术和幼儿园教育的融合研究[J].黑河学刊,2010,3(20).

[105] 余新.多元智能在世界[M].北京:首都师范大学出版社,2004.

[106] 元秀梅.小班化教学人际互动分析[D].山东:山东师范大学硕士学位论文,2004.

[107] 王建民.按聋生特点加强计算机学科教学[J].中学教育,2002(8).

[108] 吴晓蓉,王培.论日本特殊教育视域中的教育技术[J].电化教育研究,2009,4(1).

[109] 查晶晶,王清.中英特殊教育信息化人文关怀特色比较及启示[J].中小学电教,2010(4).

[110] 张朝红,吴彦良.PowerPoint教学演示文稿呈现的有效策略[J].中国现代教育装备,2012(12).

[111] 张海兵.网络环境下智慧技能类学习的学习内容呈现策略研究[D].长春:东北师范大学硕士学位论文,2006.

[112] 张家年,朱晓菊,程君青.教育技术应用和研究的盲区——残疾人群的教育[J].现代教育技术,2006(4).

[113] 张金玉.基于电子教学档案的教师专业化评价研究[D].上海:华东师范大学硕士学位论文,2005.

[114] 张丽霞,郭清水.中小学信息技术教学原则体系初探[J].电化教育研究,2004(6).

[115] 张胜伟.特殊教育资源库建设的探析[J].科技风,2008,5(15).

[116] 张卓星.信息技术手段在特殊教育中的运用[J].现代教育技术,2009,19(11).

[117] 赵英,赵媛.信息无障碍支持体系研究[M].成都:四川大学出版社,2012.

[118] 郑杭生.转型中的中国社会与中国社会的转型[M].北京:首都师范大学出版社,1996.

[119] 郑权.特殊教育网络资源建设的现状、问题与发展策略[J].中国远程教育,2010,5(6).

[120] 衷克定.中日韩三国教育信息化状况比较[J].中国电化教育,2007(12).

[121] 周惠颖,陈琳.应用促进公平:特殊教育中的信息技术研究进展[J].中国电化教育,2009(4).

[122] 周惠颖,陈琳.国外特殊教育信息化现状与启示[J].中小学信息技术教育,2008(7).

[123] 周淑群,王艳.现代信息技术在幼儿园教育管理中的应用[J].教师,2009(11).

[124] 朱翠娥.网络环境下的师生互动教学研究[D].长沙:湖南师范大学硕士学位论文,2010.

[125] 庄彩莲.论现代信息技术在培智数学课堂中的应用[J].新课程导学,2012(3).

[126] 百度百科.信息化资源[EB/OL].http://baike.baidu.com/view/1939914.htm。

[127] 教育部关于印发《基础教育课程改革纲要(试行)》的通知[EB/OL].http://www.gov.cn/gongbao/content/2002/content_61386.htm.

[128] 郭向远.中国教育信息化——在2008中国教育信息化创新与发展论坛开幕式上的讲话[EB/OL].http://wenku.baidu.com/view/7109d7ec856a561252d36f36.html.2008-12-08.

[129] 黄靖远,刘宏曾,李海燕等."虚拟现实"康复工程前景初探[EB/OL].http://doctor.51daifu.com/2007/0305/1CDA4F0FC902T79470.shtml.

[130] 凌柱石.论信息技术在中小学教育中的应用[EB/OL].http://www.pep.com.cn/xxjs/jszj/jylw/201008/t20100827_784467.htm.

[131] 刘莉娜.信息技术在自闭症学生康复训练中的尝试[EB/OL].http://www.doc88.com/p

—918702313376. html.

[132] 广东省教育厅.关于印发《广东省教育信息化发展"十二五"规划》的通知[EB/OL]. http://www.gdhed.edu.cn/main/www/170/2012-09/332233.html. 2012-09-20.

[133] 广东省教育厅.广东省中长期教育改革和发展规划纲要(2010-2020)[EB/OL]. http://www.gdhed.edu.cn/main/www/126/2010-10/118684.html. 2010-10-26.

[134] 国务院办公厅.国务院办公厅转发教育部等部门关于进一步加快特殊教育事业发展意见的通知[EB/OL]. http://www.gov.cn/zwgk/2009-05/08/content_1308951.htm. 2009-05-08.

[135] 教育部.全国特殊教育"十一五"发展规划[EB/OL]. http://www.happyonline.com.cn/n1576c44.aspx. 2007-11-22.

[136] 深圳市教科院.深圳市中长期教育改革和发展规划纲要(2010-2020年)(征求意见稿)[EB/OL]. http://www.szjky.edu.cn/Article/ShowArticle.asp?ArticleID=1172. 2011-01-12.

[137] 苏军.上海开通"特殊教育信息通报系统"为每个残疾儿童建个人档案[EB/OL].新华网, http://news.xinhuanet.com/yzyd/health/20130117/c_114403435.htm.

[138] 王双.全国教学信息电话工作电视电话会议各地反应热烈[EB/OL].教育中国,http://www.china.com.cn/education/2012-10/08/content_26720319.htm.

[139] 运用缺陷补偿理论调整听残学生心理[EB/OL]. http://old.bjellzhx.org/jxzy_lw13.htm.

[140] 中国残疾人辅助器具网.服务机构[EB/OL]. http://www.cjfj.org/templates/productserver/.

[141] 中国教育和科研计算机网.2003-2007年教育振兴行动计划[EB/OL]. http://www.edu.cn/20040325/3102277.shtml. 2004-02-10.

[142] 中国教育新闻网.广东省教育发展"十二五"规划[EB/OL]. http://www.jyb.cn/info/dfjyk/201111/t20111120_464551.html. 2011-11-20.

[143] 中国上杭教育信息网.教育部《义务教育阶段盲、聋、培智学校教学与医疗康复仪器设备配备标准》2010[EB/OL]. http://www.fjshjy.net/xxgk/zhuangbei/biaozun/201004/t20100422_44705.htm. 2010-04-22.

北京大学出版社
教育出版中心 精品图书

21世纪特殊教育创新教材·理论与基础系列

特殊教育的哲学基础	方俊明 主编	36元
特殊教育的医学基础	张婷 主编	36元
融合教育导论	雷江华 主编	36元
特殊教育学（第二版）	雷江华 方俊明 主编	43元
特殊儿童心理学（第二版）	方俊明 雷江华 主编	39元
特殊教育史	朱宗顺 主编	39元
特殊教育研究方法（第二版）	杜晓新 宋永宁 等主编	39元
特殊教育发展模式	任颂羔 主编	33元
特殊儿童心理与教育	张巧明 杨广学 主编	36元

21世纪特殊教育创新教材·发展与教育系列

书名	作者	价格
视觉障碍儿童的发展与教育	邓猛 编著	33元
听觉障碍儿童的发展与教育	贺荟中 编著	38元
智力障碍儿童的发展与教育	刘春玲 马红英 编著	32元
学习困难儿童的发展与教育	赵微 编著	39元
自闭症谱系障碍儿童的发展与教育	周念丽 编著	32元
情绪与行为障碍儿童的发展与教育	李闻戈 编著	36元
超常儿童的发展与教育（第二版）	苏雪云 张旭 编著	39元

21世纪特殊教育创新教材·康复与训练系列

书名	作者	价格
特殊儿童应用行为分析	李芳 李丹 编著	36元
特殊儿童的游戏治疗	周念丽 编著	30元
特殊儿童的美术治疗	孙霞 编著	38元
特殊儿童的音乐治疗	胡世红 编著	32元
特殊儿童的心理治疗	杨广学 编著	39元
特殊教育的辅具与康复	蒋建荣 编著	29元

书名	作者	价格
特殊儿童的感觉统合训练	王和平 编著	45元
孤独症儿童课程与教学设计	王梅 著	37元

自闭谱系障碍儿童早期干预丛书

书名	作者	价格
如何发展自闭谱系障碍儿童的沟通能力	朱晓晨 苏雪云	29元
如何理解自闭谱系障碍和早期干预	苏雪云	32元
如何发展自闭谱系障碍儿童的社会交往能力	吕梦 杨广学	33元
如何发展自闭谱系障碍儿童的自我照料能力	倪萍萍 周波	32元
如何在游戏中干预自闭谱系障碍儿童	朱瑞 周念丽	32元
如何发展自闭谱系障碍儿童的感知和运动能力	韩文娟 徐芳 王和平	32元
如何发展自闭谱系障碍儿童的认知能力	潘前前 杨福义	39元
自闭症谱系障碍儿童的发展与教育	周念丽	32元
如何通过音乐干预自闭谱系障碍儿童	张正琴	36元
如何通过画画干预自闭谱系障碍儿童	张正琴	36元
如何运用ACC促进自闭谱系障碍儿童的发展	苏雪云	36元
孤独症儿童的关键性技能训练法	李丹	45元
自闭症儿童家长辅导手册	雷江华	35元
孤独症儿童课程与教学设计	王梅	37元
融合教育理论反思与本土化探索	邓猛	58元
自闭症谱系障碍儿童家庭支持系统	孙玉梅	36元

特殊学校教育·康复·职业训练丛书（黄建行 雷江华 主编）

信息技术在特殊教育中的应用	55元

智障学生职业教育模式		36元	美国交生教育原是认证与评估	

智障学生职业教育模式　　　36元

特殊教育学校学生康复与训练　　　59元

特殊教育学校校本课程开发　　　45元

特殊教育学校特奥运动项目建设　　　49元

21世纪学前教育规划教材

学前教育管理学　　　王 雯 45元

幼儿园歌曲钢琴伴奏教程　　　果旭伟 39元

幼儿园舞蹈教学活动设计与指导　　　董 丽 36元

实用乐理与视唱　　　代 苗 40元

学前儿童美术教育　　　冯婉贞 45元

学前儿童科学教育　　　洪秀敏 39元

学前儿童游戏　　　范明丽 39元

学前教育研究方法　　　郑福明 39元

外国学前教育史　　　郭法奇 39元

学前教育政策与法规　　　魏 真 36元

学前心理学　　　涂艳国、蔡 艳 36元

学前教育理论与实践教程　　　王 维 王维娅 孙 岩 39元

学前儿童数学教育　　　赵振国 39元

大学之道丛书

大学的理念　　　[英] 亨利·纽曼 著 49元

哈佛：谁说了算　　　[美] 理查德·布瑞德利 著 48元

麻省理工学院如何追求卓越　　　[美] 查尔斯·维斯特 著 35元

大学与市场的悖论　　　[美] 罗杰·盖格 著 48元

高等教育公司：营利性大学的崛起

　　　[美] 理查德·鲁克 著 38元

公司文化中的大学：大学如何应对市场化压力

　　　[美] 埃里克·古尔德 著 40元

美国交生教育原是认证与评估

　　　[美] 美国中部州交生教育委员会 编 36元

现代大学及其图新　　　[美] 谢尔顿·罗斯布莱特 著 60元

美国文理学院的兴衰——凯尼恩学院纪实

　　　[美] P.F.克鲁格 著 42元

教育的终结：大学何以放弃了对人生意义的追求

　　　[美] 安东尼·T.克龙曼 著 35元

大学的逻辑（第三版）　　　张维迎 著 38元

我的科大十年（续集）　　　孔宪铎 著 35元

高等教育理念　　　[英] 罗纳德·巴尼特 著 45元

美国现代大学的崛起　　　[美] 劳伦斯·维赛 著 66元

美国大学时代的学术自由　　　[美] 沃特·梅兹格 著 39元

美国高等教育通史　　　[美] 亚瑟·科恩 著 59元

美国高等教育史　　　[美] 约翰·塞林 著 69元

哈佛通识教育红皮书　　　哈佛委员会 撰 38元

高等教育何以为"高"——牛津导师制教学反思

　　　[英] 大卫·帕尔菲曼 著 39元

印度理工学院的精英们　　　[印度] 桑迪潘·德布 著 39元

知识社会中的大学　　　[英] 杰勒德·德兰迪 著 32元

高等教育的未来：浮言、现实与市场风险

　　　[美] 弗兰克·纽曼等 著 39元

后现代大学来临？　　　[英] 安东尼·史密斯等 主编 32元

美国大学之魂　　　[美] 乔治·M.马斯登 著 58元

大学理念重审：与纽曼对话

　　　[美] 雅罗斯拉夫·帕利坎 著 40元

学术部落及其领地——当代学术界生态揭秘（第二版）

　　　[英] 托尼·比彻 保罗·特罗勒尔 著 33元

德国古典大学观及其对中国大学的影响（第二版）

　　　陈洪捷 著 42元

转变中的大学：传统、议题与前景	郭为藩 著	23元
学术资本主义：政治、政策和创业型大学	[美] 希拉·斯劳特 拉里·莱斯利 著	36元
21世纪的大学	[美] 詹姆斯·杜德斯达 著	38元
美国公立大学的未来	[美] 詹姆斯·杜德斯达 弗瑞斯·沃马克 著	30元
东西象牙塔	孔宪铎 著	32元
理性捍卫大学	眭依凡 著	49元

学术规范与研究方法系列

社会科学研究方法100问	[美] 萨子金德 著	38元
如何利用互联网做研究	[爱尔兰] 杜恰泰 著	38元
如何为学术刊物撰稿：写作技能与规范（英文影印版）	[英] 罗薇娜·莫 编著	26元
如何撰写和发表科技论文（英文影印版）	[美] 罗伯特·戴 等著	39元
如何撰写与发表社会科学论文：国际刊物指南	蔡今忠 著	35元
如何查找文献	[英] 萨莉拉·姆齐 著	35元
给研究生的学术建议	[英] 戈登·鲁格 等著	26元
科技论文写作快速入门	[瑞典] 比约·古斯塔维 著	19元
社会科学研究的基本规则（第四版）	[英] 朱迪斯·贝尔 著	32元
做好社会研究的10个关键	[英] 马丁·丹斯考姆 著	20元
如何写好科研项目申请书	[美] 安德鲁·弗里德兰德 等著	28元
教育研究方法（第六版）	[美] 乔伊斯·高尔 等著	88元
高等教育研究：进展与方法	[英] 马尔科姆·泰特 著	25元

如何成为学术论文写作高手	华莱士 著	49元
参加国际学术会议必须要做的那些事	华莱士 著	32元
如何成为优秀的研究生	布卢姆 著	38元

21世纪高校职业发展读本

如何成为卓越的大学教师	肯·贝恩 著	32元
给大学新教员的建议	罗伯特·博伊斯 著	35元
如何提高学生学习质量	[英] 迈克尔·普洛瑟 等著	35元
学术界的生存智慧	[美] 约翰·达利 等主编	35元
给研究生导师的建议（第2版）	[英] 萨拉·德拉蒙特 等著	30元

21世纪教师教育系列教材·物理教育系列

中学物理微格教学教程（第二版）	张军朋 詹伟琴 王恬 编著	32元
中学物理科学探究学习评价与案例	张军朋 许桂清 编著	32元
物理教学论	邢红军 著	49元
中学物理教学评价与案例分析	王建中 孟红娟 著	38元

21世纪教育科学系列教材·学科学习心理学系列

数学学习心理学	孔凡哲 曾峥 编著	29元
语文学习心理学	董蓓菲 编著	39元

21世纪教师教育系列教材

教育学基础	庞守兴 主编	40元
教育学	余文森 王晞 主编	26元
教育研究方法	刘淑杰 主编	45元
教育心理学	王晓明 主编	55元

书名	作者	价格
心理学导论	杨凤云 主编	46元
教育心理学概论	连 榕 罗丽芳 主编	42元
课程与教学论	李 允 主编	42元
教师专业发展导论	于胜刚 主编	42元
学校教育概论	李清雁 主编	42元
现代教育评价教程（第二版）	吴 钢 主编	45元
教师礼仪实务	刘 霄 主编	36元
家庭教育新论	闫旭蕾 杨 萍 主编	39元
中学班级管理	张宝书 主编	39元

21世纪教师教育系列教材·初等教育系列

小学教育学	田友谊 主编	39元
小学教育学基础	张永明 曾 碧 主编	42元
小学班级管理	张永明 宋彩琴 主编	39元
初等教育课程与教学论	罗祖兵 主编	39元
小学教育研究方法	王红艳 主编	39元

教师资格认定及师范类毕业生上岗考试辅导教材

教育学	余文森 王 晞 主编	26元
教育心理学概论	连 榕 罗丽芳 主编	42元

21世纪教师教育系列教材·学科教学论系列

新理念化学教学论（第二版）	王后雄 主编	45元
新理念科学教学论（第二版）	崔 鸿 张海珠 主编	36元
新理念生物教学论（第二版）	崔 鸿 郑晓慧 主编	45元
新理念地理教学论（第二版）	李家清 主编	45元
新理念历史教学论（第二版）	杜 芳 主编	33元
新理念思想政治（品德）教学论（第二版）	胡田庚 主编	36元
新理念信息技术教学论（第二版）	吴军其 主编	32元
新理念数学教学论	冯 虹 主编	36元

21世纪教师教育系列教材·学科教学技能训练系列

新理念生物教学技能训练（第二版）	崔 鸿	33元
新理念思想政治（品德）教学技能训练（第二版）	胡田庚 赵海山	29元
新理念地理教学技能训练	李家清	32元
新理念化学教学技能训练（第二版）	王后雄	36元
新理念数学教学技能训练	王光明	36元

王后雄教师教育系列教材

书名	作者	价格
教育考试的理论与方法	王后雄 主编	35元
化学教育测量与评价	王后雄 主编	45元
中学化学实验教学研究	王后雄 主编	32元
新理念化学教学诊断学	王后雄 主编	48元

西方心理学名著译丛

拓扑心理学原理	[德]库尔德·勒温	32元
系统心理学：绪论	[美]爱德华·铁钦纳	30元
社会心理学导论	[美]威廉·麦独孤	36元
思维与语言	[俄]列夫·维果茨基	30元
人类的学习	[美]爱德华·桑代克	30元
基础与应用心理学	[德]雨果·闵斯特伯格	36元
记忆	[德]赫尔曼·艾宾诺斯 著	32元